湖北省高等学校人文社会科学重点研究基地
中国农谷发展研究中心资助。

侗族社会结构与生存策略

桃源村的个案研究

罗义云 著

上海三联书店

目　录

导　论

一、研究的缘起

（一）为什么研究侗族

本文的调研选点在贵州省黔东南苗族侗族自治州从江县高坪乡桃源村，[①]在进入村庄之前，笔者对少数民族的认识仅限于书本，对侗族的了解也仅有来自教科书中的"合款"和"寨老制"两个信息点，那么笔者为什么要去贵州研究少数民族呢？答案很简单，因为笔者学的是民族学专业，要求笔者必须研究民族地区，研究少数民族，不能总在笔者所生活的江汉平原打转转；导师最初有意笔者去广西大瑶山，因为那是费孝通先生学术研究的起点，研究意义不言而喻，但笔者想当然觉得那里会遇到很大的语言障碍，因此有意去贵州，因为贵州方言对笔者没有任何障碍。[②] 继而有来自黔东南的朋友推荐笔者去黔东南研究苗族或侗族，据说那里的民族文化很是"原生态"。笔者又一次"想当然"地排除了苗族，因为湖北就有土家族苗族自治州，笔者的不少同学就来自那里，也没有感觉他们和自己有多大文化上的差异，因此笔者决定去黔东南研究侗族——一个陌生地方的陌生族群。

---

① "高坪乡桃源村"是笔者给所研究的乡、村所起的学名。
② 笔者一进入桃源村就意识到自己犯了"想当然"的错误，因为这里的城镇和官方语言是贵州方言，但是桃源村虽说离县城不算远，能听能说汉语的村民却不多，他们的日常语言是侗语，笔者在村里感觉像个聋子，这让笔者一度萌生去意。

其实，研究一个陌生地方的陌生族群正合民族学的学科传统。民族学传统上热衷对异文化的研究，是觉得从文化的差异比较中更容易产生学术的灵感。侗族文化圈大致分为南北两个区域，北部侗族受汉文化影响较深，民族特征已不甚明显；南部侗族深锁在重重大山之中，社会经济发展相对落后，所以原生态的民族文化保持得较为完整。本文所选择的调研村正是位于南部侗族原生态文化的核心区，这里的语言环境、自然生态、生产方式、生活习俗、社会组织等各个方面，对笔者这样一个来自中部平原地区的汉族研究者来说，形成了强烈的"文化震撼"。

（二）研究侗族什么问题

本文的研究主题确定为村落社会结构研究，是从研究村落的整体特征出发所作的经验性选择。侗族社会对笔者来说是一个实实在在的异文化，因此在田野调查中一系列"问题"接踵而来。为什么这些大山区的村落都是数百户上千户的聚居村落，显然是不利于农作和防火的？为什么村与村之间既有互访又有械斗的传统？为什么一个民间斗牛邀请便能集聚数十个村寨几万人的聚会？为什么这里存在寨老制度？为什么这些还很贫穷的村民却能耗费巨资开展集体娱乐活动？为什么一个整体的村落却要分成数个自然寨？为什么不同姓氏的家庭却要组成"房族"？为什么不同姓氏的"房族"又要祭祀同一个村落祖先——萨？为什么村民要大量囤积口粮？为什么他们都要在村内通婚？为什么他们男孩生育偏好如此强烈？为什么年轻人能自由恋爱父母却要包办婚姻？他们的文化和习俗对笔者来说非常奇特，涉及村落的组建、村与村的关系、自然寨与自然寨的关系、家庭与村寨的关系、家庭与家庭的关系、家庭的组建等，组合起来便是整体的社会结构，因此对上述"问题"的解释实际是对侗族社会结构的研究。

西方社会学、人类学中，关于社会结构的定义据说有数百种，事实上，社会结构常常被人认为是一个不需要明确解释和讨论的想当然概念。① 下

---

① 参见［英］杰西·洛佩兹、［英］约翰·斯科特著，允春喜译：《社会结构》，吉林人民出版社 2007年版，第 1 页。

面列举几个知名学者的观点。社会人类学家布朗在从事"未开化社会"研究的基础上,第一个给"社会结构"下了经验主义的定义:社会关系网络的绵延构成了社会结构,或者说社会结构是一种在制度控制下或在已确定的关系中所做的人事安排。① 美国社会学家戴维·波普诺认为,结构这个术语是指某一整体中的各个部分相互联系的方式,社会结构就是指一个群体或一个社会中的各要素相互关联的方式。② 日本社会学家富永健一提出了更直观的社会结构概念,构成社会的如下要素间相对恒常的结合。这些构成要素可以从接近个人行动层次(微观层次)到整个社会的层次(宏观层次)划分出若干阶段,按着微观到宏观的顺序可以排列为角色、制度、社会群体、社会、社会阶层、国民社会。③ 美国结构主义大师彼特·布劳认为,"社会结构可以被定义为由不同社会位置(人们就分布在它们上面)所组成的多维空间"。④ 帕森斯则将社会结构的内容界定为四个具体方面:"适应:获取资源""目标:定位和达成""整合行为:社会化""维持模式:社会控制"。

上述观点主要是从社会关系着手考察社会结构要素之间的有组织联系。每一个社会都有自己的构造特点,这一方面是结构要素(结构层次、结构单位)的差异,比如有的地方宗族可能涵盖了村落,有的地方则是村落涵盖宗族;另一方面同样的要素也存在不同的结合机理,比如村落与村落的主要关系较常见的可能有宗族、宗教、水利、市场、通婚等途径。根据侗族社会的特点,笔者将侗族社会划分为以下几个结构层次:村落群体、村、寨、房族(及姻族、年龄群体)、家庭、个人、主体信仰等多个层次。研究这些层次的内部关系及层次之间的关系便是笔者要做的侗族社会结构研究。

---

① 参见[英]A. R拉德克利夫-布朗著,潘蛟等译:《原始社会的结构与功能》,中央民族大学出版社 1999 年版,正文第 11—12 页。

② 参见[美]戴维·波普诺著,李强等译:《社会学》(第十版),中国人民大学出版社 1999 年版,第 94 页。

③ 参见[日]富永健一著,董兴华译:《社会结构与社会变迁》,云南人民出版社 1988 年版,第 17 页。

④ 参见[美]彼特·布劳著,王春光、谢圣赞译:《不平等和异质性》,中国社会科学出版社 1991 年版,第 9 页。

二、国内外研究现状述评及研究意义

(一)研究述评

1. 国外社会结构研究

社会结构是社会学、民族学、人类学研究的传统领域,不同时期的著名学者为我们如何认识社会结构提出了真知灼见。

涂尔干认为,社会分工的发展推动了社会结构从机械团结向有机团结的发展,机械团结的根本特征是它所依赖的在信仰上、情感上和意愿上的高度同质性。这种同质性只有在分工不发达时才是可能的,在这样的社会里集体湮没了个性。有机团结随着社会的分工发展而出现,个人的自主性增强,但是功能性的相互依赖变得更为重要。[①]

拉德克利夫-布朗是把涂尔干的社会学思想内化的最为彻底的英国人类学家。他认为所有社会现象在某种意义上都是与社会结构的存在相联系的产物。他把社会结构定义为社会所有成员所构成的关系网络,主张根据生成社会秩序的机制、社会制度的功能来解释社会制度和各种社会现象存在的根由。他认为社会人类学的研究课题应该划分为三类:1.社会形态比较研究。即在进行深入细致的田野调查的基础上对各种人类社会结构进行比较研究,只有通过比较才能揭示社会的普遍规律。2.社会生理学研究。它要解决的问题是,社会结构体系是怎样存在的?维持现有社会关系网络的机制是什么?它是怎样工作的?只有通过这个机制,社会才能得以存在和延续。3.社会变迁研究。它关注的是社会结构的变化过程,以及新的社会结构形式得以产生的原因。[②]

马凌诺夫斯基的大弟子威廉·雷蒙德·弗思汲取了布朗的结构思想,他认为,社会结构是指在个人利益被社会组织、个人行为相互协调、人们从事共同活动的基础上,人与人之间成体系的社会关系。在一篇有关

---

① 参见谢立中主编:《西方社会学名著提要》,江西人民出版社 2001 年版,第 16—18 页。
② 参见潘蛟所作的"译者序",载拉德克利夫-布朗著,潘蛟等译:《原始社会的结构与功能》,中央民族大学出版社 1999 年版,"译者序"第 4—5 页。

中国农村社会研究的论文中,他具体阐述了对社会结构研究的观点。他认为,农村社区是中国社会的基础,研究中国农村社会包括两个方面:一方面是分析那些社会得以正常运行的因素,另一方面是分析社会变迁的因素。而这两个方面的研究应当通过对一个村庄的田野工作来进行,研究者应以村为单位,考察居民的相互关系如亲属的系谱位置、权力的组成运作、经济组织的运转、宗教信仰的类型、仪式的特点以及社会合作的途径,等等。同时他也指出,文化人类学的目标是"对人的行为进行理性分析",对社会的分析是结构分析,即研究制度化的行为方式的关系。①

深受布朗和弗思的影响,费孝通也推崇对村落社会结构的研究。他称自己的学术理论的建构是以《江村经济》为基础的"社区研究",这种社区研究是以农民自己创造的社会结构为出发点,分析这种结构形成的过程,它所具有的特点,并看出其发展的前景。社会行为的发生是发生在社会所规定的各种社会角色之间,不是无序的而是有序的。再看各种社会角色又是相互配合,关关节节构成一个网络般的结构。这个结构里规定的各种角色间的相互行为模式也是个人在社会中生活时不能超出的规范,一旦越出就会有人出来干涉,甚至加以制裁。作为一名人类学者在实地调查时,通常所观察到的就是这些有规定的各种社会角色的行为模式。他指出,社区研究是一种比较研究。在总结从瑶山和江村到魁阁时期的社区研究时,他说,"我们既然已在由内地看到了和沿海不同农村在社会结构上存在着差异,我们更有意识地在昆明滇池周围寻找条件不同的农村进行比较研究,用以求证我们认为是受到城市影响的程度不同的农村会发生不同的社会结构的设想"。他将这种社区研究放到极高的地位,"想通过社区研究达到社会学的中国化"。②

关系和制度是我们了解社会结构的切入点,同时社会结构还存在一个"层次"的问题,③如表层结构与深层结构、社会基础与上层建筑。本文

① 参见夏建中:《文化人类学理论学派:文化研究的历史》,中国人民大学出版社 1997 年版,第 150—151 页。

② 参见费孝通:《个人·群体·社会——一生学术历程的自我思考》,载于《乡土中国/生育制度》,北京大学出版社 1998 年版,第 324—347 页。

③ 参见[英]杰西.洛佩兹、[英]约翰.斯科特著,允春喜译:《社会结构》,吉林人民出版社 2007 年版,第 98 页。

中的"社会结构"内涵存在明显的社会实体论的倾向,实际上,在社会学、人类学学科史上,"社会结构"是一个最具争议的理论范畴,社会与个人、结构与行动、唯名论与唯实论的争议成为理论演进的主线,[①]"反结构"和综合取向的社会理论异彩纷呈,如列维-斯特劳斯的结构主义、戈夫曼的拟剧理论、吉登斯的结构化理论、哈贝马斯的沟通行动理论、布迪厄的实践理论等。

2. 国内社会结构研究

（1）传统社会结构与变迁研究

在传统的中国村庄中,存在于村庄文化中的是礼法秩序。在科举制度废除之前,处在农村底层的分散的农民,通过绅士与国家发生联系,国家-绅士-农民三者在乡村中的互动关系构成了稳定的社会生态。只有在国家权力扩张延伸到村庄后,才产生出国家与社会、国家与村庄之间的二元对立。

费孝通曾把中国传统乡土社会关系的特征表述为"差序格局",[②]在这种"差序格局"中,人们之间社会关系的远近、亲疏,受"血缘"和"地缘",尤其是"血缘"的影响。也有学者认为,中国传统社会关系差序格局的基础,实际反映了一种中国农村社会中对稀缺资源进行配置的方式或格局。[③] 在中国乡村社会结构的研究方面,日本学者平野义太郎提出了村落共同体假设,认为中国乡村社会的基本结构单元是具有封闭、内聚特征的村落。美国学者施坚雅则提出基层市场共同体假设,认为单纯的村落无论从结构上还是功能上都是不完全的,构成中国乡村社会基本结构单元的应该是以基层集镇为中心,包括大约 18 个村庄在内的、具有正六边形结构的基层市场共同体。杜赞奇则提出"权力的文化网络"的分析模式,强调近代国家政权建设对农村社会的改变。[④] 上述观点表达了农村传统社会结构四种不同的建构取向:血缘、地缘、市场、权力。

---

① 参见谢立中主编:《西方社会学名著提要》,江西人民出版社 2001 年版,(导论)第 1—25 页。
② 参见费孝通:《乡土中国/生育制度》,北京大学出版社 1998 年版,第 24—30 页。
③ 参见孙立平:《"关系"、社会关系与社会结构》,《社会学研究》,1996 年第 5 期。
④ 参见刘玉照:《村落共同体、基层市场共同体与基层生产共同体——中国乡村社会结构及其变迁》,《社会科学战线》,2002 年第 5 期。

由于长期战争和民国政府效能的低下,中国农村的变革没有触动最关键的结构要素——土地制度,因而国家对乡村的改造始终是肤浅的。真正的巨变是从大规模的土改开始的,目的是消灭地主经济,实行耕者有其田。1950 年 8 月 4 日,中央人民政府政务院第 44 次会议通过了《关于划分农村阶级成份的决定》,农村人口主要被划分为地主、富农、中农、贫农、工人等阶级。这次成分划分,改变了农村社会原来的权力结构、阶级与身份地位的认知评价,奠定了此后近三十年的中国社会结构的基础。[①] 在人民公社体制下,国家通过指令性生产计划、产品统购统销、严禁长途贩运和限制自由商业贸易、关闭农村要素市场以及隔绝城乡人口流动等一系列措施对农村实行了史无前例的控制。严格的控制导致了农村社会的两大特点:一是社会内部高度同质化、均等化;二是僵硬的身份壁垒和极低的社会流动率。[②]

家庭联产承包责任制的实行引起农村管理体制连锁反应。1984 年,办了 25 年的人民公社寿终正寝。在阶级划分上,1979 年 1 月中共中央发布了《关于地主富农分子摘帽问题和地富子女成份问题的决定》,解除了身份制对他们的行动造成的一些限制。农民获得了土地的使用权和经营权,成为独立的商品生产者;可以自由选择职业,自主流动。在这种情况下,出现了以市场为机制、以职业为基础的农民分化。1989 年陆学艺指出农村人口已经分化为八个阶层:农业劳动者阶层、农民工阶层、雇工阶层、农民知识分子阶层、个体劳动者和个体工商户阶层、私营企业主阶层、乡镇企业管理者阶层、农村管理者阶层。20 世纪 90 年代中期以来,农村社会结构在构成比例上又发生了很大变化。[③]

学者们对各地农村社会结构变迁特点作了类型划分尝试。王汉生等根据乡村由于工业化水平和社区集体化程度的不同,将中国农村分成了四种类型:一是高集体化、低工业化类型(如改革前人民公社时期的农村),二是低集体化、低工业化类型(我国目前大部分农村地区),三是高工

---

① 参见张一平:《当代中国农村社会结构的演变》,《兰州学刊》,2006 年第 6 期。

② 参见许欣欣:《当代中国社会结构变迁与流动》,社会科学文献出版社 2000 年版,第 157—158 页。

③ 参见《20 世纪 90 年代中期以来中国农村社会阶层结构的变化》,中国网,2002 年 2 月 4 日。

业化、低集体化类型(如温州地区),四是高工业化、高集体化类型(如苏南地区)。王晓毅根据权力分化的水平和经济发展水平将 90 年代初期的农村分为四种类型:一是集中的同质社会(如传统的农业社会),二是集中的异质社会(如苏南模式),三是分权的同质社会(如山区农村),四是分权的异质社会(如温州模式)。王沪宁认为,凡是社会系统代替村落家族系统起到决定性作用的地方,家族文化呈弱势,而在社会系统的力量不足取代村落家族系统的地方,例如在中央权威微乎其微的边缘乡村地区,家族文化呈强势。[①] 贺雪峰等根据村民社区记忆和社会关联的强弱,也划分了四种村庄类型:强社区记忆和强社会关联型、强社区记忆和弱社会关联型、弱社区记忆和强社会关联型、弱社区记忆和弱社会关联型。[②]

由于中国的幅员广大,各地的经济地理条件、历史条件和地域文化彼此不同,因此村庄必然会出现多元化的形态。折晓叶指出,村庄的外部形态、发展模式、组织机构、贫富程度等方面的多样性,从未像今天这样惊异,村庄的重要性也从来没有像现在这样突出过。[③] 上述研究反映了近代以来中国农村社会结构变迁的总体趋势,它主要关注的是国家体制变迁和现代经济的成长对农村社会结构(尤其是村落权力结构和阶层结构)的影响。这种总体趋势是我们在研究任何村落时都必须意识到的一种变迁。但是这种变迁在不同地方可能会有很大差异,在中东部地区或经济较发达地区,国家体制和现代经济可能更深地影响到村落社会,而笔者所研究的侗族社会封闭在大山之中,经济还很落后,因此传统社会结构的特征还很明显,比如寨老的权威和先赋性的社会等级分层。

(2) 汉族社会结构研究

从构成农村社会主体的角度出发,研究农村社会的视角可分为家庭、村落、地方市场以及国家权力四种。[④] 一是有关家庭(家族)文化的研究,主要有林耀华的《金翼》和王沪宁的《中国村落家族文化——对中国现代

① 参见陆学艺主编:《内发的村庄》,社会科学文献出版社 2001 年版,第 24—26 页。
② 参见贺雪峰、仝志辉:《论村庄社会关联》,《中国社会科学》,2002 年第 3 期。
③ 参见折晓叶:《村庄边界的多元化——经济边界开放与社会边界封闭的冲突和共生》,《中国社会科学》,1996 年第 4 期。
④ 参见陆学艺主编:《内发的村庄》,社会科学文献出版社 2001 年版,第 11—20 页。

化的一项探索》。后者仅对 80 年代前后中国村落家族文化的恢复背景、结构与功能、变迁与对策做了深入的研究。弗里德曼的《中国东南的宗族组织》则对宗族村落中家庭与社区关系、地方与国家的关系、祖先崇拜与社会组织的关系作了系统分析,形成了一套具有范式意义的解释框架。二是以村落为研究对象,例如费孝通的《江村经济》和他与张之毅合著的《云南三村》。前者是对农村社区社会结构及其运作的素描,勾画出一个由各相关要素有系统地配合起来的整体。后者提出了类型比较的研究方法。认为类型比较的方法为我们认识庞大的中国农村提供了一条可以接近的路径。三是关于农村市场共同体的研究。施坚雅着眼于农村集市贸易体系,研究市场体系对村落社会经济结构的影响,建立了独特的市场共同体理论,否定了将村落作为农村基本单位,提出了"基层市场社区"的概念。① 四是关于国家政权和乡村社会的研究。杜赞奇对中国华北农村的研究主题是国家政权的扩张对乡村社会权力结构的影响,提出了"权力的文化网络"的概念。② 他的权力的文化网络包括了市场、宗族、宗教以及水利控制之类等级组织,以及庇护人与被庇护者、亲戚朋友之间的非正式关系网。杜的理论已是当今中国农村社会权力结构研究的坐标。

四种研究视角各有优劣,王铭铭对此做过细致的批判,③指出了西方汉学人类学的"范式危机"。④ 他所说的"范式危机"至少来自两个方面,一是西方社会研究中提炼出的概念在中国社会的适用性问题,如施坚雅的研究;二是从区域性研究得出的结论是否能指代中国这样一个巨型社会的问题,如弗里德曼的研究。因此他推崇费孝通式的社区研究,因为费孝通既想通过社区研究来理解中国社会,又能对这种"小社会"研究的局限性保持警惕。

---

① 参见[美]施坚雅著,史建云等译:《中国农村的市场和社会结构》,中国社会科学出版社 1998 年版,第 40 页。
② 参见[美]杜赞奇著,王明福译:《文化、权力与国家:1900—1942 年的华北农村》,江苏人民出版社 2003 年版,第 3 页。
③ 参见王铭铭:《社会人类学与中国研究》,生活·读书·新知三联书店 1997 年版。
④ 参见王铭铭:《想象的异邦——社会与文化人类学散论》,上海人民出版社 1998 年版,第 381 页。

关于农民行为逻辑的研究。农村社会结构是通过农民社会行动来建构的,关于农民的社会行动逻辑的解释是农村社会研究的基础。在这方面,费孝通提出了中国传统农村是一个"礼治"社会的观点;以经济学家舒尔茨和波普金为代表,则主张小农作为"经济人"毫不逊色于任何资本主义企业家,作为政治行动者,小农最易于比作政治市场上的投资者;詹姆斯·斯科特也主要强调小农的道义经济侧面,生存第一的原则会超越纯粹的经济理性。

与此相通的是,学界似乎有一个共识,即在中国这样一个转型社会,传统的社会行为规范正在迅速消失,农民行动的"理性化"日显突出,个人的独立性增强。曹锦清教授在河南调查后得出"农民善分不善合"的结论;①马克思曾得出农民是一袋马铃薯的著名结论;梁漱溟先生也说中国农民很散漫,他们必须"从分散往合作里走,以合作团体利用外部技术";②毛泽东指出,几千年来的一家一户的个体经济是封建统治的基础,是农民穷苦的根源,因而号召农民组织起来;③贺雪峰主要根据中部农村的调查经验指出了农村社会"原子化"的问题。这些结论都表达了中国农村社会结构松散性的观点。

"理性化"的前提自然是传统农民行动的"非理性"或"礼治",与经济学的"理性小农"的论调相对立。与农民是"理性"的还是"礼治"的争论相对应的是中国农村是否具有共同体性质的争论。有关共同体理论的研究从藤尼斯到涂尔干到英克尔斯,再到日本学者的研究,具有丰厚的理论资源。关于中国农村是否具有共同体的性质,日本学者根据日占时期在华北农村的调查资料分析了当时的社会结构,得出了截然相反的论点,引发了所谓"戒能——平野论战"。这一论战为我们提出了应该如何把握中国农村社会团体的性质以及农民生活价值秩序的重大问题。福武和旗田魏强调,中国农村中并不存在日本村落对村民具有巨大制约作用的规范,村民的关系是扩散性的,村落本身不是共同体,而仅仅

---

① 参见曹锦清:《黄河边的中国——一个学者对乡村社会的观察与思考》,上海文艺出版社 2000 年版,第 166—167 页。

② 《梁漱溟全集》第 2 卷,山东人民出版社 1990 年版,第 303 页。

③ 《毛泽东选集》第 3 卷,人民出版社 1991 年版,第 931 页。

是一种结社性质,村内只有在"看青"等安全防卫之类的基本需求层次上组织起来。① 这些观点都存在以区域农村(基本是汉族地区)指代"中国农村"的泛化问题。

(3) 侗族社会结构研究

有关侗族和南部侗族地区调查、研究资料,廖君湘在其博士论文的研究综述中做了一个相当完整的梳理,②本文在这里不再具体介绍。廖博士对相关文献按历史时期做了归类:一是历史文献资料,包括正史和实录、历朝方志、历朝文人笔记;二是民族学实地调查资料,包括中华人民共和国成立以前侗族实地调查资料、建国初期的侗族实地调查资料以及 20世纪 80 年代以来的"田野"资料。大量考察、调查、研究报告,体现出资料翔实、描述比较严谨的特点,从不同层面反映了南部侗族地区的历史和现状。③

从调查研究的内容上看,主要集中在如下方面:族源和民族关系研究、社会形态研究、生计方式与生态环境的关系研究、传统艺术形式及其内涵研究、建筑形式及其内涵研究、节日礼俗研究、侗款及社会组织研究、习惯法研究。调查和研究侧重民族文化层面,对社会结构的研究较少;少数对目前的社会组织、社会结构作了研究,但通常是选取结构的某一部分作为研究对象(研究最多的是家族和歌班),缺少社会结构的整体研究;且研究取向侧重历史比较研究,对当前社会结构的功能和内在关系缺少研究。另一方面,从调查研究的策略上看,存在两个极端,要么是纯民族志的现象记述,要么是综论式的说理,实地调查与理论的研究严重脱节。总体上讲,在侗族研究中,以一个村落作为研究单位,对其社会结构作完整的实证研究的作品寥寥无几。

除此之外,侗族研究领域还存在两个严重的不足,这可能与大多数研究者都是本民族的成员有关。一是对众多侗族社会的显著社会事实视而不见,缺少问题意识。笔者在前文"研究侗族什么问题"中提出的问题都是本民族的研究者通常忽视的问题。比如说侗族的聚居模式,本民族的

---

① 参见陆学艺主编:《内发的村庄》,社会科学文献出版社 2001 年版,第 34 页。
② 见廖君湘:《南部侗族传统文化特点研究》,兰州大学博士论文,2006 年。
③ 同上论文,第 7 页。

成员通常会将之看作一种传统而不予理会,但在笔者看来却是很不合常理的选择,它作为一种存在的事实肯定反映了某种社会建构的基本准则。二是关注侗族社会和谐的一面,忽视社会冲突的一面。诸多的研究者都关注到侗族文化中体现出的良好社会秩序的内涵,如下论著的标题就是例证:《"桃源"深处一侗家》①《走向和谐——岑努村人类学考察》②《和谐的密码:侗族大歌文化人类学诠释》③《诗意的生存——侗族生态文化审美论纲》④《没有国王的王国——侗款研究》⑤。还有众多的文章论述了侗族文化的类似特点,如集体主义、和谐性、平等性、自治性、原生性、温和性等。侗族村寨在自然形态上常给人一种桃花源式的印象,多数学者更趋向于将这种印象无限制的扩展到社会领域和精神领域,忽略了社会冲突的一面。比如说,几乎所有的文献都对寨老这种民间权威持赞誉之词,而笔者的研究指出寨老们其实存在严重的道德危机。

目前在侗族研究领域取得深入进展的是以罗康隆、崔海洋为代表的侗族生态人类学研究,它主要关注的是生态对农民技术选择和生计模式的影响,而对生态与社会结构的关系没有给予重视。在笔者看来,罗、崔等学者的研究堪称精致,但它的局限性也十分明显,因为它主要是一种微观的技术层面的研究,没有体现生态与社会在更高层次的关系。有鉴于此,笔者的研究则侧重关注生态与聚落形态、社会结构、社会活动的关系,可以看作是罗、崔等人研究的补充和扩展。

3. 简要评论

由于有关中国农村社会结构的研究异常庞杂,作全面的梳理几乎不可能。上述综述只是对研究的部分层面和领域的一个简单归纳。这些层面和领域为本文的研究提供了方向,其中的某些观点可作为本项研究的理论依据和回应对象。值得注意的是,上述提到的研究虽然占据了当今中国农村研究的话语权,但其立论的研究对象却存在明显的局限性。主

---

① 罗康隆著,云南教育出版社 2001 年版。
② 余达忠著,贵州人民出版社 2001 年版。
③ 石干成著,华夏文艺出版社 2003 年版。
④ 朱慧珍著,民族出版社 2005 年版。
⑤ 邓敏文、吴浩著,中国社会科学出版社 1995 年版。

流的研究对象集中在汉族地区或是汉化程度较高的民族地区,集中在中东部地区或经济相对较发达的地区,集中在平原低山地区或者地理上交通上相对较开放的地区,而极少涉及民族传统保持比较完整的、经济落后的、地理上封闭偏远的大山区村落。研究集中在这样的农村地区可能有三个方面的原因,一是汉族是中国的主体民族,二是这些区域对大多数研究者来说比较方便做调研或有文献可用,三是这些区域较早或较明显的反映了中国这样一个转型社会的某些特点。本研究的侗族村落主流学术很少涉及,而大量研究侗族的学者(大多是本民族或本地学者)基本没有与主流的中国乡村研究对话的意识。

(二) 研究意义

1. 学术意义

本项侗族社会结构研究也可看作是侗族社会生成问题的探讨,侗族社会生成所面临的地理环境、历史境遇、文化氛围、经济形态及政治环境与主体的汉族地区有着很大的差异,因此对汉族地区常用的一些解释范式和研究结论并不一定适宜对侗族地区的研究,因此可以尝试从侗族社会生成的环境特点中提炼解释范式。中国有广大的农村,其间存在很大的差异。从费孝通以来的中国社会学、民族学界就一直倡导学术研究的本土化和区域社会的比较研究,本项研究可看作是这一体系中一种新的村落类型建构的尝试。

2. 实践意义

侗族和侗族地区当前的经济发展整体上明显滞后于全国的平均水平,也存在一些突出的影响社会稳定的因素,历史上也曾出现"三十年一小反,六十年一大反"的不稳定现象。对侗族社会结构的研究虽不是专注发展问题研究,但可看作是发展问题的基础性研究,是促进社会发展的一部分。实际上,读者从本研究中可以清楚看出作者对侗族社会结构与发展的关系的理解。

三、核心命题、研究内容

(一) 核心命题

本文主题是侗族社会结构研究，并且将整体的社会结构分解为村落群体、村落、自然寨、村落权威、社会网络、家庭、生育及婚姻观念等多个层次，研究各个层次内部及层次之间的构成状态及结合机理。在侗族社会结构的各个层面我们能强烈感受到无所不在的生存危机意识，体现了他们特有的生存策略和生存伦理，这种危机意识可能就是侗族社会建构的核心要素，是我们理解侗族社会文化的关键视角。生存危机意识来自一个族群的历史经历，是不稳定的生存环境的产物，因此本文的核心命题便是考察侗族社会结构与生存环境之间的关系。在这个命题中，生存环境包括了社会环境和自然资源环境，预设的前提是社会文化的生成是族群生存环境的反映，环境的特点决定了文化的特点。

选择生存环境作为侗族社会结构研究的切入点也是一种排除法的选择。前文已经介绍，对农村社会结构的研究通常有宗族、宗教、市场、水利、权力等视角，经过一番检视之后，笔者觉得这些因素都不足以对侗族社会形成显著的影响。侗族人民在历史上频繁迁徙，侗族村落是典型的杂姓村落、移民村落，血缘宗族的规模极小。侗族的主体信仰是朴素的祖先崇拜，没有出现有组织的宗教体系。侗族村落封锁在大山之中，经济极端落后，市场交换的频率和规模都十分有限。侗族在大山上种植水稻，因为无法克服地势落差太大和地表的不规则性的局限，所以无法实施人工水利灌溉，只能依靠山泉自流灌溉，水利对农业和农民合作影响甚微。侗族分布在三省交界地带，又有重重大山阻隔，国家政权的影响力相对较小而民间的自治力相对较强，现今来说，国家体制权威与传统民间权威各有所长，呈二元鼎立之势，体制权威在某种意义上说还不具显著优势。

从生存环境的角度研究社会结构有别于生态人类学的视角。自然环境无疑会对人类文化的面貌产生影响，而且生产力越低的社会，这种影响就越明显，杨圣敏剖析了坎儿井对干旱的吐鲁番社区建构的意义就是一个成功的例子。[①] 在笔者的分析框架中,生存环境是包括了自然环境和社会环境的整体性概念,虽然自然环境与社会环境之间可能存在极强的关联,[②]但笔者有意忽略了这方面的关系研究,而是将自然环境和社会环境作为两个相对独立的因素构成整体的生存环境。在此意义上,本研究更多偏向社会生态学而有别于生态人类学。

在这里,本研究及结论受到了张佩国教授的"整体生存伦理"概念的启发。这一概念可以说是对斯科特意义的"生存伦理"的延伸,张教授指出,生存伦理弥散于社会整体生活中,在所谓的政治、经济、文化、宗教诸领域均无处不在,无时不有,因而是整体性的,其主体包括个人、群体和社会组织。他认为,这一概念超越了结构主义与方法论个体主义的二元论,不纠缠于个体与社会的二元界分,也只有在对社会秩序的文化解读中才能理解个体、群体和社会组织的生存与发展逻辑。[③]

(二) 研究内容

"社会结构"和"生存环境"是两个综合性的抽象概念,需要将其分解为可观察的具体现象层次,分析现象与现象之间的关系。"社会结构"可分解为聚落形态、村与村的关系、家庭与家庭的关系、主体信仰、社会分层、公共权力、社会网络、家庭形态、生育、婚姻等。生存环境可分为社会环境和自然环境,侗族社会的生存环境使生存危机成为一种社会的常态,这种生存危机又具体表现为频繁的战乱、匪盗、械斗、农业灾害、瘟疫、持续的粮食短缺等。作了这样一些粗略细化后,本文将在如下方面展开研究:

A. 侗族生存危机的来源。从侗族的地理分布特点、民族史和村落史的描述、自然资源禀赋和农业模式、粮食的供给能力等方面论述。

B. 聚落形态与危机意识。这里要说明"安全第一"的建寨原则形成

---

① 参见庄孔韶主编:《人类学通论》,山西教育出版社 2003 年版,第 146—147 页。

② 裴宜理成功论证了淮北的生态不稳定性与持续的社会动荡之间的关系,大量有关"农民为何要造反"的研究基本上都采取此种逻辑定式,参见[美]裴宜理著,池子华、刘平译:《华北的叛乱者与革命者:1845—1945》,商务印书馆 2007 年版,第 248—271 页。

③ 参见张佩国:《整体生存伦理与民族志实践》,《广西民族大学学报》,2010 年第 5 期。

了巨大的聚居村落,这种村落模式的选择严重背离了生态原则。

C. 移民与社会结构。不稳定的生存环境造成了人们的频繁迁徙,侗族村落都是由不断迁徙的移民组合而成的,移民如何融入村落,得到村落的庇护呢?

D. 村与村的关系。这里涉及村与村之间合作与冲突,是否有应对共同危机的机制,又如何协调相互的利益冲突。

E. 寨老与社会控制。侗族村寨具有强大的集体行动能力,这种能力是应对外来威胁的保障,民间权威寨老则是集体行动的关键因素。

F. 经济与家庭、社会网络。分析物质性的生存危机对家庭形态、社会网络建构的影响。

G. 生存与生育。分析农民如何通过生育选择来保证家庭延续。

H. 婚姻选择与夫妻关系。分析社会等级观念对婚姻选择和夫妻关系的影响。

四、研究方法与田野经历

(一) 研究方法

本项研究采取的是典型的田野工作法,研究资料除少部分来自文献外(文中都注明了引用来源),其他都是第一手的田野资料。田野工作分为三个阶段,驻村调查累计达 6 个月。第一阶段的调研在 2010 年 7、8 月,形成了对调研村落的初步认识;第二阶段的调研在 2011 年 1—4 月,展开对研究问题的系统深入的探究;第三阶段的调研地点发生在村落之外。在第二阶段的调研之后,笔者与桃源村的朋友们一直保持着通讯联系,获得了一些信息补充;2011 年 8 月笔者邀请桃源村的两位寨老到自己家做客,数日的长谈让笔者获益匪浅。

任何一项研究都需要根据具体的情形来考虑研究的策略。笔者所作的是社区个案研究,它所面临的最大的挑战便是个案的代表性和结论的普适性的问题,研究从三个方面着手希望能够最大程度的消除这种局限性。一是所研究的村落是一个没有"特长"的村落,从经济、政治、文化、生态、地理位置等各个方面来说它都与周边的村落没有显著区别，它代表了当地绝大多数村落的一般状态。当初给帮忙选点的州县民委领导提出的村落选择标准是：非城郊村、非资源村、非经济强村、非旅游村、非模范村，说不上有任何突出特点的，没有什么名气的最普通的村子；位于侗族聚居区，传统文化保持比较完整。之所以提出这样的标准是希望研究的村落具有地域和族群的代表性，从而保证研究结论的普适性。二是在研究桃源村的同时，也关注到了周边的村落。笔者到过周边不少村落，也听过不少周边村落情况的介绍，也在时时与他人的调研对比，①写作中不时会提到周边的村落和更大范围内的信息。三是尽可能选取侗族社会非常典型的文化事项来研究，比如聚居、自然寨、房族、侗款、寨老、粮食短缺、男孩偏好、行歌坐夜、鬼蛊观念、祖先崇拜等，因此研究可以更多超越村落个性反映区域和族群的共性。

　　调研面临的第二个挑战便是语言障碍。大部分村民只能讲侗话和少量汉语，而笔者又不可能短期内学会侗语，因此访谈受到很大的局限。在遭遇了调研前期的困扰之后，后期的访谈对象只好集中在少数能用汉语熟练表达的村民中，这些能熟练使用汉语的村民通常是村里的男人、寨老、村干、教师、年轻人、受教育较多者、经济状况较好者、见识较广者、社会地位较高者，也就是他们多属于村落中的强势群体。访谈对象的局限性或许会影响到研究的客观性，这是非常无奈的事情。因为访谈受到局限，所以笔者会更加有意识的采取参与观察的方式获取信息，然后主动提出问题，反复访谈多个能说汉语的村民。也因此，所研究的现象和问题都来自实实在在的生活，而不是被书本或访谈对象牵着鼻子走。

　　在对具体社会现象的分析中，笔者也始终面临着多重困扰：

　　如何突破环境决定论和历史决定论的陷阱？本研究所考查的社会结构具有鲜明的传统色彩，对这种社会结构作发生学的解释是立论的基础，研究中从村落的自然环境、族群和村落历史、聚落形态等方面考查自然也没有问题，关键在于，环境、历史和聚落形态都是客观的存在，而社会结构

① 目前学术界有关侗族的社会调查主要集中黔东南州的黎平、从江、榕江一带，其中又以笔者所调查的桃源村附近的各村寨居多，比如周边的高鱼、高黄、高岗等村每年都会迎来一批又一批的社会调查者，因此笔者也可以从他人的作品里获得周边村落的信息。

是人们主观的建构,其间又经历了数百数千年的修正,客观的环境与主观的建构之间必然存在巨大的鸿沟。不突破这一鸿沟,就会掉入环境决定论和历史决定论的陷阱,出现"环境如此、历史如此、生活也就如此"的论调。比如本文在寻找高度聚居的原因时,村民的解释是"住在一起好玩,好搞娱乐",而笔者偏重是"环境恶劣的大山和历史上的族群挤压与匪盗骚扰形成的生存危机意识",因为笔者遵循的是生存先于娱乐的逻辑。但是无论是"娱乐论"还是"生存论"明显都站不住脚,常识告诉我们,大多数山区都是分散居住的模式,原因当然不会是其他地方的人不喜娱乐或没有匪盗。

如何突破社会决定论的陷阱?本研究在进行结构功能分析时主要遵循了涂尔干与拉德克利夫-布朗的理论传统,大家知道,这一派明显的理论缺陷是"只见社会不见人";大家也知道,结构是个人的主观建构,尤其在我们这个快速变迁的时代,主观建构的色彩愈发明显。那么我们该如何平衡作为"社会事实"存在的客观结构与主观建构的关系,或者说划分"社会"与"个人"的界限呢?为了避免非此即彼的武断,笔者虽然在研究中试图更多体现"个人的意志",掺入理性选择的视角,但这可能是又一次徒劳的尝试。比如,在桃园村历来的传统是"男不外娶,女不外嫁",公认的是"只有没本事的人才到外面找老婆",但事实是总有少数人外娶外嫁,这几年因为打工而愈发多起来,那么这些外娶的男人真的是没本事的人吗?他们本人是怎么看的?其他村民真正的看法又是什么?是否会因人而异?回到我们的主题,"结构"究竟有多大的约束力或者"个人"究竟有多大的能动性?

如何突破当地人给"我"设下的陷阱?上面两个例子同样可以放在这里,属于"主位"与"客位"和研究技术层面的问题。在调研过程中,当地人总是向笔者述说他们的"苦难史",在笔者这个来自鱼米之乡的研究者看来,他们的生存境况确实比较糟糕,但笔者也十分肯定有许多地方会比这里更糟糕,而且现在所谓的鱼米之乡在建国前也不一定会比他们现在的境况强。那么当地人的"苦难"在多大程度上是客观事实,又在多大程度上是一种主观感受呢?显而易见的是,他们的"苦难"博得了笔者的同情和认可,影响到了笔者的研究立场。这样的问题加上语言沟通的障碍和调研时间的限制会变得愈发突出。

（二）田野点概况

具体调研点的确定是在上述学术旨趣指引下的一次"随机"行为。笔者给调研的村落起了一个"桃源村"的学名，之所以起这样一个名称有两层意思：当地的村落封锁在重重大山之中，感官上给人一种世外桃源的印象；现实是，大山并不是人类理想的生存场所，人们不过是为生存所逼才遁入山中，与"世外桃源"衣食无忧、安宁淡泊的意境相去甚远。

桃源村位于贵州省黔东南苗族侗族自治州从江县高坪乡。在地貌上，这里位于云贵高原的边缘地带，大山重重，山高水低，海拔落差大，平坝极少。桃源寨建在大山的山腰，村域面积 15 平方公里，域内海拔最高点约 1100 米，最低点 300 多米，人们在陡峭的山坡上开凿出层层梯田种植水稻。

从江县位于黔东南州的最南端，与广西交界，高坪乡则与广西三江县梅林乡交界。桃源村距从江县城 20 公里，距乡政府驻地高坪村 8 公里，上世纪 70 年代后期通简易公路，现在改成了通畅的柏油路，村民去县城非常方便，而从江县包括高坪乡部分村落直到最近三五年才通公路，少数高海拔或偏远村寨至今不通公路。

桃源村现有（2010 年）农户 291 户，1247 人，除了少量的外来媳妇，95％以上人口为侗族。从江县苗、侗人口各占 40％，另外还有相当数量的壮、瑶人口及少量的汉、水、仫佬等族人口，因此形成了各民族村寨交错分布的格局。在从江县城，说着不同民族语言、穿着不同民族服饰的少数民族俨然成了"多数民族"。桃源村的四邻村寨都是侗族村寨，但是紧挨着四邻村寨就有了不少苗族村寨。多民族共处是一个显著的社会文化事实。从江侗族聚居区据说是侗族传统文化特征最为"原生态"的区域，所以笔者有幸能在这里感受到强烈的"异文化"氛围。

寨子建在一片山坡上，数百栋的木楼密密麻麻挤作一团，部分住宅建在了陡坡之上。整个寨子内部又分成上下两个自然寨、六个村民组，实际上外人是无法看出其中的地理界限的。通村公路穿村而过，因此公路成了村民日常最主要的公共空间。沿着公路有数家杂货店和一所小学。寨中耸立着一座高达 30 米的尖塔状鼓楼，这种鼓楼是侗寨标志性建筑。

黔东南州及从江县在我国属典型的贫困地区，但是相对来说，桃源的经济发展在当地属中等偏上水平，被归入"非贫困村"之列。本村人均耕地不足 6 分，人均口粮 335 公斤。主要农作物是一年一季的水稻，其他杂粮种植极少。十年前口粮尚难自给，现在因为村民大规模外出打工，口粮出现富余。村里规模化的种养殖业和工矿业基本是空白，除木材销售可以获得少量的现金收入外，村民的经济来源主要依赖外出打工。也就是近十年来，村民的生产生活有了巨大的改善，大部分农户已经或正在筹建新房，电视、手机、碾米机、缝纫机得以普及，摩托车、拖拉机、电冰箱在最近两年呈普及之势。生产方式的转变和经济的快速发展可以说带动了社会整体的快速变迁。

五、主要观点、创新与不足

（一）主要观点

1. 侗族社会历史上一直面临着严峻的社会性生存危机和自然性生存危机，可以说，侗族是一个没有安全感的族群，安全原则成了社会建构的基本准则，村落社会结构体现了一整套生存策略和生存伦理。

2. 持续的生存危机促成了人口的频繁迁徙，侗族是一个多民族的复合体。

3. 零散的移民组建了一个个规模巨大的村寨，这种在"安全第一"原则下选择的聚落形态严重背离了生态原则，一定程度上加重了经济的贫困。

4. 移民通过结拜兄弟、共同的祖先崇拜构建了一个村落整体的拟制血缘宗族，从精神层面形成了统一的社会认同。在这个拟制的宗族体内，根据定居的先后、经济的贫富、鬼蛊的有无建立社会等级秩序，贫穷的、后定居的移民则处于社会底层。

5. 寨老维持了村落社会在行动上的统一性。寨老的行为强烈体现了个人意志而可能违背集体利益，谨小慎微的移民为获得村落的庇护往往会迁就寨老对自身权益的侵占。

6. 当社会性危机足够大时便以合款的形式建立自治（自卫）性的村落联盟，社会稳定时期也可以同样的形式建立娱乐性的村落联盟。

7. 因为经济的贫困，农民通过囤积粮食来防备可能的歉收，通过生育儿子为自己的老年储备体力。

8. 为了建立更有力的社会网络，村民倾向于在村内通婚，同时社会的等级观念又限制了婚姻选择，由此造成了包办婚姻与自由恋爱的冲突，出现了"不落夫家"和"貌合神离"的夫妻关系模式。

（二）创新与不足

创新之处：

A. 从聚落形态、村与村的关系、村与寨的关系、主体信仰、社会分层、民间权威、家庭结构、社会网络、生育观念、婚姻观念等方面对侗族社会结构作了系统的梳理，比较清晰地呈现了侗族社会的整体面貌。

B. 从生存环境的角度解释了侗族社会结构，揭示了侗族社会的一整套生存策略和生存伦理。以单一视角对侗族社会文化作整体的透视可以说是一种全新的尝试。

C. 侗族生活的地区经济发展水平很低、社会不稳定，农民生活在生存线的边缘而处于持续的生存危机之中，社会的建构可看作是农民维持生存的一种策略选择，环境——危机——策略是对农民基层社会组织颇有解释力的进路。在这里，笔者的进路与斯科特的进路有着显著的差异，可以说是从同一个出发点向着不同的方向在走：斯科特的方向是向上走，探讨的主要是农民与资本主义、国家权力的互动关系，[①]而笔者的方向是向下走，探讨的主要是底层农民之间的互动关系。

不足之处：

A. 社会结构是一个复杂的系统，仅截取其中的某些层面来表现整体似有简单化之嫌，可能导致以偏概全的错误。

---

① 参见［美］詹姆斯.C.斯科特著，程立显、刘建等译：《农民的道义经济学：东南亚的反叛与生存》，译林出版社 2001 年版；郑广怀、张敏、何江穗译：《弱者的武器》，译林出版社 2007 年版。

B. 社会文化的生成受多重因素的影响，仅以生存环境作解释存在很大风险。我们知道，在前资本主义社会，世界各地的农民存在普遍的生存危机，生存策略和社会基本结构却差异很大，这里可归因于"文化"的差异。国家政治的影响也不容忽视，比如中央王朝为加强对侗族地区的社会控制采取的移民政策和鼓励集中居住的政策。有鉴于此，笔者的这种单一视角的解释框架不过是一种有选择的主观建构。

第一章

生存危机的历史呈现

在黔、桂交界地带的贵州黎平县、榕江县、从江县、广西三江县、融水县这个侗族原生态文化区域中，从江县位于这个区域的中心，它的经济发展较周边地区落后，侗族传统文化保留得最为完整，是侗族原生态文化区中的核心区。所谓原生态文化无非是更多地保留族群传统文化的特点，更明显地反映了族群的个性。本章将简要介绍侗族和桃源村的历史，分析历史与社会的关联，指出动荡不安的历史境遇造就了侗民族的生存危机意识，这种危机意识便是侗族传统文化的基调，是侗族社会建构的准则。

第一节｜族群分布与村落区位

一、族称和族源

在桃源一带，村民称本民族为"侗家"，称苗族为"苗家"，称汉族为"客家"；当然，同时也存在"侗族""苗族""汉族"这样一套官方称谓。"侗家""苗家""客家"是传统称谓，表明了他们将苗、侗看作土著民族，汉族作为外来民族的意识。

关于侗族的称谓历史上变化不断，可能跟这一带族群混杂分布，文化多样又相互渗透的局面有关。据史书记载，现今之侗族地区秦时称为"黔中蛮"，汉代称为"武陵蛮"或"五溪蛮"，魏晋南北朝称为"僚"，在此之后,称谓开始多样化。唐代在称"僚"的同时又称"僚浒"或"吴浒",宋代则称"仡伶"、"仡佬"、"仡僜"、"仡偻"、苗、瑶等。明代才有"峒(硐、洞)人"或"侗蛮"之称。清代则多称之为"洞苗""洞民""侗家",或泛称为苗。①以上称谓,基本上是对区域性人群的笼统称谓,没有对此一区域内的不同文化群体作细分,尤其是苗、侗不分。苗、侗等族群在地理上混杂居住,文化上多有相似之处,即使现在作细分也是困难的,现在官方的"苗""侗"之分不过是一种简单化的处理。

现今侗族村寨的族源口述史反映了侗族是汉、侗、苗的复合体。比如桃源村村民称最早落寨的是贾姓、苗族,贾姓又称自己的祖源在江西,经广西梧州到从江;较早落寨的欧姓也称自己的先祖是汉族;有些姓氏则称是从附近苗寨迁来,近代以来也有村民迁往苗寨定居。这是侗族的一种典型的口述史类型,粗略反映了族源的历史脉络。侗民族群体的定型时代已不可考,但在其发展过程中融入了大量的汉、苗籍的人口是无可争议的。早在宋元时期,就有不少江南籍的汉人,因战乱或不堪忍受封建统治者的剥削压迫而迁入侗族地区。到了明代,朱元璋为了巩固地方政权,加强封建统治,除沿袭元代衣钵,以"随军有功"人员任长官司外,还在侗族地区安屯设堡,"拨军下屯,拨军下寨",对侗族人民进行军事统治,而这些人大多是来自江西吉安府的汉人。据《黎平府志》记载,当时府属的潭溪、新化、洪州、欧阳、隆里、亮寨、中林、古州、湖耳、三郎等地,计有正副长官司 15 人,籍隶江西者 13 人,其中又有 11 人是太和县的。另据调查,三江县的冠洞、林溪、亮寨、皇朝、八江、寨卯、独洞、和里,黎平县的古州、地青、三洞、黑洞、佳所、潘老寨、下皮林,从江县的上皮林、龙图、洛香等侗族村寨,有杨、吴、石、陆、粟、欧六个姓氏,都说自己的祖先来自江西吉安府吉水县或太和县。② 正是因为有大量的汉族移民的迁入,才有了苗族住山顶、侗族住山腰、汉族住平坝的说法。只有批量性的汉族迁入,才可能占有优越的平坝,并将原有的土著逐步赶上高山;后续又不断地有汉人迁入,平坝就需要不断向高山转移人口。这些不论是住平坝还是高山的汉

---

① 参见《侗族简史》编写组、《侗族简史》修订本编写组:《侗族简史》,民族出版社 2008 年版,第 13 页。后文提到的《侗族简史》均指此版本,不再作注明。

② 《侗族简史》,第 16—17 页。

族年长日久自然都会融入土著之中。

二、侗族人口分布特点

侗族人口集中分布地是黔、湘、桂交界地区,清朝时期有一部分侗族迁徙到鄂西南地区,使侗族人口的分布面有所扩大。[①]

2000年第五次全国人口普查时,侗族人口共有2960293人,其中贵州省有1628568人,占42.9%,湖南省有842123人,占28.4%,广西壮族自治区有303139人,占10.2%,湖北省有69947人,占2.4%,其余散居在全国所有省份。

在贵州省的1628568人中,黔东南苗族侗族自治州有1207197人,占74.1%,其中,黎平县324867人,天柱县235241人,从江县123270人,榕江县115295人,锦屏县94537人,三穗县83193人,镇远县71800人,剑河县65170人,岑巩县61006人,凯里市22099人,施秉县3464人,雷山县2752人,丹寨县1452人,台江县1240人,黄平县1001人,麻江县810人。

铜仁地区侗族有376862人,其中铜仁市104057人,石阡县101990人,玉屏侗族自治县98757人,万山特区40130人,江口县17011人,松桃苗族自治县14025人,其余散在该地区的其他县份。

湖南省侗族842123人,主要居住在怀化市和邵阳市。怀化市有808155人,其中新晃侗族自治县193678人,芷江侗族自治县175030人,会同县173947人,通道侗族自治县156719人,靖州苗族侗族自治县63962人,鹤城区10370人,溆浦县6214人,其余散居在该市各县。邵阳市有22170人,其中绥宁县13973人,城步苗族自治县3498人,武岗市1765人,洞口县1597人。

广西壮族自治区303139人,主要分布在柳州地区和桂林市。在柳州地区的229162人中,三江侗族自治县170248人,融水苗族自治县48020人,融安县8363人,鹿寨县1132人,其余散居在该地区的各县。桂林市有侗族48166人,其中龙胜各族自治县42718人,七星区1030人,其余散居在各县。

---

① 参见石开忠:《新中国成立后五次人口普查侗族人口的发展》,《贵州民族学院学报》(哲学社会科学版),2006年第5期。

湖北省侗族 69947 人，主要分布在恩施土家族苗族自治州，共有 67440 人，其中宣恩县 43817 人，恩施市 17187 人，咸丰县 2739 人，其余散居在该州的各县。

侗族人口的分布有两个特点，一是相对集中，超过 80％的人口集中在湘、黔、桂交界地带；二是处于多民族杂居区，与众多民族形成"大杂居，小聚居"的格局，这种"小聚居"的规模可以小到一个行政村甚或一个自然寨。具体到桃源村所在的从江县来说，2006 年少数民族人口占 94％，境内共居住着 19 种民族。主体民族是苗族、侗族，各占 40％，其他人口较多的民族是壮、瑶、水、汉。汉族主要分布在城镇。各民族交错杂居，却能保持自己的民族文化特征，蔚为奇观。比如，在高坪乡的 12 个行政村中，就有一个苗族村，其周边都是侗族村；在翠里瑶族乡高武村，苗族和壮族各占据村落的约一半，其中又夹杂少量的瑶、水、侗、仫佬、汉等族，各族讲自己的民族语言，穿本民族的服饰，相互通婚，每个成年村民都能讲五六种民族语言，"见什么人说什么话"，和谐相处。① 在民族分布上，过去有"客家（汉族）住街头，侗家住河头，苗家住山头"之说，意思是汉族居民多住在集镇，侗族和壮族主要分布在溪河畔及坝子周围，苗族和瑶族多分布在高山地区。这种民族分布格局反映了各族群不断向大山深处争取生存空间的原始迁徙图景。

三、村落区位

（一）行政区位

桃源村隶属于贵州省黔东南州从江县高坪乡。黔东南州位于黔、桂、

---

① 语言沟通障碍是本地各族人民交往普遍难题。从江县的学校教育落后，义务教育普及近年才有所保证。上过三五年学的孩子，不久忘掉了在学校学的那点汉语，只懂得本民族的语言，难以缓解各少数民族之间的语言沟通难题。在桃源这个离县城不算远的村落，大部分人不会说汉话，他们去县城看病必须找个懂汉话的村民陪他们去。在县城通用的是汉话，县城的公职人员中，半数来自外地，另外相当一部分来自本县贯洞这个有较大平坝的乡镇。因为本地的教育落后，除贯洞镇外，本地通过读书获得公职的人不多。在桃源村小学，外来的几个老师不懂侗话，她们只能教小学高年级，而低年级的教学只能留给当地的教师。能否讲汉话也是做村干部的一个标准，不懂汉话几乎无法与乡县干部打交道。

湘三省交界处。从江县位于黔东南州的最南端,南与黔南州荔波县、广西环江县、融水县、三江县接壤,北与黔东南州榕江县、黎平县接壤,与黎平县相隔的是湖南靖州县和通道县。高坪乡位于从江县中部,四邻的乡镇东有从江县贯洞镇、洛乡镇,西有从江县丙妹镇、谷坪乡,北有黎平县双江乡,南有广西三江县梅林乡。对桃源村民来说,出县出省都不过步行一日的路程。高坪乡有 12 个行政村,桃源村位于乡域中心部,四邻有本乡高黄、高鱼、银里、高坪、新华五村。本乡新平村为苗族村,但人口不足百户;其他 11 村都是侗族村,侗族人口几近百分之百。

从江县辖地在两汉时期分属荆州武陵郡和交州郁林郡。宋代始置福禄永从长官司。元代增置曹滴洞、西山大洞长官司。明正统六年(1441年)置永从县。清乾隆三十六年(1771 年)置下江厅,民国二年(1913 年)改为下江县。民国三十年(1941 年),永从、下江两县合并为从江县至今。[①] 在清后期及民国的地方建置中,桃源村处永从、下江、黎平三地交界地带,永从、下江合并后,处从江、黎平两县交界地带。

到民国之后,从江县及桃源村的行政归属变动极为频繁。[②]

民国 21 年(1932 年),永从县辖 5 区、7 镇、59 个乡,县治在今黎平县永从镇。桃源村属第 5 区,为乡建制。但这个乡建制应该很小,最多包括了现在银里和新华两个行政村。桃源村处永从县的最西边缘。

1941 年,从江建县后,将原永从县的一部分划归黎平县,将黎平县的一部分划归从江县,这样,与桃源村相邻的高鱼村及其以西的村寨从黎平县划到了从江县。从 1941—1948 年,桃源村属从江县丙妹区(镇)高坪乡。1949 年高坪乡改为县直辖,桃源村仍属高坪乡。民国后期黔桂军阀推行保甲制,全县乡镇以下共有 166 保 1769 甲,桃源村立为一保。

1950 年 12 月 26 日,从江县人民政府成立。从江县隶属独山专区,1952 年 12 月,独山专区改称为都匀专区(现黔南州)。

1953 年,全县划为 7 区,71 个乡、2 个镇。桃源村属一区高黄乡(包括今高黄、桃源、新华三个行政村)。

---

① 参见贵州省从江县地方志编纂委员会编:《从江县志》,贵州人民出版社 1999 年版,第 1—2 页,第 33 页。后文所指"从江县志"均为此版本,不再作注明。

② 参见《从江县志》,第 36—40 页,第 2 页。

1956 年 4 月，从江县由都匀专区划归黔东南州管辖。

1957 年 2 月，全县划为 27 个片区，桃源归属高坪片区。

1958 年 12 月，从江、榕江两县合并为榕江县。同时撤销片区，以 1953 年的 7 个区为基础，从江县境组建 7 个人民公社，桃源隶属丙梅人民公社。

1961 年 8 月，恢复从江县建置。辖 7 个区，38 个人民公社。桃源隶属丙梅区高黄人民公社。1962 年全县人民公社调整为 61 个，桃源的隶属关系不变。

1984 年，改公社为乡镇，全县辖 7 区 1 镇（区级镇）、49 个乡（镇）。桃源隶属丙梅区高黄乡。

1992 年底，撤区并乡，全县划为 21 个乡镇（14 乡、7 镇）。高黄乡撤销，桃源隶属于高坪乡。

由以上我们可以看出，桃源村自保甲制以来，它都是一个最基层的完整的行政单位（从"保"到"大队"到"村"），但它的上级行政单位甚至上上级行政单位（县一级）变动之频繁，①应该说已到达了极致。造成这种现象的原因有两方面，一是国家政权和政府政策的不稳定，这是无可抗拒的宏观大环境，二是特殊的地理位置。这里处三省交界地带，再加上山峦重叠交通闭塞，一直是国家政权建设的薄弱地带；大山之中的村村寨寨都是自给自足的单位，与外界的依存度低；民族众多，大杂居，小聚居，彼此之间存在文化上的隔膜。从政治、经济、文化上看，人们很难有超出一村一乡之上的地域认同，有助于国家对这一地域频繁的行政分割。

（二）自治单位——"二千九"款

上面我们介绍了桃源在国家政权体系中的位置，在民国推行保甲制之前，基层社会基本上处于自治的状态。自治不等于自由，它必须有组织、权威和规则，也就是一套调节社会秩序的机制。在很久远的年代，侗

---

① 在这期间，从江县的版图几经增减调整，目前来看，仍然极不合理。广西三江县的梅林等乡镇，沿着都柳江两岸延伸到从江县的中心，这一狭长地带长达五六十公里，将从江县东部分成了南北两半。从从江县城出发，到广西境内只有十多分钟的车程，而到本县的一些偏远乡镇，开车要开上一整天。

族地区便出现了这样一种自治组织——侗款（也称"合款"）。几个临近的村寨组成一个约款群体，共同议定维持社会秩序的款规。侗款是一个自治和自卫的组织，一方面战时联合抗敌，另一方面协调村寨之间的关系。村寨内部秩序以寨老为首制定村规民约来维持，村寨之间的关系则由各寨寨老按款规处理。款的规模可大可小，根据实际的需要自愿结合。当外来的危险足够大时，整个侗族可合为一款。侗族古歌《从前我们做大款》所称大款"头在古州（今榕江县），尾在柳州"。

　　从江县境内诸大款有：六洞款、九洞款、"二千九"款、"千七"款、"千五"款、"千三"款。以上六款连成一片，几乎覆盖了现今从江县都柳江以北的区域，约占了县域的一半。此外还有部分侗寨加入苗族的栽岩组织，也有少量苗、瑶村寨加入侗族的款组织。① 桃源村隶属其中的"二千九"款，包括的村寨有："上九百"的高黄、桃源、新华，"中九百"的高坪、銮里、银里等村寨，"河边九百"的平毫至长寨一线的各侗寨，余下的"二百"为广西的腊弄。在桃源村的四邻中，只有高鱼村不属于"二千九"款，属于"千三"款，这个款范围历史上属现在的黎平县，1941 年成立从江县时，"千三"款大部分划归从江县。

　　款和村寨前的数字代表合款时的农户数量。"二千九"款表示参与合款的所有村寨的户数共二千九百户。桃源村称作"三百桃源"，表示当时桃源有 300 户，与高黄等寨合起来称作"上九百"。"上九百"和"中九百"的侗寨主要分布在从高黄村到县城都柳江的一条溪流的流域范围内，"下九百"和"二百腊弄"则分布在都柳江北岸。小溪的源头到都柳江地势从高到低，落差近千米，根据地势的高低，分别称沿途村寨为"上九百""中九百""下九百"，首尾相距近百公里。"二千九"款的起止时间已无可考，具体的活动内容也没有流传下来。十九世纪中后期桃源村民与官府的军事斗争，以及民国时期抗击土匪都没有形成整个"二千九"款的集体行动，说明这个款组织作为一个社会行动单位发生在更久远的年代。"二千九"款所遗留下来仍在为人们所用的遗产是对各村寨的"原始"称谓，比如各村寨汇集一处斗牛时，需要各村寨派代表商议规则，现场组织者会高喊：

---

① 参见《从江县志》，第 107 页。

"'三百高黄'的代表出来,'一百二高坪'的代表出来。"虽然高黄、高坪的户数早已翻番,现在在民间村际交往场合仍沿用古老的称呼。另外要说明的是,"二千九"款等古老的大款虽然名存实亡,但侗族村寨之间的约款活动至今不衰,比如 2011 年桃源就发起了一次有 30 多个村寨参与的盛大斗牛约款。

(三) 文化区位

侗族目前形成了两个具有明显差异的文化区:一是北部区域,处于孱水沿岸、清水江流域(属长江水系),包括今贵州天柱、锦屏、三穗、剑河、玉屏、镇远、湖南新晃、芷江、靖州、会同等县,受汉文化影响较深,传统文化特征不明显;二是南部区域,处于都柳江沿岸(属珠江水系),包括今贵州黎平、榕江、从江、湖南通道、广西三江、龙胜、融水等县,因山川阻隔,交通不便,接触汉文化的时间相对较晚,经济文化和社会发展相对缓慢,所以传统文化遗存较多。① 尤其是黔东南州的"黎、从、榕"一带,民族原生态文化特征保留得十分完整。本文的研究对象就位于南部侗族原生态文化的最核心区域——从江县。②

侗族有自己的语言,属汉藏语系壮侗语族侗水语支。侗语分南北两部方言,在方言中又各有三个土语区。北部方言包括天柱、新晃、靖州(烂泥冲)、剑河、三穗和锦屏北部,以锦屏"大同话"为代表;南部方言包括黎平、榕江、从江、通道、龙胜、三江、融水、镇远和锦屏南部,以锦屏的"启蒙话"为代表。③ 从江县侗语大部分属于南部方言第二土语区。侗族原无民族文字,④现在都通用汉文。在笔者所调查的从江县高坪乡,虽然靠近

---

① 参见邓敏文:《序言·侗文化的根基》,载于吴浩主编:《中国侗族村寨文化》,民族出版社 2004 年版。

② 黔东南州民宗局的几位领导认为,在"黎、从、榕"中,又以从江侗族最为"原生态",所以他们把笔者推荐到了从江县。

③ 参见《侗族简史》,第 2—3 页。

④ 按照斯科特观点,侗族本是有文字的民族,他们主要来自有文字的汉族地区,之所以后来变得没有了文字是移民们为逃避国家统治而有意识放弃了文字,是因为文字是服务于国家统治的,没有文字可以更好地适应新的生存环境。在这里,放弃文字是一种政治取向和生存策略。参见斯科特:《文明缘何难上山?》,载于王晓毅、渠敬东编:《斯科特与中国乡村》,民族出版社 2009 年版,第 297 页。

县城,大部分村民的汉语水平很低,日常的沟通都是讲侗话,如果不是近几年出现的打工潮,可能只有几个做过村干部的人能讲一些汉话。

侗族内部的文化分化是明显的,前文我们也介绍了在侗族聚居区还夹杂着众多的其他民族,这些民族文化有众多相似之处,那么在这一区域内是族群内部的文化差异大还是族群间的文化差异大呢? 或者说笔者所研究的从江侗族它代表的是一种族群文化还是一种地域文化? 笔者的理解是偏重后者。

第二节 | 生存危机与族群史

从地理上看,侗族聚居区分布在云贵高原的东南边缘的三省交界地带,也是与汉族地区、自然条件和经济发展相对优越地区的交界地带,也是民族冲突和文化冲突的多发地带。在这样一个三省交界地带的社会发育过程中因此有两个关键性的影响因素——社会动乱和移民,这两个因素是我们理解侗族社会结构和文化的钥匙。

一、明以前的历史

自秦汉到隋唐五代,中央王朝虽然在侗族地区建立了郡县,但多为"入版图者存虚名,充府库者亡(无)实利"之地,侗族社会内部仍然处于"千人团哗,百人合款,纷纷籍籍不相兼统,徒以盟诅要约,终无法制相縻"之局面。宋时期,在中央王朝的军事压力下,侗族地区各大姓首领先后归附;终元之世,贵州侗族地区皆为大小土司管辖,土司制度发展到极盛时期,广大人民群众遭受的剥削压迫随之日益加重。[1]

在中央王朝的政权建设过程中,总是伴随着与地方势力的激烈冲突。始皇二十九年(公元前218年),秦王朝派"尉屠睢将楼士南攻越人","发

---

[1]《侗族简史》,第26—31页。

卒五十万，分为五军"，其中一军进入湘西南，"驻潭城之岭"，即今黔阳县西南一带。后汉建武年间，光武帝刘秀派刘尚率兵入"五溪"，屯兵辰溪县东南，筑城戍守，遭到当地居民的抵抗。建武十八年（42年），又派马援率兵四万余人南征，仍不能统治五溪。唐末，湘西南一带各地大姓首领纷纷自立为王，杨承磊据叙州西南（今靖州、通道、黎平东部一带），号称"十洞首领"。其族人杨再思据叙州南部的潭阳、郎溪（今芷江以南至会同、靖州、绥宁一带），自称诚州牧。后梁开平元年（907年），楚王马殷遣将吕师周攻"飞山洞"（今靖州境内），杨承磊战死，杨再思以其地附楚。952年，杨正崖趁楚地动乱，又以"十洞"称诚、徽二州，自署为刺史，领有今靖州、会同、绥宁、黎平东南、锦屏和天柱一带地区。

宋元祐二年（1087年），在靖州一带"设官屯兵"，"募役人"开道路直达融州，引起杨晟台、粟仁催等聚众反抗，攻文村堡（今三江县境），声势震动朝廷，官府"调兵屯渠阳至万人，湖南亦增兵应援"，终无法平定，后招抚。至元十六年（1279年）后，元王朝一面招谕西南诸蛮各部首领，"能率所部归附者，官不失职，民不失业"；一面继续以军事进行征服，于1283年"讨平九溪十八洞"（今湘西南和黔东南侗族地区属之），分封各级土司。此一时期人口和耕地的状况应该不甚稳定。1258年，"民惧增赋不耕"，大量的土地未被充分利用，为此，朝廷不得不采取减赋税、鼓励耕垦的措施。又有，宋人江少虞《宋朝事实类苑》说，辰、沅、靖等州，土地平旷，适宜于耕作，前代已得到开发，但到了元大德元年（1297年），又需"诏民耕种，使蛮疆日渐开拓"。[①]

二、明清时期的战乱

明以前，中央王朝对侗族地区的统治较为松弛，战乱主要表现在地方豪族（土司）与中央王朝的冲突。明朝经营黔、湘、桂侗族地区200余年，基本上结束了贵州侗族地区大姓豪族的割据局面，实施"土流并治"，巩固发展了统一的封建政权。中央政权的强化从两个方面加深了社会的冲

---

① 《侗族简史》，第26—35页。

突,一是"屯田""屯军"挤压原有土著的生存空间形成的民族矛盾,二是地主经济的兴起导致的贫富分化加剧形成的阶级矛盾。自明以来,地处湘桂黔交界处的侗族地区动乱不断。

在土司制度逐步废黜时,地方叛乱风起云涌,迫使中央王朝在侗族地区实行强硬的军事统治,"治"与"乱"形成了一对恶性循环,战乱因而绵延不绝。洪武五年(1372年),"以古州、田州、澧州等处洞蛮常梗化作乱,命卫国公邓愈为征南将军,江南侯周德兴与江阴侯吴良为副,将兵讨之",西进今黎平、锦屏、从江一带;以思州宣慰使从军诏谕,剿抚兼施,收抚苗侗村寨300余所,于各地设立卫所,圈占土地安置屯军。1385年,明王朝在今之黎平、锦屏等地设置五开卫等卫所和72个屯堡,圈占土地1250余顷,安置屯军32000余名。1397年,在锦屏县设置铜鼓卫,圈占土地354顷,并由"五开至靖州置驿十二,驿夫以刑徒充之,仍令屯田自给"。由于年年之火,民皆逃散,谭溪、古州等十四个长官司均废,直至永乐元年(1403年)始"招辑其民,复业者众",又复置土司。

清雍正五年(1727年),废五开等四卫,设开泰(黎平)、锦屏、玉屏、青溪等县,屯军均编为"军户",由县管辖,另于各府县设"营",驻"制兵"(即绿营兵)防守。1729年设古州厅(今榕江县)、下江厅(今从江县下江镇),隶属黎平府。1736年,于古州厅置道员、总兵各一员,统"制兵"3000余人坐镇。同时,在古州厅城东北和附近的车寨大量圈占民田,仿明制置寨蒿、王岭2卫,崇义、忠诚等40堡,安置屯军2150户。此外,还于各府、厅、县要隘设"汛",置千总或把总一员防守。[①]

洪武三年(1370年),明廷为了扫清元王朝在西南的残余势力,对侗族地区进行武力征服,恢复元代土司制度,肆意蹂躏人民。洪武五年(1372年),古州(今榕江县)八万诸洞人民首先起来反抗,明廷派吴良任总兵,率宝庆卫指挥胡海等领兵镇压。

明洪武十一年至十八年(1376—1385年),以吴勉为首的农民起义几乎占据了整个湘黔桂地区。黎平人吴勉自称"划平王","号二十万众",明楚王朱桢率大军进剿,"号三十万众"。最终在黎平上黄决战,农民军失

---

① 《侗族简史》,第42—60页。

利,4000余人被杀,吴勉父子被俘,解送京师就义。

明洪武三十年(1397年)四月,侗族农民在上婆洞林宽领导下,掀起声势浩大的武装反抗,"号一十万众",攻克龙里守御千户所,打死守军800余人,乘胜攻克新化和平茶守御千户所,围攻黎平守御千户所。潮门桥一战,农民军又杀死官兵千余人。明廷派楚王朱桢统率三十万大军进讨,十二月,农民军失败,惨遭杀戮者21500人。

明正统十四年(1449年),黎平府属勾猛、绞桥等寨侗苗人民,联合靖州西部和怀远(今三江县)的侗苗人民举起反抗旗帜,杀死靖州知府,围攻铜鼓卫(今锦屏县),多次攻克思州、天柱、玉屏等府县城池,历时十六年,直到成化元年(1465年)才为明军所镇压。

隆庆五年(1571年)至万历二年(1574年),今广西三江、融安与贵州从江交界地带发生农民暴动,杀死怀远知县,朝廷檄湖广两粤汉土官兵10600人,"战舰四百艘",兵分四路,水陆并进以镇压,最终牺牲侗、苗、瑶人民3250人,官兵掳去无辜儿童1000人,牛马亦被官兵劫掠而去。此后直至万历十七年(1589年),朝廷不敢在此设县治,亦不敢前往征收钱粮。

万历十三年(1585年),黎平府属曹滴洞(今从江县西北部)长官司杨天爵贪利虐民,激起民愤,土司衙门被攻占,杨被活捉。事后,黎平知府不仅不惩办杨,反以侗民肇乱请兵剿办,贵州巡抚派兵四千余人进剿,屠杀侗民100余人。

万历二十八年(1600年),黎平府东南部和府属永从县(今从江县一部)侗民在吴国佐、石纂太的领导下进行武装暴动。农民军围攻上黄堡(今黎平属),击败敌援军;攻克永从县城,杀死守备,打开监狱;接着"围攻中潮所","焚五开卫(今黎平县属)"。1601年7月,明总兵合黔楚兵前来镇压,与农民军战于潘老(今黎平县属),明军败守靖州。后因敌众我寡,吴国佐退往古州毛洞(今榕江县属)被俘牺牲,战死和无辜被杀者580余人。

清雍正十三年(1735年),古州八妹、高表的侗、苗农民在包利、红银(苗族)等领导下武装暴动,占领"新疆六厅"(今榕江县),"攻克镇远府、黄平州和施秉、清平、青溪、余庆等县,声震全国,贵阳戒严"。乾隆元年(1736年),清廷调集两广、四川、云南、湖南等省兵力,以张广泗为经略大臣,从四面八方进入贵州,对苗侗人民进行残酷屠杀。据张广泗"苗务事竣善后事宜疏"自供:烧毁大小村寨 1224 个,屠杀人民 28900 余人,"临阵枪炮毙命未及割取首级、围寨焚烧、投崖自尽、饿毙山林者,不下万数";此外,还把 10000 多名青年妇女掳去,可谓惨绝人寰。

乾隆五年(1740 年)四月,"桑江四洞"吴金银等在广南、独车、平等举起反抗大旗,联合湖南绥宁、通道、城步杨青保等万余人,以龙胜平等为基地,东至马提、芙蓉,南至石京、江口,西至通道的通水,北至城步的拉里,均为农民军占据,且兵分四路出击,地方官吏闻风丧胆。清廷命楚、粤、黔三省调兵三万进剿,历时数月,农民军被镇压。清廷为"不使苗根春再生,务须扫荡得清平",血洗平坝寨,铲平独车村,数以千计的侗、瑶、苗、壮农民被杀,掳去家属 695 名。此后,清军到处搜捕起义人员,部分起义者转入黎平活动。1741 年 3 月,起义军重整旗鼓,攻克永从(今从江县南部),将攻黎平,遇清兵拦截,转入通道,最后被镇压。

19 世纪中后期,在太平天国革命影响下,侗族地区爆发了声势浩大的武装起义。在北部侗族地区,在姜应芳、姜芝灵领导下的农民起义持续达二十年(1854—1874 年),活动在今天柱、锦屏、剑河、三穗、镇远、玉屏、新晃、芷江、黔阳、会同、靖州 11 个县和万山特区,在斗争中同太平军、斋教军以及苗族农民起义军相互配合,消灭清军和"团练"万人以上。与此同时(1855—1876 年),在南部侗族地区,以六洞(今从江县南部)款首梁维干、潘通发等领导的侗族农民起义,联合太平军、斋教军等在今之黎平、从江、榕江、通道、靖州等地与清军展开持久的拉锯战。① 桃源村也深深卷入这场战乱之中,其所属的"二千九"款的各寨(包括桃源村)代表参加了最初的暴动联款大会,②桃源村民欧补变领导的抗暴斗争与这场农民起义紧密联系在一起。

三、战乱与生存危机

现今的侗族聚居区在地方与中央政权的关系上,经历了羁縻州制、土

---

① 以上明清时期的战事摘于《侗族简史》,第 42—77 页。

② 参见姚丽娟、石开忠:《侗族地区的社会变迁》,中央民族大学出版社 2005 年版,第 193 页。

司制,明朝开始的"改土归流",直至清末彻底废除土司制。但无论是土司治理还是流官治理,都无法避免频繁的战乱。明正统七年(1442年),福禄永从蛮夷长官司废,置永从县;清顺治十七年(1660年),曹滴司废,改"隶黎平府经历司管理";康熙二十四年(1685年),西山阳洞司废,其地归永从县,至此,现今桃源村所在的周边地带皆为流官治理,但黎平府属的某些土司直到民国建立才完全废黜。民国以前的动乱主要有两种类型,一是地方上层势力(如土司)与中央王朝的统治权之争,二是争取基本生存权的草根性的农民暴动,最终的斗争也是指向中央王朝的暴力机器,而针对地方土司的暴力斗争极少,这也许是土司制度能够得以维持数百年的原因。从江县境的三个土司中,曹滴司和西山阳洞司因谋反被废,福禄永从司因无嗣,族人争袭司职被废,都不是被民众所推翻。

明前,战乱冲突的双方主要发生在地方势力土司与中央王朝之间,具有一定民族冲突的成分。明清以来,草根性的农民暴动成为主流。究其原因在于,随着中央王朝直接统治力量的加强,地方土司的力量因而弱化,同时,因为明清以来的地主经济的深入发展,政治力量弱化的土司开始向仅具有经济优势的地主转化,土司失去政治追求的时候,地方势力便难成气候,只剩下草根性的农民暴动。土司(地主)为维持自己的经济优势在农民力量和王朝势力之间左右摇摆。他们有时会成为农民暴动的攻击对象,如万历十三年民众暴动冲击曹滴洞土司衙门[1],这时他们会向王朝势力寻求庇护。当农民暴动强势时,土司纷纷响应之,一旦中央王朝的大军压境,又纷纷归附。明洪武年间的吴勉大起义,从"古州十二长官悉应之"到"湖耳等十个长官司相继投降",[2]充分反映了土司的两面性。

战乱之频繁,发生区域之集中。这一区域以古之黎平府[3]为中心,而黎平府正是位于三省交界的交叉点上。在行政格局上,这一区域处于三省权力中心的最末梢,属于天高皇帝远的地方,所以一有动乱便会波及三省,需从周边三省调兵。虽然黎平府传统上主要归属贵州管辖,但从交通条件上看,从广西和湖南调兵相比从贵阳一带调兵要方便。这一区域山

①《侗族简史》,第58页。
②《侗族简史》,第56页。
③ 通常主要包括了今天贵州境内的黎平、榕江、从江等县。

峦重叠,交通闭塞,经济落后,文化多样且与汉族迥异,历来被称为"蛮夷之地""生苗之地",是中央王朝力图"开化"的"新疆"。① 这一区域的居民以侗、苗两个民族为主(汉族统治者通常苗侗不分,统称"生苗"),在这两个民族中,苗族分布区域广泛,远远超出了这一三省交界的动乱中心地带,而侗族人口的分布几乎完全集中在这一狭小区域,整体上都受到这种战乱环境的影响。

经济凋敝与战乱总是相伴相生,虽然历朝政府都不同程度推出一些休养生息的举措,但在这样天高皇帝远的地方,高层政府的力量似乎无法节制地方官吏及地主阶层对底层民众的肆意压榨。由此也造成了"苗族(侗族)三十年一次小反,六十年一次大反"的战争规律。②

美国人类学家本尼迪克特认为,在每一种文化内部都具有多样性,但每一种文化都具有主旋律。使文化具有一定模式或具有区别于其他文化特点的正是该文化的主旋律。一般来讲,主旋律就是"民族精神"。③ 频繁的战乱严重威胁到侗族的生存,造就了这个民族的生存危机意识,这种生存危机意识便是整个侗族文化的"民族精神"。我们可从费孝通的一段文字中体会侗苗人民对自己悲惨处境的感受:

> 对兄弟民族的屠杀是历代帝王一贯的压迫手段,在史书上记下来的只是其中比较规模大的战役,而且是很简略的。兄弟民族自己却是铭心刻骨地记着这些仇恨。在鑪山凯里的一个晚上,我们举行了一个座谈会,会快结束时有一位六十多岁的苗家④老人站起来唱了一支歌。他的音调深沉激动,愈唱情绪也愈高,全场肃静,很多在座的苗家老人,跟着流眼泪。我座旁的苗胞告诉我:这是"反歌"……这反歌从来不唱给汉人听的,只是老年人在一定的场合下用来教育青年的。⑤

---

① 清朝在今榕江、从江一带设置"新疆六厅"即是此意。
② 参见费孝通:《兄弟民族在贵州》,生活·读书·新知三联书店,1951年版,第32页。
③ 参见夏建中:《文化人类学理论学派:文化研究的历史》,中国人民大学出版社1997年版,第197页。
④ 彼时还不分苗侗,统称为"苗"。
⑤ 参见费孝通:《兄弟民族在贵州》,生活·读书·新知三联书店,1951年版,第18—19页。

第三节 | 生存危机与村落史

桃源村位于这个动荡的湘、黔、桂三省交界区,自然不可能偏安一隅,它不仅是这一区域动荡历史的被动接受者,偶尔也成为这种历史的书写者。桃源村的经历可看作是区域和族群历史的一个缩影。

一、桃源村的农民暴动

明洪武十一年至十八年(1376—1385 年)以吴勉为首的农民起义后,吴勉被看成是侗族的民族英雄,其事迹在南部侗族地区广为流传,俨然已成神话人物。桃源村就有这样一段神话故事。

在村落以北的一片平坝上有一座突兀耸立的岩石山,高约 20 米,蔚为奇观,村民称之为"吴勉岩"。村境内还有一座山头,被称为"央美山"。关于"吴勉岩"和"央美山"的来历,有如下传奇:明洪武 11—18 年,吴勉率领农民起义军二十万众,推选吴勉为铲平王。由湖南靖州、武岗杀向朝廷,惊动了明王,立即派他的儿子楚王朱桢以三十万大军进行镇压。上黄一伙,吴勉与其子吴禄一起被擒,囚禁在长春堡砖房内,吴勉挣断绑绳潜逃。经皮林兴硐坎到贯洞,一路避身硐中,被明王跟踪追击,于是逃到桃源巨石悬崖下。官兵紧迫追赶,幸有央美一伙姑娘以优美的歌声迷惑了豺狼,从另一方追去,险中救了勉王。央美被官兵缉讯,宁死不屈,死于刀下。民众以她殉难的山称之为"央美山",将勉王避身悬崖下的巨石称之为"吴勉岩",亦有称之"飞来岩"。另有神话传说:勉王赶石山到八洛码头口,要将融河(都柳江)堵住,让河水引进六洞,防卫明军进攻。一天,吴勉从黎平将羊角岩石山赶到贯洞,刚好遇见一位孕妇问道:大嫂,你见我牛羊过去没有？妇女回答：只见山头走动，没见什么牛羊。顿时石山停止不再前进。勉王急得发怒，将右手一拳打过去，打偏了孕妇的发髻（从此侗家妇女就梳偏髻），再有左手将赶山鞭朝着岩山使劲一抽，岩山被抽断成两截，一节飞走蔡江（西山）寨旁山上，因而有"兰洞出王、蔡江出将"的传说；一节飞到桃源寨边的山间，故有"央美救勉"的传奇。[①]

黔东南侗族地区，由于明初进行武装征服，连年用兵，人皆流离失所，田园荒芜，社会生产遭到严重破坏，从江一带许多村寨变成了"村内寨里荆棘生，寨头树长三抱大，寨尾蓬蒿三尺长，但听虫儿叫，不闻人语声"的凄凉景象。[②] 鸦片战争之后，农民受尽地主剥削的同时，还要遭受官府的敲磕压榨，特别是"土流并治"的地区更为突出。苛捐、徭役与日俱增，农民负担日益沉重。[③] 官府为舒缓民生，专门下文约束地方差吏的行为。现今桃源村就立有一块这样的官府告示石碑。

永革义食

省贵州黎平府事思府正堂加五级记录十次淡　为出示晓谕，严禁事案查刑　永从县属顿洞　尔等　县差役下　夫役及　极累　前情，连名赴府具控，除批示外，合再出示严禁。为此示　永从县属六洞苗民　陆路供夫，水路供船，惟不得　滥派，苦累难当。本府今为严定，凡一切差使经过，　票内按数供应，除照印夫票应夫外，加有供应饭食，　酒肉鞋脚钱久等弊，概行永远裁革，以苏民厌，自示之后指名控告尔等，凡遇当夫役，亦当照夫票应付，不得逞刁抗违，并干未各　违，特示。

兹将应行禁革各项条款开列于后：

——文武官府因公经过各寨，应用人夫照传牌，按数应付不得短少。此外，向有供应三牲及随从书役饭食概行革除。

---

① 摘自高坪乡侗研会编：《高黄、桃源、高坪旅游风情集》（资料汇编），2000年5月，打印稿。
② 参见《从江县志》，第49页。
③ 参见《从江县志》，第64页。

　　——凡解饷解犯经过，自应照牌送夫护送其营兵。差练款众如获盗贼送官，所过地方虽无夫牌，亦须派夫并派壮丁护送，不得违误，惟不得需索供应。如有假冒，如从盗贼，希图应夫者查明立即捆送，以凭讯究。

　　——凡丁钱粮经过地方，虽无夫票，应派人夫押送，籍资护卫，仍旧应付。

　　——凡府县官员经过，先期一二日自有传牌，可按牌上名数应夫；其余书差丁役人等因公差遣，无论有何项公文总以印夫票为凭，始照数供应；如其夫票为日久远或已经送过，是必应销之票漏未销者，尔等查定即不供应，有稽查不致影射。

　　——凡夜间递送紧要公文经过地方，虽无夫票，尔等须派二三人持火把护送，不得代为扛抬，其沿河排船仍照旧供应，亦不得供给饭食。

　　以上各条，其各禀遵，如违，一经查出或被控告，定行提案究惩，决不宽贷。

　　右谕通知

　　　　　　　　　　桃源寨　林银传　潘华儿　潘良才

　　贾老四　吴才干　贾老退　请到洒洞郎寨梁士清录刊

　　　　咸丰元年五月二十八日示至五年抄立

　　这类官府告示在现今南部侗族地区很常见，显然的是，它并没有缓解当时农民的困苦。晃州自道光十六年（1836 年）以后，连年饥馑，人们苦不堪言，而官府、地主的压榨有增无减，农民卖儿鬻女，濒于死亡边缘。咸丰三年（1853 年），黎平府城乡病麻瘟死者甚众；咸丰五年（1855 年），岩洞一带又遭蝗虫之害；黎平、从江交界的六洞地区，"连遭天灾兵祸"，"田园荒芜，粮黍颗粒无收，百姓吃树皮、野菜、蕨草充饥，断炊者何止万口，糠皮野菜都已吃尽，而官府的田粮赋税照常苛征"。[①] 这是在这样的背景下，桃源村直接参与到咸同年间的农民起义。桃源村史资料记载：

────────────

① 《侗族简史》，第 49、65 页。

欧补变,[①]乳名嘎管(苗语名),又名老万(侗语名),侗族,生于道光十六年(1836年),卒年不祥,永从县桃源寨人,丙妹"二千九"款侗族农民起义首领。欧补变出身农民家庭,从小机灵,才智超人,性刚猛果断,见义勇为。家有兄妹三人,补变为长子。长得高大英俊,臂膀粗健,九岁练飞腿,疾走如风。幼习诗书,略能识字。十二岁能在马背上挥舞双刀,十四五岁就随款首持刀枪抗兵匪,维护地方治安。

咸丰三年(1853)黎平府官差下乡征收田税,两父子与官顶撞,打伤官差。父亲被官方诬陷是抗款抗粮头目,当即押送黎平囚禁致死,补变怕受连累,逃奔九洞与吴金随练武习法,目的为父报仇。

咸丰六年(1856)年,一个不明身份的头目赖金虎,领兵围攻桃源,补变率众与之激战,匪兵三次将他包围要生擒,他摇身一变,当即隐身远遁,官人以为他会变术,给他外号"补变",从此得名。

同治三年(1864)年,黎平知府徐达邦及彭应珠、吴金随、梁承正各率团练于正月初七,趁其不防摸入高黄、桃源,"燃火焚贼巢(指欧据地),烈焰熊火如白昼"。于是欧补变由高黄撤退往广界出贯洞,来到洒洞找梁维干共商起义大业。七月初于"平六"款塘举行誓师大会,当时有高坪、丙梅、高黄、洒洞、肇洞、高鱼六个地方款首,参加群众千多人。在款塘上设坛宰牛祭祖,饮生血酒举杆盟誓,制定新款章。由众推选欧补变为"二千九"农民起义首领,称他为王,随即高举义旗,公开抗粮抗捐,反饥饿压迫。洒洞(今新安)梁维干、肇洞陆大汉曾多次到来联款,提出口号:"联合太平军,打富济贫,攻打清王"。

欧补变以"上九百"的桃源、高黄两地为根据地,与"七百山苗"紧联,统筹"二千九"加强练兵。军师有贾世明、林老炳等人专为他布置战略,以大将吴贡伦为他护身保驾,随时出战。为扩大实力,大量储备粮食。

同治四年(1865)正月,太平军、斋教军李文彩、胡性聪等由荔波、

---

① 有关欧补变的资料来自从江县志办 1984—1988 年收集,撰文者:潘一频(侗族)。收录在高坪乡侗研会编:《高黄、桃源、高坪旅游风情集(资料汇编)》,2000 年 5 月,打印稿。

独山一带率部数千东进,分股直入下江、古州、黎平等地区,"施合股闯入永从县属高黄地方,筑垒浚篝据为巢穴",在高黄与清军周旋四个多月,多次激战(高黄寨史祥载),最后太平军(包括义军在内)500多人牺牲。尸堆成山,血流成河。(从江县政府于1984年将高黄营盘公布为县文物保护单位)

同治十一年(1872)八月初七,"下江苗复变",古州总兵立即镇压。十一月太平军进入黔东南与各族义军紧密配合。清廷曾以湘、黔、粤、川四省兵力同时镇压,因而,丙妹"二千九"一带受到官兵袭击。欧补变据桃源、高黄坚守,采用游击战术"大兵来我回避,小兵来我袭击"。丙妹县丞滕宜兴鉴于欧补变久据桃源占山为王,为不容许他再私收皇粮,捆绑勒索百姓,二十八日到桃源,想活禽欧补变,令其出寨,欧不服从,官兵纵火焚寨,顿时听到三棒急鼓,欧补变率队出战,滕敌受不过逃走。款众追随到新华坡脚水坝,将滕杀死,随从士兵十多人一并诛尽。① 这场战斗震撼各地官府,官方倪应洪檄屯军守备宋联科率屯练二百余人,州总兵张文德同时派军一同围剿,并扬言要把桃源踏平。欧补变闻知,立即在桃源寨后山冲里的"井几哈"款坪召开秘密会议,他说:"这次官家可能不会饶恕我,但我姓欧的也绝不怕死,一定要和他们拼个死活,以除心中大恨"。寨老们劝止不住,他的母舅姓潘老人劝阻仍不行。适时正有罗洪、陈老渊、欧老范、石含英等苗民起义首领前来进据高坪,叫欧补变扼守桃源。突有官兵分两路来袭,一由老鹰岭后坡攻来,一由高黄攻来,两面夹击。欧补变率队早已占领鹰岭营卡高地,官兵冲入寨子,除看到老少外,青壮年一慨【概】不见,屯军一顿烧杀掳掠,抢走财物。欧率队在岭上营垒里突然枪炮矢石齐下,官兵惶恐,边战边出寨,由于官兵众多,武器精锐,义军人少武器简陋,不敢追击。官兵捆走五十多位寨老,桃源

---

① 咸同年间"贵州军事史"(第三辑),原文记载如下:同治十一年十一月,署丙妹县丞滕宜兴,尝藉稽查户口巡缴各乡,以开泰(今黎平县)人朱华堂勒索高坪等寨。二十八日,滕复至二千九宿(请读者注意:在官方的文献中,县以下的区域地名采用了民间的"款"称谓——"二千九",说明当时县以下的行政系统缺失或不成熟),桃源苗首欧补变,匿不见,宜兴索之急,从役毁其室。补变夜率众劫杀宜兴及士兵十余人,黎平属皆震……

又一次受到严重扫荡。

同年十二月，欧补变、吴朝明（高坪人）与罗洪等再次在侗族地区发动起义，在"二千九"一带极力扩充队伍，农民青年纷纷又一次踊跃参加起义，准备向黎平府将被囚禁在监狱里的桃源寨老们救出。

光绪二年（1876）正月，清王调集湘、黔、桂三省万余兵力进剿六洞、四脚九等地，是一场大屠杀，光在六洞就斩杀千余人，生擒数百。"余党逃匿，漏网尚多，必须尽绝根诛，方除后患"，于是令"各营分别究搜，令各寨良苗访拿捆献"。六洞、四脚牛义军款兵们在战乱中有陆玉珠、陆文渊、石二王、石三王（石大力弟）潜避高坪被擒走。总兵张文德部属官兵查知欧补变身居桃源，找来廖老超（原是欧部下，六洞人）作向导，在桃源搜捕甚久。这一天晚上，欧的儿子万娃见有行踪可疑的人，即以口哨暗示通知他父亲逃走。官兵已四面围攻，欧纵身一跳，从窗口逃出，回头再来把廖老超杀死后逃入黑夜之中。黎平府通令缉拿欧补变，却不知他已高飞远走。战乱平息后，欧补变由广西融水大弯到桃源暗地把全家人接走，临行前，他在桃源寨间、寨头、寨脚三处偷偷地各栽一株松树，代表他的形象永留乡土。

关于这一时期的动乱对村寨的打击，村史材料有如下记述：

欧补变抗拒皇粮不交，官家是不会放过他的。桃源原来是三百户的寨子，多次被敌攻占，弄得寨子十有七家搬逃到黎（平）属的"千三"款、"千五"款、"七百山苗"等地去隐居，特别是欧姓的十多户怕受株连，都改贾姓避居外地。林家十三户就有十二户逃迁黎（平）属竹坪居住，只余一户在桃源。当时这个寨子三年见不到人耕种，田园荒芜，寨内巷道满长杂草，辣寥丛生。村中人烟稀稀落落，寨人不堪忍受凄凉惨状，就专人到九洞请来吴金随①大王到桃源来拯救地方。

金随母亲是当年桃源潘姓的闺女，在桃源与罗汉已怀孕后才与金随的父亲谈恋爱，私奔到曹滴洞生育了金随。长大成人后，他是九

---

① 关于此人前文已多处提到，先前为九洞款起义首领，后归顺朝廷。

洞大款首,曾被黎平知府改编,(封)九洞"忠义大款",为团练,迫使金随不能不率部奔走各去打仗。当时知府十分信任他,金随因势利导为善,替地方解忧。桃源多次被兵燹浩劫,百姓灾难重重,为了挽救桃源衰败局势,(金随)从潘里找来一位老八贡秀才之士吴贤才,他笔墨利如刀锋,于是以一小虫损坏一锅汤为论点,为桃源寨撰写诉禀。金随将禀帖过了目,亲笔签署盖章作证,立即专程送黎平。几日后,知府出了告谕:凡桃源人寄寓外地,一律准予回迁入寨居住。曾是"三百桃源"的大寨,人烟长期难以恢复如旧,一直到光绪十六年(1890),丙妹县丞周仍以告示勒石于桃源,碑文记载:桃源人户不多,兵焚之余,元气未复,难供一切夫役,特出示禁止,以甦民困。等情前来,当经堂讯,并查阅前永从董、孙禁革夫役告示。内载:如有滥派,准指名禀究……违者查究,特出示晓谕。今碑文尚保存于桃源平寨可考。

关于欧补变出逃后的情况:

　　桃源人石绍兴①(侗家文豪),民国末期,为厌世逃避官府委派他当乡长,曾逃到广西融水大弯寨去访问,方知欧补变后裔在那里住居多代,已发展到二十多户。石绍兴归来,感慨不已,挥笔咏诗一首,对联二则:
　　昔日英雄化云烟,唯见青松耸寨边。补变称王抗官府,史书记载出真言。
　　敢杀县丞抒豪志,与敌拼战斩恶奸。为争朝夕成异鬼,桃源寨众记心间。
　　对联1:
　　清时补变仗义反清压民,勇杀县丞,赖以垂青史;
　　明代央美当仁救勉御敌,智斗皇军,引来飞来岩。
　　对联2:

---

① 新中国成立前本村唯一的地主石成龙的长子。

央美峻岭间,当年巧智护走勉王,赢得佳话老少传万载;

补变古松下,昔日激斗斩杀县丞,换来美俗男女荡秋千。

黎平知府下令通缉欧补变,迫使他不得不远走他乡,走时栽松三颗【棵】,以后长高,顶天立地。寨民为纪念这位农民起义领袖,每年"七月七"男女在老松下荡秋千。

村民将欧补变说成是"二千九"款的款首显然是自我吹嘘,因为"二千九"款的范围较大,欧补变充其量只能纠集本村的少数村民袭击官兵。说他是农民起义领袖更是牵强附会,确切的说,欧补变更接近土匪、土霸王的性质,因为他不顾乡邻的反对对抗官府,自立为王,依靠武力强迫周边的一些小寨向他纳粮。欧补变式的人物同时也出现在相邻的高坪、高黄等诸多大型村寨,可谓是一个群雄并起的时代。在这样的时代,政府的权威受到严重的挑战,社会失去了基本的秩序保障。这一时期的暴动对村落的影响可从三个方面看:一是持续影响时间长达半个世纪,二是村落人口锐减,三是原有的林、吴、潘等村落强族大姓受此牵连而没落,到30年代的村落"首人"名单中已没有这些姓氏(见第四章)。

二、民国时期的匪盗与苛税

(一)匪盗

战乱与匪盗本是一对孪生兄弟,侗族地区历史上战乱不断,匪盗亦是猖狂。侗族民间古老的自治组织——合款组织就是一种自卫性的准军事组织,自卫的对象肯定不是对抗中央王朝,因为早期的侗族社会并没有受到中央王朝的直接统治,而是以羁縻制和土司制的形式通过地方头人治理地方;款组织也不是部族组织,不会是部族争杀的工具,因为款组织不具有部族的性质,内部没有统一稳定的领导,款与款之间没有族性的分别,一个村寨会参与多个(多次)联款群体(见第三章)。由此看来,款的联合自卫对象应该是匪盗,从现今流传下来的合款规则看,它主要是一套共同抗匪防盗的机制。

很显然,无论是土司时期,还是土司之后流官治理下的保甲制,直到建国前都没有解决匪盗盛行的问题。咸丰元年(1851 年)二月,贵州学政翁同书奏称:"贵州盗风日炽,镇远、黎平二府尤甚。黎平距省最远,更易藏奸。该郡匪徒共有三种:一曰土匪,一曰苗匪,一曰外来游匪。数百为群,聚散无定,抢劫拒捕,民不聊生。"为了加强对黎平府的控制,同年六月,清廷将所谓剿匪靖苗有功的胡林翼由思南府知府调任黎平府知府。七月,胡林翼根据黎平"界连楚、粤,地杂民、苗,久为盗贼出没之薮"的地理位置和社会环境,"访查情形,亟求安辑之法",提出了"御外寇莫如团练,清内匪莫如保甲"的治府措施,在黎平府全面推行保甲统治制度。① 黎平府当局以"弭盗"为名,采用"连坐"等办法加强保甲制的地方自卫能力,对府属各乡村的"弭盗"有详细具体的措施规定:

　　——防守之法,更楼栅门不可不立,器械不可不备,巡丁不可不设也。凡村庄,无论大小,皆有出入必经之道,相其地势立一总门,必要牢固,两旁墙垣尤须厚筑。总门上为更楼,可坐卧五六人,四面开小窗,可以外瞭,四远俱见。若一村而有数处可通出入,亦须照前式为之。如可拦截,亦毋庸多费也……每户亦须自备器械,其巡丁每楼二名,昼则查访盗贼踪迹,夜则巡更瞭望。凡此皆村民自保身家。建楼置栅、备器械、雇巡丁等项经费,止宜分人户上中下捐资出力……
　　——防守之事,每日巡丁于白昼巡查,探知某处有盗即报明,保长等传知各邻庄协力追拿。如有身带器械、面生可疑之人远远而来,意欲入庄,即鸣锣将总门锁闭。各保正甲长一闻锣响,立即放号铳,锁闭各栅门,传集村人各带器械急赴鸣锣之所防堵。邻庄闻锣,亦即鸣梆放号铳,率领村人驰救。如带械之人知警而去,必逐其出境方已。
　　——救援之事,凡本庄有警只连急鸣锣放号铳,不得鸣梆;邻庄闻警救援,只连急鸣梆放号铳,不得鸣锣,使救援者皆知鸣锣之处即系有警之处,可以驰而赴也。无论昼夜有警,皆以此为定。

---

① 参见吴大旬:《试论清朝经营侗族政策的专制性》,《贵州民族学院学报》,2007 年第 1 期。

——本庄有警,保正等传集村内应派之人俱赴警方堵御;若邻庄有警,只出一半救援,其余一半留守本庄,不得尽发,恐本庄突有疏虞,则堵御无人矣。应留应发,须保正等平日预先派定,今次此发彼留,后次彼发此留,不及偏枯。

——村庄散处,或相离数里,或一二十里,又多山坡间隔,一旦有警,岂能闻锣赴救不?知锣声可达之处,固可顷刻立至;其销远者,当即专人飞知。俾得四面围拿,截其去路,则盗可就擒。故散处之村庄,不可不预为联络也。法宜于附近地方,或十数村,或三五十村,无论府属、厅属、县属,皆可合为一团,使之守望相助,患难相顾焉。但壮丁等平时演放火铳,操练刀枪,务期精熟。每年春月冬月会哨二次,合一团人会聚一处,各试技艺。如有生疏,仍责令回村学习,以备临时之用。

——道路在山曲之间,人踪稀少,匪类往往乘机劫抢,法宜于屡被抢劫之处多设窝铺,约半里一所,星罗棋布,以补烟村之缺。即于附近居民拨派看守,每日每铺轮流三人,寒冬则轮流五人,各带火铳器械。如有一名不到,保正即禀官重惩,容隐并罪。

——防御、救援等项人夫,皆派自甲户,除鳏寡孤独残疾免派外,其余无论绅衿衙役,一体均派。盖富贵有力之家,正宜严防自卫,岂反图安逸,独累贫民乎?保正等平日预为派定,一旦有警,即可齐集,庶免临时迟缺。①

官府制定如此严密的防护措施可见当时治安之混乱。新中国成立前,桃源村一带土匪肆虐的情形老人们仍记忆犹新。在他们的经历中,土匪来袭过五六次,②桃源村因为寨子规模较大,抵抗能力较强,所以土匪没有攻进过寨子,但周边的一些小寨,土匪如进菜园子。通常来讲,地主大户都会居住在大寨子中,因为他们是土匪抢劫的目标,住在大寨子安全

① 光绪《黎平府志》卷 5 上《武备志第五·保甲》。
② 尤其在 1949 年 11 月解放军主力部队进入从江县后又旋即离开向西追击国民党桂系部队,国民党残余势力及地方匪帮乘势而起,直到 1953 年,桃源村一带还有匪帮活动。参见《从江县志》,第 494—496 页。

相对有保障;小寨子因为没有地主大户,土匪进去只能是歇歇脚,大吃大喝一通。桃源村在建国前仅有一家地主石某,再之前百年直到清咸同年间应该也不超过两家地主。在石某之前,大约在民国初期,贾姓地主曾遭土匪"叼羊",交完赎金后,这家地主从此没落。建国前,各村须日夜派人站岗放哨,最高的山头上设有哨卡,一旦发现匪情,立刻鸣炮报警,寨子里听到炮响,即刻有人鼓楼击鼓,所有男人聚集鼓楼准备战斗,妇幼老小则撤到山林躲避。在寨子的四围几里远的险要路口也设有卡哨,用石头筑起的堡垒至今还有部分存在,这些卡哨也派人日夜守卫。周边寨子听到鼓楼击鼓报警会立刻赶来支援。

侗族人的生活处处体现了他们的安全意识,最显著是对人多势众和集体力量的依赖。侗族村寨是高度聚集的,现在看来,七八十户就算小寨子,二三百户甚至五百户以上的寨子非常普遍,人多势众,在抗击土匪和村寨械斗时就显得十分重要。此外,侗族人喜欢集体行动,无论是下地干活还是外出做客,总是成群结队;他们的生活圈子基本在寨子内,比如都是在村内通婚,避免了外出的危险;家家都有火药枪,男人喜欢刀枪不离身,八十多岁的老头去坡上捡几根柴火还要提杆鸟铳,现在他们依然强调枪是防盗和械斗的必备武器。

盗贼亦是一种传统的安全威胁。盗贼的产生与自然社会生态应该有很强的关联,这里生产落后,土地贫瘠,水稻生产因为地势落差太大不能人工灌溉,因而产量低且没有保证,经常出现严重的粮食短缺,直到21世纪才解决基本的温饱。这里处于三省交界处,再加上重重大山的阻隔,削弱了国家的社会控制力量。一般来讲,侗族村寨内部很少发生偷盗现象,虽然也有村民反映偶尔有稻田里的鱼和山上的柴火被盗的现象,但基本上是属于"顺手牵羊"式的小偷小摸,危害程度和社会影响极小。村民在山上认有的东西,比如一堆粪,几根柴火或苗木,只要在上面插上一个草标作为标识,就不用担心别人会去动这些东西,这种草标的使用十分普遍,设定了人们的行为界限,可以最大程度的避免争端。村民对草标和偷盗的敬畏,来自传统的对偷盗行为的处理方式。侗族村寨一旦发现内部有人偷盗,就会有寨老出面按古老的方式惩处。20世纪90年代初,桃源村下寨一村民半夜摸进邻居家被当场发现,当即全寨人在鼓楼集中开会审理,被抓村民承认了自己的偷窃行为,寨子里罚他杀了一头猪,当夜人们吃了猪肉才散去。

　　草标和习惯法仅对村寨内部有效,而盗贼的威胁主要来自村外,主要的偷盗目标是耕牛。在上世纪八十至九十年代,村里每年都会被偷走几头牛,之后很少发生偷牛的事情。最近一次偷牛发生在 2006 年,当时贾某在山上办了一个小型的养牛场,夜里发现盗贼后,电话通知寨子里的村民追赶,天亮后追到贯洞镇街上,村民追回了牛,但没有开枪伤人。村民讲,偷牛贼胆子非常大,甚至摸到寨子中心的农户家里偷牛,没有枪就不敢跟贼斗。寨子的四周路口都建有寨门,一旦发现盗贼立刻锁上寨门,牛就牵不出去了。只要盗贼出了寨子抓到的可能性很小,一是因为大山遮蔽,二是盗贼都有枪,追得太紧也很危险,最好的结果是追回耕牛而让贼逃走。盗贼有时来自广西的村寨,村民曾在一夜之间追到广西的村寨。他们说,在广西那边有一个偷牛的专业村,村民夜里偷了牛会马上杀掉,并挂一块肉在村长家的门上,因为只要没有内部人揭发,政府根本无法到山里来查缉这些盗贼。

寨门

(二) 保甲与苛税

　　晚清以来的保甲制不仅没有解决基层社会的稳定,反而成为社会不稳定的一个因素。保甲法实行严密的户籍管理和连坐责任,这种严苛的法制,看似层层负责、层层节制,可收"指臂之效",实则这种由高压、暴虐法制所建构起来的社会治理最容易发生权力滥用、管理失控及信息失真、治理失效的问题,最后成为苛扰之政、虚假之政,是一种极容易滋生腐败,从而无法长久维持的体制。[1] 地主大户不愿充当保长、甲长,那些甘愿当保长、甲长的人都指望从这个职务捞取私利,当然不会在意自己的名声。"其有情愿出首者,颇多从中染指之人,平数素不为众人推服,已存观望之念,兼之先以筹办经费,或按田产之多寡,生意之大小,酌量派收为要务,更寒农商之本心",在办理保甲过程中,这些人更是处处敛钱,老百姓不堪其扰。[2]

民国时期,桃源村的保长都是为村民所痛恨的无赖之徒。保长吴某是现在下寨潘某的舅舅,在收了寨子里的一笔集资款后携款逃走,改革开放之后,潘某在外乡还遇见过这个舅舅。保长王化武和贾明儒是现今村民提到最多的两个"坏人",这两人在建国后被政府定为"恶霸",王化武被押往凯里服刑,死在狱中;贾明儒建国后不久也去世。王化武横行霸道,欺压乡邻的恶劣行径就连他的女婿和侄孙都为之不齿。他的女婿石绍基是地主石成龙的二儿子,在笔者对他访谈时表现出对原岳父[3]的切齿之恨,他说王化武"阴险狡诈",总在图谋他家的财产。王化武的侄孙说,王化武在村里作威作福,却让自己的弟弟给他做长工,完全没有兄弟之情。贾明儒与王化武狼狈为奸,联合起来欺压百姓。正因为当时基层的差吏不得人心,那些真正的乡村精英避之不及。地主石成龙的大儿子石绍兴(村史中称之为"桃源文豪")被举荐担任本乡乡长,他为了逃避任职,曾去广西游学一年。

在民国后期,苛税和兵役也威胁到桃源人的基本生存。寨老贾某今年(2011年)72岁,他说在他7岁时(也就是1945年左右),一次官府带着兵丁来征缴税款,在官兵到来的前一天夜里,他随父母带着草席出逃,那一晚全村逃走42户。穷人家被迫逃走,富裕的地主也不堪重负。地主石成龙的二儿子石绍基今年82岁,但思维依然清晰,他说建国前虽然他家

---

[1] 参见周联合:《论保甲法的体制性腐败》,《社会科学研究》,2011年第3期。

[2] 参见张德美:《清代保甲制度的困境》,《政法论坛》,2010年第6期。

[3] 石绍基因参加"黔湘桂边区反共救国军"被新政府关进监狱,等他出狱时,他的妻子(原保长王化武的女儿)和一对儿女已在三年自然灾害期间死去。在20世纪80年代他又参加了当地一个反政府组织,再次入狱。

的田粮多,但上缴增加得太快,日子越来越不好过了,所以他常对别人讲得一句话就是"共产党不来,再过十年我也成了穷光蛋"。赋税一部分在于缴纳兵役费。在 1940 年之后,桃源至少摊派过 5 个兵役名额,石绍安、潘明贵、石补白及潘金辉的父亲当兵之后一去不返,另曾从邻村银里花钱买一人顶替本村人去当兵。当兵一人其家属得 3000 东毫(广东银毫),这笔钱由全村农户分摊。兵员的征集以抽签的方式决定,中签者不去则要罚款或出钱请人顶替,贫苦农家子弟只好服役。有的为逃避征兵而匿迹他乡,有的躲进深山老林过着野居生活。[①]

本章小结

可以说,侗族历史一直伴随着严重的生存危机,是一个没有安全感的族群。危机来自两个方面,一是社会性的危机,二是自然性的危机。社会性的危机主要表现在战乱、匪盗、械斗(第三章介绍)、苛政等方面。自然性危机主要表现在农业灾害、粮食短缺、瘟疫等方面,其中最突出的问题是粮食短缺(第六章介绍)。

无论是社会性危机还是自然性危机都促成了这一区域人口结构的不断变化。不断的迁徙是侗族社会生成的一个显著特点,人口的迁徙是侗族社会不稳定的反映。迁徙不仅形成了多民族杂居的格局,也使侗族融入了相当程度的外族血统,同时也改变着村落人口结构(第四章将作进一步的介绍)。在历史上存在不断地向这一地带的人口迁移过程,从迁移的方向上看,主要有两条迁移路线:一是由南向北溯都柳江而上;一是沿着沅江各水系由北往南。唐宋以前,以民族内部的迁移即由南往北为主;明清以降,则以汉族由北往南的移民为主。[②]迁徙可分为民族外部的迁入和民族内部的迁徙。外部的迁入在明清以来主要表现为政府主导的屯军

---

① 参见《从江县志》,第 479 页。
② 参见蔡凌:《侗族聚居区的传统村落与建筑》,中国建筑工业出版社 2007 年版,第 42 页。

和移民垦荒。频繁的内部迁徙则一直没有间断过。自古以来，这一代瘟疫盛行，躲避瘟疫的办法便是逃离疫区，让大山阻断病源。清末民初，黎平、从江交界地一带流行天花，造成人口大量死亡，八店、摆酿、弄盆、观音山等寨（即桃源村西北部诸村寨）苗民被迫逃散，村寨、田地荒芜。后来六洞、二千九（即桃源村所在的款区）、千三等地侗族陆续迁来居住。[①] 相邻的新平村在 1948 年发生瘟疫，360 人染病，死亡 70 余人，村民大多外逃。咸同年间，桃源村在欧补变事件后"十有七家搬逃"。民国后期，为逃避苛税，又曾发生一夜逃走 42 户的情形。大跃进时期，桃源村民有不少逃避饥荒，部分逃入高山上的苗寨，[②]少数最终没有返回，两三年的时间内村寨损失近半数人口。

　　侗族村落正是由不断到来的移民组建而成的，如何将移民纳入村落社会结构是本文第四章讨论的问题；如何让这样的移民村落保持强大的集体行动能力，获得集体生存的机会则是第五章讨论的问题。

---

① 参见《从江县志》，第 163 页。
② 更高海拔的苗寨虽然生产力水平明显落后于较低海拔的侗寨，但有大山阻隔，在集体化时期他们受政策冲击相对较小，反而比侗寨更有生活保障。

第二章

聚居与生存危机意识

人类聚落形态的选择是社会、自然因素综合作用的结果,它反映的是一个社会基本的建构理念。侗族的村落形态具有十分鲜明的特征,本章要分析的是:身处大山区的侗族为什么要建造规模庞大的村寨? 这种规模庞大的村寨对他们的社会经济生活又有着怎样的影响?

第一节 │ 聚居与社会结构

一、聚落形态的区域比较

走进南部侗族聚居区,最初给笔者留下深刻印象的是他们的聚落形式,大山之中是一座座规模巨大的村寨,常见的是二三百户的规模,五百户亦不少见,极端的达到千户。通常一个居民点就是一个行政村或几个行政村。三家村、五家村,甚至二三十户的居民点也没有,笔者所见到的最小的侗族居民点也有六七十户,而且这种较小的寨子必然在它附近存在更大的寨子,比如与桃源相邻的新华村,共 198 户,分两个寨子,一个寨子 100 余户,一个 90 余户,两寨相距不超过 1 公里。因为居民点的规模大,一个居民点通常分为几个自然寨,自然寨与自然寨相连,界限通常就是一条巷道,实际上还是一个整体的居民点。就高坪乡的 12 个行政村来说,各村单一居民点的户数是,高坪村 510 户,美潭村 294 户,桃源村 291

户,高黄寨超过 600 户,高鱼村 179 户,银里村 220 户,新平村(苗寨)96户,还有 4 村笔者不甚清楚。这些规模巨大的村寨以鼓楼为中心向外扩张,因此也称"团寨",不同于各地常见条状村落,这又是一个特点。据笔者的观察,在湘、黔、桂交界地带的侗族、苗族、壮族等民族都是此类高度聚居的村落,与其他地方形态迥异。

村寨全貌

从一般常识讲,山区耕地相对较少且分散,人口的承载量低,人们为便于耕作依田而居,聚落的规模通常较小。在笔者所在的湖北省,不论是平原、丘陵地带、还是武陵山区、大别山区、秦巴山区,到处是零散分布一家村、三家村、五家村,自然村的规模能达到三五十户极为罕见。江汉平原的村落历史上也是如此,现在看到的大规模村落是建国后政府统一规划的结果,而且以长条状为主。整个中东部地区大抵与湖北相似,包括四川、河南、湖南、江西、江苏、福建、安徽、广东等,这些区域传统上也没有大规模的自然村落,只在某些宗族文化浓厚的地方才出现大的聚居村落,比如湘南、赣南、皖南的徽州、福建部分地区,但这些地方自然条件不错,耕地较多,没有大山或平坝较多。同是贵州,村落的形态也不同,比如,笔者在贵州毕节一些地方见到的村落就十分地分散,那里同样是大山区、少数民族聚居区,却连五家村也少见。[1]

———————————

[1] 那里农业条件远比黔东南恶劣,山高水低,典型的喀斯特地质。

南部侗族这种高度聚居的村落形态显然有它的特殊之处或者说内在矛盾,比如说,村落规模大,必然会增加耕作半径,耕作半径过大必然增加对劳动力的需求,导致人口增加村落规模再扩大,这是一个恶性循环。这个恶性循环的结果是村落之间为争夺土地而械斗,无休止的村寨械斗又需要村落规模的扩张,又形成一个恶性循环。侗族聚落另一个与自然环境冲突的地方是,村落的住宅都是就地取材的木房,密集的居住格局导致火烧连营的事故屡屡发生。再则,高度的聚居通常会增加邻里之间的冲突机会,恶化内部的社会关系,形成分散居住的势力。最后,侗族村落主要是地缘群体,原住民少,是移民型村落,那么没有血缘关系的移民又是为何选择聚居呢?也就是说从自然生态的角度和社会生态的角度,这种大规模的聚居村落都在挑战一般的常识。

人类的聚落形态是历史的产物,是特定自然和社会生态作用的结果。马克斯·韦伯说:"在中国,乡村聚落的出现是出于安全的需要,而缺乏任何警察概念的帝国疲软的统辖是根本无法满足这种需要的……村落有时聚居数千人口,它们与'城市'之差别,仅在于它们有自己的组织去执行这些功能。"[1]黄宗智是非常关注居住型式与生态和村落社会结构关系的学者,他说,华北平原的村落是集结式的,村民在高地建屋聚居,以避洪涝,可能亦有集体对付灾害的用意;成都平原的村落是分散式的,是因为都江堰的建置,克服了岷江的水患,形成了一个生态高度稳定的地区,所以这里的村民只需选择最便于到田间耕作的地点建屋,形成分散式的居住模式。[2]黄宗智考虑的因素非常杂,他说,华北平原的建房需要上百个劳力,全村的男子都有出力的义务,成都地区的房屋多用竹子,易于搬运,参与帮忙的人数则较少;华北平原贫穷,商品经济不发达,村落孤立而内向,成都平原富庶,商品经济发达,与村外的联系较多;再则,华北平原贫穷而匪盗多,需要组织村落的自卫武装和看青会等,因而华北平原地域性的村落共同体特点突出,而成都平原的村落则市场共同体的特点较突出。他又以水利灌溉作为分析视角,认为华北平原以家户层面的水井灌溉为主,

① 参见[德]马克斯·韦伯著,洪天富译:《儒教与道教》,江苏人民出版社 1997 年版,第 110 页。
② 参见[美]黄宗智:《华北的小农经济与社会变迁》,中华书局 2000 年版,第 62 页。

所以村落宗族观念弱,多杂姓;长三角和珠三角地区,典型的治水工程规模,介于华北的大型堤坝和小水井之间,是一个宗族组织可能应付的,与这里宗族组织发达的社会结构相适应。简单点说,华北平原主要因为贫穷而匪盗多以及防范黄河的水患,农民出于安全考虑形成了大规模的聚居村落;天府之国的成都平原富庶且社会稳定,因此村落是小规模分散的;长三角和珠三角出于水利合作的需要形成一定规模的聚居村落。而杨圣敏指出,在干旱的吐鲁番地区,坎儿井成为村落建构的载体,村落沿着坎儿井主渠两侧呈条状分布。①

费孝通在总结中国农民聚村而居的原因时归纳了四点:一是每家所耕的面积小,所谓小农经营,所以聚在一起,住宅和农场的距离不会过分远。二是需要水利的地方他们有合作的需要,在一起住,合作起来方便。三是为了安全,人多了容易保卫。四是土地平等继承的原则下,兄弟分别继承祖上的遗业,使人口在一个地方一代一代地积起来,形成相当大的村落。② 就桃源村来说,它是典型的小农经营,却是大型村落,住宅与农场的距离超过 6 公里,与费孝通的开弦弓村不过几百米的耕作距离形成天壤之别。桃源村的山坡梯田依靠山泉水从上到下自流灌溉,没有人工提灌,没有水库堰塘灌溉,也不存在排涝的问题,它只有少量的沟渠和原木雕凿的渡槽这类极微型的水利设施,一条沟渠服务的农户通常只有三五户,因而我们完全可以忽略水利对社会组织的影响。桃源也不存在人口繁衍成“村”的可能,因为它是一个典型的杂姓村和移民村,同宗同源的家族规模不超过二十户。排除了上述三方面的原因,桃源聚村而居的原因只有安全的需要这一条,暗合了本文上一章对桃源村和侗族的历史境遇的描述。

侗族这种规模巨大的村落显然更多是受社会因素影响的结果,其中主要是战乱、匪盗、械斗的威胁,而采取聚居的方式以集体的力量来对抗外来的侵扰就成了必然的选择。③ 另外可以说,出于水利合作、宗族纽带

---

① 参见庄孔韶主编:《人类学通论》,山西教育出版社 2003 年版,第 146 页。

② 参见费孝通:《乡土中国/生育制度》,北京大学出版社 1998 年版,第 9 页。

③ 侗族学者邓敏文认为,“从村寨结构和文化特质上看,古老的侗寨也具有防卫性军事营垒的功能”,“凡此种种,都说明侗寨来源于古代防卫性的军事营垒”。参见吴浩主编:《中国侗族村寨文化》(序言·侗人文化的根基),民族出版社 2004 年版。相似的观点参见张泽忠、吴鹏毅、胡宝华等:《变迁与再地方化——广西三江独峒侗族“团寨”文化模式解析》,民族出版社 2008 年版,第 138 页。

等因素形成的聚居村落则可能是条状也可能是团状的,而出于社会安全考虑形成的聚居村落通常是团状的,而且社会性的危机压力越大,聚居的规模也会越大,团状的内部结构也更为紧凑。

当社会安全成为首要的居住选择时,就会与自然生态产生严重的对立。一是因为村落规模巨大,没有足够大块的平缓土地建房,一些住宅不得不建在了陡坡悬崖之上;二是因为住宅过于拥挤,火灾频繁;三是村落规模大且居住拥挤,限制了村民的生产活动,恶化了卫生环境。聚居也更易造成内部社会关系的紧张。在"安全压倒一切"的聚居理念下,人们必然要承担聚居的负面作用,也在通过各种制度安排尽可能降低这种负作用。

二、聚居与社会结构

聚居虽然存在火灾隐患且不利于生产,但方便了人际交流,让村民有了群体的归属感。当笔者询问村民为什么要挤住在一起时,几乎都是同样的答案:"好玩""热闹""好搞娱乐";当与村里的寨老们讨论这个问题时,他们又会更强调大寨子的安全性,"小寨子会吃亏"。在笔者看来,寨老们主要从一个长时段的经验出发,强调聚居的安全性,而大多数村民主要从现时的感受来强调聚居的"娱乐性"。其实,安全性和"娱乐性"都是聚居的后果,但是否又都是聚居的原因呢? 又或者"娱乐"才是压倒一切的聚居理由呢? 这个问题目前无法去论证。笔者在上文论证了安全是一种实实在在的需要,认为安全是压倒一切的首要因素,抱持的是生存第一的理念。

这种聚居也受到官方的倡导。相邻的天柱县现存有一份光绪十七年要求地方编设保甲的文告,其中就有这样的要求:深山穷谷多有零星小户,原以便于耕田,但僻远单村,善良既易于受害匪类,又易于藏奸,嗣后团保牌甲等于此等户口须认真编联,使零户附于大寨易于保护,亦易于稽查。[1]

---

[1]　参见梁聪:《清代清水江下游村寨社会的契约规范与秩序——以文斗苗寨契约文书为中心的研究》,人民出版社 2008 年版,第 188 页。

　　桃源人十分清楚集中居住给他们带来的麻烦，他们曾经几次尝试把人口分出去一部分另立新寨，但最终都没有成功。村民记得，建国前下寨有几个"大户"曾试图引导村民在离寨子约 3 公里的坡脚建一个新寨，因为那边有一大片稻田。几个大户在那里建了几栋房子，但没有村民愿意跟进搬迁，单单几个大户自然不敢搬过去，只好让房子荒废掉了。也是在建国前，在上寨以北约 1 公里处有个小寨，10 多户人家，都是本村地主石成龙的雇农，在那边居住以就近租种石成龙的土地，建国后这个小寨搬回老寨。土改后，村里动员了二十多户在老寨以东约 2 公里的地方建了一个新寨（也就是以前几个"大户"试图建寨的方向）。1955 年，本村农民挑石灰进县城卖，在都柳江过渡时，渡船翻了淹死 7 人，死的都是新寨的村民，同船的老寨村民却一个没死。再后来，全村的村民都在"吴勉岩"下开山炸石烧石灰，岩石崩塌，刚好又是砸到新寨村民，一死多伤。两次惨祸让新寨的村民完全没有了安全感，他们认为新寨的风水不好，强烈要求搬回老寨。20 世纪 70 年代初，新寨又搬回了老寨，也就是现在的第六村民小组。

　　现在的发展也印证了这种观点的正确性。近些年来，因为社会性的危险基本消除，村寨开始向外围扩张，尤其是几个富裕户，他们新建的房子已经沿着公路与寨子拉开了一两百米的距离，这样他们可以享有更开阔的空间和更干净的环境，而这在过去是不可想象的。因为过去的地主大户是匪盗攻击的目标，所以他们会住在寨子的中心，只有穷人才住寨边，甚至当寨子有了相当规模的时候，也可以分出最穷部分人口建立小寨子，比如建国前离上寨约一公里处的十多户的小寨子，它的存在只是为了方便为地主耕种土地。因此，我们说"娱乐"是因为聚居而生的后果。当然娱乐只是聚居后果的一个表面感受，反映的是聚居对侗家人社会行为深层次影响。

　　不断的移民为聚居提供了人口来源。因为安全所需，村落需要相当规模的聚居人口，在自然繁衍能力不足或因天灾人祸造成人口锐减的情况下，村落不断地接受外来的移民。随着人口规模的扩大，需要不断地向村寨外围垦殖，住宅与耕地分离，原本一户可耕种十亩土地，后来变得耕种五亩也显得力不从心，限制了粮食的生产能力，家庭的粮食获取不足影响到抚育能力,因此普遍存在"溺婴"的人口控制方式。当所有的土地都已垦殖完毕时,村落就表现出强烈的人口控制欲望,极端的结果就是出现了邻村高鱼"中国计划生育第一村"这样的"神话"。等到又一次的天灾人祸之后,新一轮的接受移民的过程再次重演。因为聚居加剧了农耕的负担,也就凸显了男性劳动力的重要性。在建国前,本地的溺婴以溺杀男婴为主,[1]因为多个儿子将扩大家庭的人口规模,增加供养负担;实施计划生育政策后,因为生育数量受到限制,本地溺死的几乎全是女婴,以保证在不超生或少超生的数量内获得男孩。村民获得男性劳力的愿望如此强烈,以致本地成为全国出生性别比最高的区域之一(第七章将介绍这方面的情况)。

接受外来移民维持了村寨的规模,也对村落社会造成了决定性的影响。一是形成了先落寨者与后落寨者的社会等级秩序。二是为了把移民纳入原有的社会结构,形成了以拟制血缘为基础的"房族"模式(第四章将介绍上述两种现象)。三是为村寨成为一个"独立"的社会单元提供了必须的规模空间。侗族社会网络主要有三种:房族、姻亲和歌班,有了这三重网络,每个家庭和个人都被挂在了村落社会网上,而这三重网络都统属在村落之内,也就是说侗家人的社会关系极少超出村落的地理边界,形成了一个社会关系高度密集且封闭的团体(第六章将介绍这方面的情况)。如果不是聚居而是散居,这种情况则无法想象,至少它的通婚圈应该更为开放,社会网络也随之发散。如果是散居的格局,那么现在的桃源村则会是一个人为划割的行政建制,而与它的地理的和社会的边界不符。社会网络的封闭性,再加上经济上的自给自足和政治上的自治传统,侗族村寨就构成了一个独立性极强的"部落"。要想成为一个独立的部落,就需要相当规模的人口,最起码要具备内部通婚的选择空间,这种对人口规模的需求与安全需要对人口规模的需求是一致的。

侗族村寨的诸多社会特点都是在这种聚居格局的基础上形成的,也就是说如果没有这种聚居格局也就无法理解侗族社会。安全需要聚居,聚居则为社会建构提供了现实的空间。

---

[1] 参见姚丽娟、石开忠:《侗族地区的社会变迁》,中央民族大学出版社 2005 年版,第 308 页。

第二节 | 聚居、火灾与农耕

一、火灾威胁与防火措施

　　侗族村寨的高密度聚居形成了严重的火灾隐患。住宅的建筑材料都是就地取材,柱子是杉树杆,地板、墙体、楼梯和檩条是杉树破开的木板,屋顶用杉树皮覆盖(近些年基本上都换成了瓦片),一座木楼就是一堆杉木。[1] 而且侗家人建房喜欢扎堆和"拥挤",房子挨房子,屋檐叠屋檐,即使那些供人畜通行的巷道很多地方不超过一米宽,窄的地方需侧身而过。木楼凌乱分布,走进这些巷道就像进了迷宫。传统上,他们还喜欢建"长房子",将旧楼不断向两端延伸,三五个兄弟、堂兄弟住在一栋长条楼里,楼上的廊厅联通,不用下楼就可以串门。村里现在还有几栋长房子,约六七十米长,几家合住。

　　一个侗寨简直就是一座大型的木材场,火灾的威胁深刻笼罩着寨子。一家失火就会形成火烧连营的局面,传统的人力灭火方式无济于事,眼睁睁看着全寨俱焚。翻看《从江县志》,大型的火灾记录多不胜数,这里笔者摘录三例。1977 年,从江县城城关失火,灾及 470 户,火灾面积 57380 平方米,占全城总面积的 61.5%,烧毁房屋 1078 间。1981 年 12 月,桃源村的北邻高黄寨失火,灾及 428 户。[2] 1988 年 11 月,桃源村的南邻高坪寨失火,灾及 242 户。相邻的美潭村应该也在近一二十年内发生过火灾,因为这寨子是整齐划一的一排排民房,当地人告诉笔者那是火灾后政府帮忙建的。与桃源在同一条通村公路上依次排列的美潭、高坪、桃源、高黄四村,相对来说,桃源人是幸运的,因为本村的大型火灾还是发生在 80 年前的事。20 世纪 20 年代,桃源村下寨发生火灾,整个下寨 80 多户的住

---

[1] 现在一栋"标准"的木楼约需 250 根杉木。

[2] 2011 年在笔者调研期间,高黄村又发生火灾,烧毁 6 栋木楼烧死 2 人。

宅及寨边的一座风雨桥毁于大火。上寨则更为幸运,寨中的一座木楼已经有了 230 年以上的历史,说明上寨已有数百年没有遭遇毁灭性的火灾。

1951—1990 年全县发生火灾 442 起,受灾 17046 户,受灾人口 75742 人。[1] 从江县在 1951 年时共有 35679 户 122205 人,如果我们以当时的每人户在 1951—1990 年这 40 年间最多经历一次火灾计算,那么差不多半数的农户在过去的这 40 年中遭遇过火灾。这种全寨俱焚的灾难是十分可怕的,桃源村的杉树种植规模是相当大的,政府统计的是 75％的森林覆盖率,即便如此,他们说即使砍光了森林也不够重建一座寨子,这就意味着火灾之后部分家庭很多年内都无法住上像样的房子。

奇怪的是,大家都知道木楼容易失火,传统上却排斥砖瓦房(村民称之“硬质房”)。虽然木楼可以就地取材,造价相对便宜,但村民肯定不是出于经济考虑才偏爱建木楼。本村第一栋砖房是建于 1998 年的村小学教学楼,在此之前村里是禁止、忌讳建砖房或土墙房的。他们说,因为建砖房就要动土,很可能会断了龙脉,坏了寨子的风水。极端的时候,在寨子里铲几锹土都要经过寨老同意,还要经鬼师做法之后才能动土,所以即使有钱也不能建砖瓦房,村里的地主也不例外。在村小的水泥教学楼建成之后,村民发现寨子并没有因此出现什么异常,传统的禁忌被打破,陆续有村民开始建砖瓦房。第一栋私人砖房是村小学校长潘某所建,现在全村砖房也不过 10 栋。目前砖房发展慢的原因在于造价过高,主要是受经济条件的限制。

在村落历史上与官府、土匪或邻村发生冲突时,村民最为担心的是“敌人”放火烧寨。受经济和自然条件所限,大多数农户只能建得起这种相对简易的木楼,如果富人建了砖房,那么火灾时,富人的砖房保住了而穷人的木楼被烧掉了,这是很不公平的。本身来说,富人在危机中会遭到更大的损失,比如说他们是土匪攻击的目标,他们更需要占人口多数的穷人的保护,道义上,富人对村寨安全应承担更大的义务而不是独善其身。禁止有能力者建砖房是一种维持村落这个自卫团体统一性的措施,压制人人自保的分裂力量,反映的是全寨人同在一条船上,必须同生共死的生

---

[1] 参见《从江县志》,第 13—32 页,第 534—535 页。

存理念。在社会性的危机面前,大家强调的是贫富平等,这是一种在特有的环境中形成的生存伦理。

这种理念也使村寨防火成为一项重要的公共事务。侗族村寨特有的住居形态和频繁的火灾使民间和官方对村寨消防极为重视,形成了一些有趣的习俗制度。村民把谷仓都建在寨子之外,一些建在水塘上,这样即使寨子烧了至少还有饭吃有种子留下。几年前,桃源村还存在自发的消防安全检查制度——一种称之为"扫寨"的仪式活动。每年秋收之后的某一天,全村人在寨老的组织下,请鬼师做法驱鬼。在寨老和鬼师的带领下,全村人巡游于寨内的巷道,齐声吆喝,将可能引起火灾的野鬼赶出寨子;同时,游行的人群会向那些收拾不整、乱堆柴火的住宅投掷石块,以示告诫。如今,传统的扫寨仪式已被乡村干部例行的消防安全检查制度所取代。政府文件要求村组干部每个季度都要对全村所有住宅进行一次全面的火灾隐患排查,但这个制度似乎流于形式。村组干部到时会在每栋房子上用粉笔写上:已检,某某人,某年某月某日,而通常不会入户检查,或碍于情面不会对火灾隐患提出批评。乡干部有时也会到寨子里突击检查,比如 2011 年高黄村失火后,乡干部傍晚到寨子逐户检查,因为这时是村民用火的高峰时段。很显然的是,传统的"扫寨"活动比官方的例行检查效果更好,这点我们可以从村民对待村务和"寨务"截然不同的态度来说明。通常来说,只要是寨子里的集体行动,比如集资买斗牛,村民会迅速缴齐集资款,而对于官方性的村务,比如缴纳合作医疗款,则是拖拖拉拉难以收齐。这里的差别在于,不参加寨子里的民间活动会遭遇强大的集体压力,不参加行政性村务则是纯粹个人行为。同样的道理,虽然一户火灾隐患也是全村的隐患,但批评者的身份不同户主所受的压力则截然不同,让全村人向自己的房子投石块是极丢面子的事,而村组干部批评两句则显得无关痛痒,何况他们连批评的话都说不出口。

还有一些与防火安全有关的现象需要多作一点介绍。村民非常强调对小孩的防火教育。一般来看,这里的村民不像其他地方的父母,他们对孩子极少管束,在笔者看来这些野性十足的孩子却不敢动火。那些父亲说,只要看到小孩玩火,他们会毫不犹豫地给他两巴掌,这是笔者唯一听到的父母会以严厉的方式管束孩子的情形。在政府主导下,近些年来不

谷仓

断有一些重大消防措施出台。20 世纪 90 年代末完成了"楼上改楼下"和防火线建设。所谓"楼上改楼下"就是动员村民从传统的楼上用火改为楼下用火；防火线建设就是从寨子中间移出一部分房子，留出一条宽约十米的空白地带，作为火灾时的隔离带，这样向寨子周边移出了三十多栋木楼，原来作为一个整体的寨子被防火隔离带分成了几个片区。09、10 年，村里利用农村"一事一议"以奖代补资金在寨中建了六个消防水池。因为桃源村几十年来没有发生大型火灾，因而成为村寨消防的先进典型，有幸成为贵州省消防总队的消防建设试点村，赠送给村里 4 套消防水泵，并为每个农户免费修建了一座节柴灶。节柴灶用水泥、砖头砌成，灶面贴了瓷砖，有烟囱伸出户外，但村民习惯了用三脚架这种简陋灶具，政府建的水泥灶被闲置。从整体上看，以上措施大大提高了村寨的消防能力。

　　总的来说，虽然存在严重的火灾隐患，侗家人还是选择了拥挤的居住格局，显然，他们更需要群体力量的安全感，这种需要压倒了火灾的威胁。面对火灾威胁，他们却禁止建砖房，抱持的是群体同生共死的生存理念。防火成为村寨的一项重要公共事务，民间和官方都有强烈的防火安全意识，有一些抑制性的习俗制度，但如果不改变居住格局也就无法实质性地减轻防火压力。

二、聚居与农耕

除了火灾威胁之外，聚居对村民生产生活都有着深刻的影响。聚居造成了村民的耕作半径过大，降低了劳动效率，使他们的物质生活资料的获取严重不足，加剧了经济贫困。

在土地产出水平相对稳定的情况下，村寨的规模越大，要养活这些人口必然需要更大的耕作半径。侗族这种大规模的聚居村寨正是面临着这样的问题。桃源村到最远的耕地距离约 6 公里，而相邻的高黄寨和高坪寨规模比桃源大了一倍，这两个村的耕作半径在 7.5 公里以上。桃源人到最远的地头，空身而行约一个小时，负重或赶着耕牛而行则需两个小时，往返一趟则要三四个小时。再加上出门就是陡峭崎岖的山路，山路让人望而生畏，经常有耕牛摔死，所以根本用不上畜力和机械，物质的运输全靠肩挑背驮，体力消耗极大。村民日常的劳作模式一般是，早上九十点出门，扛着农具、担着粪肥，有时也赶着耕牛，另外必带的是糯米饭团；他们在坡上有效劳动的时间通常只有三四个小时，饿了吃随身携带的饭团；劳动结束后，挑着一担稻谷、草料或柴火，赶着耕牛返回，天黑前到家。很明显，因为耕作半径太大，再加上山区道路所限，村民大量的时间和体力消耗在路途中。

聚居明显限制了村民获取物资生活资料能力，我们从粮食生产、家庭副业和能源获得三个方面来理解这种局限性。桃源村在 20 世纪 90 年代末基本解决温饱问题，在此之前一直存在一定程度的粮食欠缺，到了 20 世纪，因为大量村民外出打工，粮食开始出现富余。也因为有了两百多村民外出打工，人均五分地的水田开始出现撂荒和粗放种植的现象，也就是说，户均一个劳力出去打工，耕种现有的水田已显得劳力不足，问题的根本不是水田多了劳力少了，而在于村民的劳动效率太低，也就是我们上面所讲的村民大量的时间和体力消耗在耕作的路途上，压缩了田间劳动的时间。以水稻收割为例，一个劳力早出晚归只能收割回来一担稻子，因而本是很有限的粮食生产，却要花一个多月的时间收割。现在粮食充足后，农民在保证口粮生产的前提下开始粗放种植，还可节省些时间打零工。

同样的道理,村民不得不到很远的山坡打柴和割草喂牛。就柴火这一项,十年前一个家庭一年约需 150 担,现在的用量大致减少一半。割草喂牛是最费劳力的一项活路,大约要占用半个男劳力。① 总之,侗族这种集中居住模式完全颠覆了传统农民傍田而居、就近取食的原则。

聚居模式也使农户丧失了发展庭院经济的空间。通常来说,山区地广人稀,人均拥有的土地面积较大,这是发展庭院经济,搞家庭副业的优势,可以补贴家用,改善生活水平。桃源村村域面积 15 平方公里,因为村民都拥挤地居住在一起,不仅不能发展庭院经济,而且村内环境脏乱不堪。因为没有多余的空间,村民只有把畜禽圈养在室内,人畜混居,楼上住人,楼下养畜;现在因为"楼上改楼下",底楼一半作为生活区,一半作为畜圈。因为没有空间,农户的畜禽养殖量很小,通常只有一两头牛或猪。鸡鸭蛋在村里是稀罕物,因为大多数农户不养鸡鸭,少数饲养户也不过有三五只。② 小孩吃个鸡蛋还要到商店购买,大人几乎没有吃蛋的机会,笔者在桃源村呆了几个月,仅吃了一次鸡蛋,因为主人家是做生意的,经济条件较好,从县城买的鸡蛋。对大多数农户来说,平日的饮食中很少有肉类和蛋类,菜品要么是酸菜要么是清水煮蔬菜,或者干脆吃白饭。③ 事实

---

① 桃源的农民对牛非常珍爱,一年四季割青草喂牛,割草料是一项十分繁重的劳动,尤其是冬季,坡上青草难觅,割一担青草(约 40 斤)算上路途的时间要耗费 6 个小时。不仅喂青草,还要用大米和米糠掺入食盐和味精煮粥喂牛。村民把牛喂得膘肥体壮,却在农业生产上极少使用,唯一使用耕牛的地方是耙田。农户有犁,却极少用牛耕,绝大多数是用人力锄耕,他们说用牛耕地会把牛累着。他们怕牛耕地受累,却喜欢斗牛,让这些养精蓄锐的牛斗得你死我活。在他们看来,养牛主要不是为生产,而在于获得更多的肉食;同时,把牛养得膘肥体壮、凶猛善斗也是一个男人勤劳的象征。所以,村民说他们养牛像在"比赛","你养得肥我要比你养得更肥"。这种竞赛如今开始出现转折,那些留在家里种地的男人农闲时要打零工挣钱而无暇喂牛,2010 年时,微型旋耕机开始引入本地,到了 2011 年春耕时,一下子有近一半的农户购买了这种机械,养牛唯一的农业用途被机械所取代,村民纷纷处理掉家里的耕牛。

② 农户也不敢多养家畜,因为在这样的居住格局中频繁的畜禽瘟疫是在所难免的。

③ 在众多文献中都喜欢描绘侗家的美好田园生活,典型的就是把侗族稻鱼鸭共养模式像发现"新大陆"一样大肆宣扬,认为是一种理想的农业生产模式,政府也不遗余力地开展示范推广。在笔者看来,这种种养模式实在是一种极不经济的小农作业,因为它只能是一种极小规模的生产,农民在有限的自然空间里费尽辛劳,所获却很有限。笔者每天看到那些小孩或妇女用箩筐装着三五只鸭子,早晨挑到自家的水田,傍晚又抓回来,实在是费事。如果村民想多喂几只鸭子就显得不现实,一是他们的住房没有地方圈养鸭子,二是路途运输鸭子困难,三是鸭子多了傍晚不容易抓回来且鸭子会跑到别人的稻田里。笔者看到村里有个农妇喂了十来只鸭子,她把自家门前的水沟挖深,将鸭子放在水沟里,沟上再盖上木板。每天早晨,农（转下页）

上，村民的蔬菜种植也显得不足，且品种有限。因为两三百户集中在一块，寨子周边种菜的旱地就不够用，村民需到较远的地方开荒种菜，菜地远了，管理就成问题，所以村民通常种点简单易种的品种，夏天种辣椒，冬天种的是一种叶片像蒲扇一样大的青菜。

居住的拥挤必然影响到环境卫生。寨子外面山青水绿，稻花飘香，走进寨子则四处是牲畜粪便，蚊蝇扑面，进了屋子则是一股浓浓的骚臭味。因为房子密集，寨内潮湿且不通风，很多房子的一楼白天也要开灯照明，类似"城中村"的情形。再则因为房子密集，人粪太臭，侗族寨子内都没有厕所，村民把厕所建在寨外的水塘上或稻田旁，大便时必须往寨子外面跑，小便则排在门前水沟或墙角，家里养有牲畜的则排在牲畜粪堆上。

厕所　　　　　　　　　　　　　　　　猪圈

上一节讲到桃源人几次分散居住的努力都不成功，为了解决集中居住与耕作半径过大的矛盾，村民采取了一种折中的办法：在远离村寨的耕地旁搭个小棚屋，农忙的时候就在棚屋住上几天，省去了路途的奔波，村

（接上页）妇下地时用一只箩筐装上一半的鸭子带到地里，因为她还要带上农具或粪肥，如果把十来只鸭子都带上，就没法带农具或粪肥了，她只有轮到下一次带另一半鸭子去稻田。当然，她也可以一次把全部的鸭子挑到寨子附近的稻田，然后再回家担粪肥，问题是你不能总把鸭子放进附近的稻田，否则稻田也承受不了，就好比家家都养牛的时候，人们就必须经常到很远的地方割草料。稻田里养的鱼也是很有限的，充其量够农民农忙时改善伙食。由此可见，所谓的稻鱼鸭共养模式在当地的生态环境中，不过是一种纯粹的小农作业方式，不具有经济推广价值，坚持这种模式一定程度可以说是坚持贫穷，因此我们也可以看到，政府在实验推广的同时，桃源人却在逐渐放弃这一传统。

民称这种耕作方式为"睡棚"。睡棚的现象在侗苗地区很普遍,沿着都柳江边的公路行车,一路上都可以看到建在山坡上的小棚屋。有的地方几个棚屋建在一起,几户同时去"睡棚",俨然像个小村落。有的村民在棚里一住就是十天半月,他们通常会带上耕牛,既可以就近打理稻田和山林,又可以就近割草喂牛,牛粪就近还田。

综上所述,侗家人的聚居形态严重违背了农业生产的一般规则,一定程度上讲,他们选择了聚居也就是选择了辛劳和穷困。他们之所以顽固地坚持聚居,是因为他们处在一个比辛劳和穷困更可怕的社会环境中,不如此,他们会觉得连生命都无法保障。

本章小结

侗族人为应对外来的社会危机,在大山之中建立了一个个规模巨大的村寨。有了相当的人口规模作基础,村寨可以在经济、政治、通婚等方面保持与外界的独立性,从而也形成了文化上的独立性,出现了各民族村寨比邻而居的"文化孤岛"现象,一个村寨俨然是一个小型的部落社会。问题是,这种巨大的村落严重背离了生态原则,不仅造成了频繁的火灾,也加大了农耕的负担,限制了生活的改善。在一个充满危机的社会里,安全的获得是以贫困为代价的。

第三章

村与村的关系：合款、互访与械斗

　　侗族的村落大致可以与现在的"行政村"对应,这里我们称之"村"或"村寨"。村由自然寨组成,有的一村一自然寨,如果村的规模较大,通常就分为几个自然寨;几个自然寨通常连成一片,并不构成一个独立的村落;少数自然寨之间会有一定的距离,比如 1 公里左右,往来仍很方便。村与村之间则有很大的不同,它们通常相距5—10 公里,且因为山川相隔,来往极不方便。侗族绝大多数是村内通婚,所以自然寨之间会形成紧密的联姻关系,村民通常把自然寨之间比作平等的"兄弟关系"。村与村之间则极少通婚,甚至完全不通婚。因此村与村之间从地理、通婚、经济交往上看都像是一个独立的"王国"。在这种独立性的基础上,村与村之间也存在显著的合作与冲突、敌对和友谊。合作方面主要表现在"联款"以实现地方自卫和自治,冲突主要表现在村寨械斗、大村与小村的关系等方面,友谊则表现在村寨之间互访(称之"吃相思")。这种村与村之间的关系显然与其他地方的村庄间关系不同。

第一节 ｜ 合款

一、有关"款"的讨论

　　几乎所有关于侗族历史和社会组织的文献都要提到"款",因为它是侗族传统社会组织和社会控制的基本形式，而且它因时因事制定规约的方式和条款，对侗族社会现在的行为方式和行为规范还存在深刻影响。款在文献中和民间口头表述中有多种称谓和多层含义。它又称之为"合款""议款""联款""款组织""侗款"等，综合起来，它有四层含义：一是协商，村民与人谈事时会说，有点事想跟你"款一款""款哈子"，意思是"商量"。一个村寨向其他村寨发出正式的议事邀约，比如桃源村邀请周边38寨代表前来商议开展斗牛活动时，他们称"合款"，也称"起款""约款""联款"。二是指条款或约定内容，也称"款约""款规"。三是指参与制定规则的村寨群体，可称"款"，如桃源村曾属于"二千九款"这个村寨群体。四是根据约款事项的需要可能成立一个临时性的或常设性的执行款规的组织机构，即设款首、款丁等。

关于侗款的研究文献非常多，大致可分两类，一是对各地各类侗款条文的辑录，如《侗款》（湖南少数民族古籍办公室主编，岳麓书社 1988 年版）、《侗族款词》（吴浩、梁杏云主编，广西民族出版社 2009 年版）；二是各个学科对侗款运行过程中的各个环节的介绍和分析，及其与侗族社会性质和社会文化之间的关系，如《没有国王的王国——侗款研究》（邓敏文、吴浩著，中国社会科学出版社 1995 年版）、《侗族款组织及其变迁研究》（石开忠著，民族出版社 2009 年版）。

根据对桃源村历史上参与的多次合款行动，笔者将侗族的款理解如下：1. 款约是因时因事各村寨自愿联合制定的；2. 一个村寨可能参与多次约款，隶属于多个合款的村寨群体；3. 因为约款事项的不同，合款村寨群体的组织程度不同，因此合款有时会建立款约的执行组织（比如战争合款），大多数合款行动只是制定规则，不需要执行规则的组织体系存在，也就是说有约款和款约但没有款组织；4. 侗款反映了侗族人乐于约款、谨守款约的社会行为特点。

为了说明上述观点，笔者根据约款的目的和款约的主要内容，将侗款分为自卫款和自治款。① 在以前的侗款研究中没有这种类型的划分。之

---

① 另外还可分出第三类，可称之"风物传说款"，这类款条靠口头传承，内容主要不在调整社会关系，顶多起到族群认同作用，如"祖宗落寨款"。对这类款本文不予讨论。

所以作这种两分,是因为侗款要解决的问题是民间的自卫和社会的自治,自卫是要对付外敌和匪患,外敌和匪患不是社会的常态,因此自卫款它通常是临时性、阶段性出现,但是一旦出现就需要参与村寨有高度的战斗力,需要很强的协同性,因此会产生大款、小款、款首这样一些组织因素,也就是产生所谓的"款组织"。除自卫之外的其他约款统称自治款,它要解决的是"日常性"的社会问题,如调整村寨纠纷、偷盗抢劫、男女关系、夫妻关系等社会治安、社会伦理,款约既调整村寨关系,更主要接近村规民约、寨规的范畴。自治款也可为某一项专门活动设立,如桃源村发起的38 寨参与的斗牛合款。自治款通常不形成款组织,各村寨自愿约款,自觉执行,出了问题时集体协商解决。

另外,将侗款划分为自治款和自卫款,是基于对侗款的宽泛理解,由此可以更好地理解侗款的历史延续性和其存在的社会基础。现在普遍的观点是侗款和款组织已成过去式,这种认识是失之偏颇的。合款主要是协调村村之间的行为,是一种民间行为,这种民间行为在任何时代都有它的生存空间,在特定的社会基础上会有不同的表现形式、约款事项的侧重点会有所不同,共同特点是强大的社会动员和集体行动能力。传统上没有国家法和行政系统深入到这一层面,所以需要有民间的自卫和自治的形式;明清以来,尤其是民国时期保甲制度的推行,国家法和行政系统已达社会最基层,合款的自卫功能自然萎缩甚至消失,因此自卫性的约款和款组织不复存在,但它的自治功能依然存在。自治功能当然也严重萎缩,主要在国家法管不到的地方会出现合款行为,比如桃源村与周边 38 寨合款斗牛,它是一种完全的民间文化活动,人们对这种合款行为的认同依然强烈,社会动员能力依然强大。传统上人们主要把合款的自治功能理解为政治性的自治,而忽略了社会性的自治,我们不能因为政治性的合款萎缩就想当然地认为传统款文化的萎缩,斗牛合款反映了款文化在侗族社会依然有着强大的生命力。

二、桃源村历史上的联款活动

从村民口述和文献上来看,桃源村历史上参与过或可能参与过的约款活动有如下几次：

1. 最早参与的可能是"二千九款"

在第一章已有介绍，从江县境内历史上主要的联款村寨群体有六洞款、九洞款、二千九款、千三款等。这些联款群体在何时为何事约款，以及约款后有无建立管理组织体系，已经无从考证，[1]它们现在仅仅是一个地理概念。这种地理概念在民间如今仍然十分流行。二千九款是一个地理上相连的村寨群体，其中又分"上九百""中九百""河边九百""腊弄二百"四个小村寨群体，桃源村属"上九百"范围，史称"三百桃源"。

在款与款的交界地带的某些村寨的这种早期的群体归属似乎有些模糊，比如，关于"两千九款"与"千三款"的范围同一文献也有不同表述。《侗族文化词典》中有：千三款，款组织。此款范围包括今贵州省从江县的银潭、高鱼、谷洞、邦土等寨及黎平县双江乡的部分村寨。后文中又有，从江县丙妹镇的銮里溪、平毫溪两岸的高坪、高黄、高鱼、桃源、美潭等村寨史称"二千九"。[2] 与桃源相邻的高鱼村在同一文献中有不同归属。

2. 康熙年间的自治约款

与桃源村相邻的高坪村，现存一块康熙年间（1672 年）立的石碑，多处文献都称之为"款碑"，也就是说它是在某次约款之后记录下来的款规。这样定性的理由是在远隔数十公里之外的从江县往洞乡增冲村存有一块内容几乎雷同的石碑，更让人惊奇的是两块碑所立时间仅相隔一天，由此人们推断当时有一次大规模的联款活动。[3] 虽然碑文中也自称是民间议款所定条文，在笔者看来，它也可能是当时官府颁布的地方"自治条例"，而不是民间的创造。桃源作为邻村应该也受这一"条例"的规约。高坪款碑记录如下：

---

① 有一说法是可能组建于清雍正或乾隆年间，但没有证据，应该很不可信。像这种具有很强地域认同感，能称之款组织的款，应该形成于更早的年代，发生在严重的动乱时期，国家认同和中央政权非常虚弱的时期。参见欧潮泉、姜大谦编：《侗族文化词典》，华夏文化艺术出版社 2002 年版，第 186 页。

② 参见欧潮泉、姜大谦编：《侗族文化词典》，华夏文化艺术出版社 2002 年版，第 231 页、第 185 页。

③ 参见徐晓光：《仅隔一日立下的款碑——从从江高坪与增冲款碑看侗族联合大款区"定约"活动》，《贵州民族研究》，2011 年第 3 期。

　　为尝闻施事以靖地方,朝廷有法律,乡党有禁条,所以端土俗。近年吾党之中,有好强过之人者,肆行无忌,勾串油火,敲诈勒索,危害庶民,凡是不依寨规款法,殊甚痛恨。是以齐集诸父于楼前议款,严设禁条。凡婚姻、田土、民情纠葛之事,遵以长辈理论,其有不清,另请乡正、团长理明,决不容横行无理,奔城具控,咬情生事。倘敢仍入前辙,众等严处。地方欲兴盛,长宜正,老宜公,树以良风正气。鼓楼共育人,族长教子孙,老少同协力,有福同享,有祸同当,倘有行贿作弊,贪赃违纪,与犯同罪。

　　立此禁条,开列如后:

　　一议偷牛马猪羊鸡鸭与挖墙拱壁,盗窃禾谷,衣服银钱,放田摸鱼等,共罚银二千文整;

　　一议砍伐山林,风水树木,不顾劝告,罚银三千文;

　　一议男女婚姻,男不愿女,女不愿男,出纹银八两八,钱一千七百五十文,禾十二把;

　　一议男女行歌坐月,身怀六甲有孕;强奸妇女,女方出嫁,男出钱三千三百文赔礼;

　　一议内勾外引,偷鸡摸狗,伙同抢劫,为非作歹者,退赃物外,罚银一两四钱,严重众议;

　　一议男女拐带,父母不愿,男方赔礼十千,肉一盘洗面,父母养女,不得补钱;

　　一议山场杉树,各有分界,若有争执,依据为凭,理论难清,油锅为止;

　　一议卖田作典,不得翻【反】悔,将典作断,一卖百了,粮税随田,不能无田有税,有田无税,宜各理清;

　　一议横行大小事,不得具控,如有生端行蛮,众等罚银五十二两;

　　一议进行油火,嫁祸与人等项,罚银二十四两整;

　　一议偷棉花、茶子,罚钱六千文整,偷堆柴、瓜菜,割蒿草,火烧林或养牲畜践踏五谷,罚钱一千二百文整;

　　一议失火烧房,凡自烧已屋,惟了火神与"割汉";若有烧寨,须用两个猪推送火殃;大火蔓延他寨,猪两个外,又罚钱三百三十文;失火烧石坟雕墓者,亦同处罚。

康熙十一年七月初三立

3. "九十九公款"

清雍正八年(1730 年),今贵州榕江、从江、黎平、广西三江、湖南通道5 县的 99 寨代表共 99 位款首,在榕江县车江的月寨约款,订立了所谓的"九十九公款"。桃源村旧时称作"三百桃源",在过去是很大一个规模了,但桃源村并没有出现在约款村寨之中,而周边高黄、丙梅等村寨都有参加。① 鉴于此次约款是"侗族历史上最大规模的款首会议",桃源村虽没有代表参会,但应该同样受此次款约的影响。

"九十九公款"最主要的目的和"创新"之处是规定从此之后可以破姓开亲。因为侗族村寨的汉姓十分集中和单一,按照汉族"同姓不婚"的传统,人们可能要与很远的村寨通婚,"破姓开亲"就是为了避免远距离通婚的不便(本文在下一章有关桃源村姓氏结构的说明中将讨论这个问题)。

除"破姓开亲"外,"九十九公款"还涉及多数款约的一般领域,如:

男女恋爱定情后,"男丢女罚银七钱二,女弃男也罚七钱二";婚后,"女丢夫罚银六两六,男丢妻也罚六两六";趁夫妻不和,争吵打架而拆散婚姻者,罚银 12 两。

不准偷放他人田水,不准偷割他人田埂上的青草,违者罚银 12两,拉到款坪当众认错,若不服劝导,拉到"石头法"前处罚。

歌堂多耶,行歌坐夜或隔窗夜话,不许摸身摸腿,如有违反,轻则罚酒饭,重则罚银 104 两。如奸情被捉,罚 52 两。

偷棉盗谷者,"捉到三人罚三人,抓到五个罚五个,三人共鼠洞,五个共鼠窝,同样该罚款,罚他银子八两八"。

钻鱼塘偷草鱼,放田水偷鲤鱼者,当场抓住,要他站于田中,跪在塘边,另罚银 12 两。

挖墙撬壁,偷牛盗马者,罚银 24 两。

---

① 参见石开忠:《侗族款组织及其变迁》,民族出版社 2009 年版,第 109 页。

拦路抢劫,白天行凶,夜里动武,这事有产产当,无产命当。把他的房柱砍断,家产荡尽,拿他捆石沉深潭。①

4. 咸同时期的自卫约款

咸丰五年(1855 年),六洞大款傅帖约请从江、榕江、黎平、广西、湖南等地各款首于"登梦坪"款场开联款大会,到会款首 100 人,随从罗汉队三千多人。议款历时五天,号召大家反抗官府,拉开了长达 18 年的咸同起义序幕。参加联款的村寨和款首有:湖南务磅等地;广西古宜、福禄、良口等地十余人;古州(榕江)章鲁寨等多人;黎平水口、肇洞、顿洞、潘老、四寨、也洞等地寨老三十余人;从江县境内有九洞款区的托苗寨、增冲、高传、信地、平楼、往洞、大洞、增盈等寨;六洞款区的干洞、贯洞、云洞、独洞、伦洞、塘洞、样洞等寨;二千九款区的有高黄寨潘仁野、桃源吴学堂、大榕潘万洛、帮土寨张纳、停洞龙桥岜等人。②

这里将大榕、帮土、停洞三寨也归入了二千九款区又是一个新说法,只是不够准确。虽然这三寨传统上属于"千七款""千三款",但是它们在那个时期确实与二千九款并成了一个大款。也就是在 1855 年前桃源村一带还有一次大规模的合款行动。在原六洞款区和九洞款区的中间地带,存在二千九款、千三款、千五款、千七款四个款区,③约在十九世纪中期,这四款并成了一个大款。有文献记载:"解放前,高鱼、新平、银里三寨为一小款(约五百户);这个小款又与板娘(摆酿)、八甸、弄盆、歹背、丙妹、平毫、平瑞、谷洞、高丙、高武、银潭、大榕、大歹、回里、小榕、上歹、高坪、桃源、高黄、高平、流架、清响、岭高、平友、高吊、三冈二十六寨,七千八百户组成的五个小款联合为一个大款。"④传统的二千九款、千三款、千五款、千七款四款加起来约 7400 户,新组合的大款 7800 户,在户数规模和具体

① 参见欧潮泉、姜大谦编:《侗族文化词典》,华夏文化艺术出版社 2002 年版,第 204—205 页。
② 参见姚丽娟、石开忠:《侗族地区的社会变迁》,中央民族大学出版社 2005 年版,第 192—193 页。
③ 参见《从江县志》,第 107 页。
④ 参见中国科学院民族研究所贵州少数民族社会历史调查组、中国科学院贵州分院民族研究所编印:《贵州省从江县丙梅区和平乡高鱼寨侗族社会经济、榕江县忠诚区车江乡侗族社会经济调查资料》,1964 年,第 14 页。

村寨上几乎囊括了原有四款。当然,二千九款等四款也可能是这个7800户的大款分裂而来。大款之中的小款也在不断的重新组合,如银里村传统上属二千九款,新平村、高鱼村属千三款,而在这里的7800户的大款中却同属一个小款。由此可以看出,同一地域的村寨在不同时期的约款活动中会有不同的组合。

桃源在参与了六洞的联款后,时隔二十年,因为欧补变领头暴动遭到官府镇压,村寨危急,再次与六洞的村寨联款抗敌。桃源村史资料记载:

> 同治三年(1864)年,黎平知府徐达邦及彭应珠、吴金随、梁承正各率团练于正月初七,趁其不防摸入高黄、桃源,"燃火焚贼巢(指欧据地),烈焰熊火如白昼"。于是欧补变由高黄撤退往广界出贯洞,来到洒洞找梁维干共商起义大业。七月初于"平六"款塘①举行誓师大会,当时有高坪、丙梅、高黄、洒洞、肇洞、高鱼六个地方款首,参加群众【(一)】千多人。在款塘上设坛宰牛祭祖,饮生血酒举杆盟誓,制定新款章。由众推选欧补变为"二千九"农民起义首领,称他为王,随即高举义旗,公开抗粮抗捐,反饥饿压迫。洒洞(今新安)梁维干、肇洞陆大汉曾多次到来联款,提出口号:"联合太平军,打富济贫,攻打清王"。

咸同年间的约款属于自卫约款。自卫约款都是口头立约,尤其是对外战争时的立约不会留下文字记录,以免敌方作为将来报复的证据,所以现在的文献和民间的石刻中笔者还没看到有此类文字内容。参加合款的村寨组成一个军事同盟,如果有敌人来犯,只需鸣放"塘炮"(即铁炮)二响,附近村寨即须一面鸣放"塘炮"响应,一面由寨老召集全寨青年男子各持器械,由"罗汉头"(即青年中的自然领袖)率领前往应援,否则就要按照"款约"给予处分。1918年,高鱼村曾被土匪围攻,一经鸣放"塘炮",附近村寨都来救应,保住了村寨的安全;与此同时和高鱼同一大款的谷洞也被

---

① 2011年桃源村发起斗牛约款,会议地址也选在此处,其是位于桃源村与高黄村交界处的一处空地。

土匪劫掠，当该寨鸣放"塘炮"求援时，各小款的青壮年都驰赴谷洞参加战斗，终于击退了土匪。[1]

三、当代的联款活动——斗牛约款

2011年初，桃源村发起了一次约款活动，动员各村寨集体买水牛来斗牛娱乐。从这次约款我们可以透视侗族古老的约款传统在现代社会的影响力。

(一) 约款起因

侗族自古就有斗牛娱乐的传统。斗牛分为两类：斗公牛和斗私牛。公牛为自然寨集体所有，农村集体化时期也曾以生产队为单位养公牛。私牛为个体农户所有。本地农户干农活主要使用黄牛，可能是黄牛相对性情温顺，比较适应陡峭的山路和逼窄的圈养条件，饲养难度小，所以私牛通常都是黄牛，较少是水牛，能达到斗牛标准的壮硕水牛更是少之又少，目前桃源村只有一头这样的私人水牛。集体的公牛都是水牛。在村民看来，斗黄牛只是"小场面"，"玩大的"就要斗水牛，斗水牛相对要刺激得多。很多农户养的黄牛膘肥体壮，农闲时经常开展斗牛娱乐，每逢亥日都要聚众斗牛，不仅在村寨内部斗，村寨之间也斗。斗牛也是一种普遍的赌博方式。

2011年正月，桃源、高黄、新华三村相聚斗黄牛，这样的活动每年都会有多次。高黄的牛斗输了，桃源人夺了高黄的红旗，[2]高黄人不服，挑衅说："搞就搞大的，我们都买水牛来斗。"桃源上寨的一些村民包括在场的寨老们自然不甘示弱，当场应承买水牛。当然，桃源村这次发起斗牛约款绝不是一时意气用事，实际上多年来一直存在买公牛的呼声，只不过这次寨老们借此下定了买牛的决心。桃源村在建国前养过公牛，集体化时

---

[1] 参见中国科学院民族研究所贵州少数民族社会历史调查组、中国科学院贵州分院民族研究所编印：《贵州省从江县丙梅区和平乡高鱼寨侗族社会经济、榕江县忠诚区车江乡侗族社会经济调查资料》，1964年，第14页。

[2] 斗牛时，各村的小孩子都会举着旗帜参赛。旗帜都是自家制作，在一根没有除去枝条的竹竿上粘满白色的鸡鸭羽毛，上面装一面布旗，旗帜的颜色、大小、形状、图案文字随意而作，五花八门。斗牛时，输方村寨的旗帜被赢方村寨全部收缴，以示胜利。

也养过公牛，20世纪80年代养公牛更盛，此后已有20年没有养公牛了，周边几个村的情况大多如此。因为斗公牛必须要多个村寨都养公牛，否则没有选择对手的空间，但养公牛人力物力耗费太大，斗输的公牛会马上杀掉，所以养公牛的规律是养几年歇几年，几个村寨一起养一起歇。这几年村民的经济状况有了很大改善，看到周边地方火热的斗牛场面，一些斗牛爱好者早已心痒难当。

发起斗牛约款也有一个在现代话语下被拔高的理由：保护民族非物质文化遗产。这也是三村向政府争取斗牛堂建设款项的理由。报告如下：

关于恢复桃源斗牛堂的报告

尊敬的民族宗教事务局领导：

侗族是酷爱斗牛的民族，桃源斗牛堂自古有"平六之地，协力大款"之说，是高坪、高黄地区二十八个村寨约款斗牛圣地。每年亥日都在桃源"平六"坡举行盛大的斗牛活动。斗牛活动对加深各村寨之间的团结和促进社会和谐有着重要的意义，是当地宝贵的非物质文化遗产，然在文化大革命期间已几乎中断，恢复斗牛堂是人们长期以来的共同愿望。

现逢盛世，在文化大繁荣的大好时机，为弘扬和传承民族文化，高黄、桃源、新华等二十八个村寨寨老于今年农历二月四日，在桃源村"平六"坡议款，一致决定恢复桃源斗牛堂，以弘扬民族文化和促进旅游事业的发展，要求每村都要有一头斗牛，并得到广大群众的一致认同。我们预计，"平六"斗牛堂占地面积1600平方米，二十八个村寨斗牛停放点，占地面积2000平方米，总占地面积3600平方米。现准备请挖机平整场地，每平方米需要资金30元，总投资需要108000元，村民群众自筹资金（包括投工投劳）48000元，尚欠资金60000元，恳请上级予以支持。

高黄村民委、高黄村老年协会

桃源村民委、桃源村老年协会

新华村民委、新华村老年协会

农历二〇一一年二月四日

（二）第一次约款

农历二月初四，桃源、高黄、新华三村在桃源村一处叫作"平六"的地方第一次议款。平六据说是古时的议款之地，位于三村交界处。当时到会的三村寨老、村干和村民约一百人，推选桃源村寨老欧康健为会议主持人。欧是桃源村最有权威的寨老，现年 72 岁，在原三村为一个行政乡——高黄乡时，任乡党委书记，后高黄乡并入高坪乡，任高坪乡人大主席直至退休。议款时先由参会人员自由发言，最后决议由各自然寨推选代表一人作表态发言。最后形成如下决议：

1. 三村共建平六斗牛堂。桃源村出土地，牛堂建设费用三村平摊，共出人力，以三村村委会名义向县乡政府申请资助。牛堂所有权归桃源所有。

2. 农历二月二十九日举行新牛堂开堂仪式，到时各寨必须买公牛到堂。其中高黄 3 寨 3 头，桃源 2 寨 2 头，新华 1 寨 1 头，另有新华的 1 个小寨、高黄的 2 个小寨可延迟到本年秋收后买牛（这里的寨指自然寨，买斗牛以自然寨为单位购买）。

3. 上述 6 寨若有在开堂时没买公牛的，其他各寨前往"吃相思"，也就是传统的"进驻吃喝"罚则。

此次议款生活开支二千来元，由桃源村上下两寨承担。斗牛活动属于民间娱乐，所有相关费用都由村民分摊，村委会不承担任何费用。此后二十来天，买公牛成了三村的中心事务。整个活动过程开支巨大，反对的声音也非常强烈，引发一系列矛盾，我们将在后文有关"寨老"的章节再介绍，因为这样的大型集体活动都是寨老在其中发挥主导作用。斗牛活动每一步都有相关的仪式和禁忌，这里我们简要记录。

约款后，桃源上下两寨随即在各自的鼓楼召开多次村民大会，商议是否买公牛，买什么价位的牛，费用如何分摊，最后少数村民和寨老坚持买牛，下寨还决定买高价位的牛。随即派出几批次的人员外出找牛，找到中意的牛后，再择吉日派人去接牛。公牛进寨前，村民祭过萨坛（村落祖先灵堂，相当于汉族的宗族祠堂），吹着芦笙到寨外迎接，所有迎接人员都分得一小块猪肉，在寨外烧了吃，吃完后，给公牛戴上一些古老的饰物，之后才把牛拥进寨子。之后三天，全寨人集体劳动，建牛圈、牛的洗澡池，清理鼓楼等事务。牛圈建好后也有祭祀仪式。牛买回来后的第二天，寨子杀了一头大肥猪，每家分得一斤三两肉，余下的肉当晚每家一人在鼓楼聚餐吃肉。下寨买公牛花了 5 万多元，加上其他费用总计近 6 万。上寨的公牛花了 1 万多，加上其他费用总计近 2 万。

建好牛圈、安排了专职照看人，排好了草料供应轮值表后，又开始建牛堂。数天时间，动用了大量的义务工平整土地，期间还雇用了大型机械作业，又花费两万多。

（三）第二次约款

因为第一次约款只有 6 寨约定买牛，显然数量太少，每次斗牛之后，斗输的牛会被杀掉，斗一次少一半，下一次就没得玩了。买牛的费用太大，这 6 个寨也不可能一次又一次买牛来斗，起码中间还要有一段时间的间隔，所以要发动更多的寨子买牛，这样才能开展多次斗牛活动，获得更多的娱乐。桃源村的寨老们决定在更大范围内发起斗牛约款。他们向周边 38 个自然寨发出了如下书面邀请：

木叶传书

村寨民众：

值此风调雨顺，国泰民安。谦之国策，渐入升平，上以爱国，下以济民，百姓生活日益欣欣向荣。乃真乐尧天下之际，正是我等黎民兴旺之期。今值春风得意、鸟语花香，敝村上下两寨愚老共议，谨定于农历二月二十九日即丁亥日（公历四月二日星期六）在新开牛场"平陆"举行新斗牛场议款仪式，望贵寨老幼新衣得体，锣鼓茔【声】频，宝牛为牵，兴至乐聚为盼。

谨呈

桃源村全体村民（盖村民委员会章）

农历二〇一一年二月二十日

约款邀请函被称作"木叶"是传统的叫法,大概是以往没有文字时村寨之间传递邀请信息的某种器物的名称。有些"木叶"派村民送达,有些则托过路人带往,被贴在各寨显眼处。笔者一直担心它会被顽童或反对买公牛的人撕掉,但是几个月后笔者看到周边一些村寨都还完好无损的保留着这份"木叶",说明木叶传书是一件很严肃的事。

"木叶"发到 38 个自然寨,分别是:

高坪乡:高黄村 5 寨、新华村 2 寨、高坪村 3 寨、平球 1 寨、美潭 1 寨、银里 1 寨、高鱼 1 寨、新平 1 寨、银潭 1 寨、银上 1 寨、银下 1 寨、高风 1 寨、民主 1 寨、建华 1 寨、新生 1 寨、弄向 1 寨、基逮 1 寨、占千 1 寨、才亚 1 寨;

丙梅镇:銮里村 1 寨;

谷坪乡:五一村 1 寨、党狗 1 寨、弄盆 1 寨、逮北 1 寨、高额 1 寨、归秋 1 寨;

黎平县双江乡:高岗村 3 寨、领求 1 寨、情靠 1 寨。

寨老们说,这些村寨接到通知后肯定会派人来的,新修牛堂的山坡上已经为每个寨子排好了停牛点。

农历二月二十九日举行新牛堂开堂仪式和第二次约款。所谓开堂仪式就是让所有村寨的公牛到新牛堂熟悉场地公开亮相,好比运动会的开幕式,但是这些公牛此次不斗,具体斗牛时间再行商定。第二次约款就是希望有更多的寨子承诺买公牛,今后都来这个牛堂斗牛。当天早晨,各个寨子的队伍带着牛吹着芦笙赶来,各寨队伍不能直接进入新牛堂,他们停在桃源寨子外的山坡上,桃源村派村民带着草料前往迎接,牛留在山坡上吃草,人员引进寨子分到各家吃饭。吃完饭,上寨和下寨各自开始举行祭萨坛仪式,三声炮响之后,全寨的男女老少身着新衣,举着旗帜,打着锣鼓,吹着芦笙,拥着公牛前往牛堂。因为桃源村是主寨,所以桃源的公牛必须第一个到达牛堂,上寨的队伍走最前面,下寨的队伍跟后面,再之后才是其他各客寨的队伍。当天汇集到牛堂约有 2 万人,其中的商贩沿着公路排出了约一里路的临时集市。

上午十点多钟仪式开始,整个仪式过程持续约四个小时,主要分三个阶段:议款、各寨的公牛进场展示、斗私牛表演,其中最核心的一项活动是在议款之后催促各村寨领取一块猪肉。

仪式第一项是议款，村民称之"讲故事"。所有前来的村寨派出寨老在牛堂场地中间围成一圈，圈中竖着一根木头，木头顶端挂着一个猪头。大家临时推举桃源村的欧康健做主持人，寨老们自由发言。笔者不懂侗话只能揣测他们的讲话内容，有讲以前的斗牛故事、斗牛规则，多数讲现在国泰民安大家应该买牛娱乐，演讲耗时最多的是几个寨老不着边际的炫耀性地谈论一些国内外著名政治人物和重大事件。"故事"讲完，大家推举讲得最好的是高坪的寨老，将猪头奖给了他们。显然，在这种人多口杂的场合，没有得出任何决议。

斗牛约款

真正的决议或者买牛承诺是在议款之后以领取猪肉的形式作出的。当天桃源村杀了一头大猪，邀请各寨代表前来领肉，一个代表领 3 斤肉，吃一小块熟肉，喝一杯酒，只要有人拿了肉喝了酒，就表明他所在的寨子今后会买公牛。议款之后，高音喇叭不停地喊各寨代表到场地中间领肉，但应者不多。首先是高黄、新华的 5 个自然寨代表领了肉，因为他们已经按第一次约款的承诺买了公牛，其次是高鱼、银里的代表领了肉，因为他们早先已有公牛，这次算是白得 3 斤肉，再之后是民主、高风、建华等村寨的人被生拉硬拽过来领了肉。到此也只有十来个自然寨领肉，而村民最关心的两个大村高坪和高岗却迟迟不来领肉，这些大村最有实力买牛，但也最难达成买牛共识。"讲故事"后大家把猪头奖给了高坪村，并不是他们演讲得好，不过是以此希望他们买牛。最后村民抓来了高坪村的村支书，强行给他灌了一杯酒，让他带走了 3 份肉。村民说，支书拿了肉自然有能力回去动员本村 3 个自然寨买牛，不然他也不敢拿，"强行"要他喝酒吃肉不过是让他回去动员群众时有个托词，他会对群众说："桃源人逼我喝了酒吃了肉，现在不买牛也不行了。"至此本乡 19 个自然寨领了肉，加上桃源 2 寨，占了本乡自然寨数量的大半。

高岗村各自然寨自始至终都没有领取份肉。桃源村民几次端着酒杯，提着肉到高岗村的歇脚点，甚至在散场之后又一次追出半里路，想把猪肉硬塞给他们，都没有成功。高岗人不接受猪肉、不愿作出买牛承诺是因为在高岗和桃源之间隔着高黄村，而高岗和高黄一直存在摩擦械斗，他们担心以后参加斗牛难免又会和高黄发生冲突。高岗村不愿买公牛显然让桃源的寨老们十分失望，第二天，桃源的四个寨老约上高黄的两个寨老带着猪肉一起到高岗村再次做工作。高岗的寨老们杀了一只羊招待他们，仍然是担心和高黄发生冲突，拒绝买牛，猪肉又被提了回来。

开堂仪式结束后，各村寨带着自己的牛散去，銮里和银里的村民和牛留在桃源做客，当晚主客双方的歌队在鼓楼唱侗族大歌。第二天两村的人马离去，至此一次盛大的斗牛约款结束。

四、款的特征

从桃源村历史上参与的约款活动我们可以概括一些侗族约款习俗的特点：

一是约款的范围是不断变化的，一个村寨可能参与多个约款村寨群体；

二是参与约款的单位可能是"村"，也可能是自然寨；

三是约款的内容分为自治和自卫；

四是约款的功能范畴在渐渐萎缩，从现在来看，自卫的功能消失，自治性约款也仅保留在娱乐领域；

五是相应的违约惩处也由刚性的罚款和人身制裁等发展到仅保留"进驻吃喝"的柔性惩处；

六是根据约款的内容有时会设立相应的款约执行组织，比如自卫约款的款首、款丁；

七是一般以寨老作为村寨代表参与约款，自愿民主的原则主要体现在村寨之间这个层次，而从村寨内部看，也可能会出现多数民众的意愿"被代表"的问题，比如桃源村咸同年间约款抗官和2011年的斗牛约款都没有反映多数群众的意愿，而是少数村寨精英的意见；

八是寨老是侗族村寨社会结构中的一个特殊群体，没有这样一个群体的持续存在，频繁的民间约款就失去了基本的组织条件；

九是约款活动在当代社会仍存在强大的社会动员能力，一纸"木叶传书"便能汇集数万人，说明其发生的社会基础仍在，也就是说侗族社会在现代化进程中其基本的社会结构和社会心理还没有发生根本性的变迁；

十是约款作为一种民间活动，它可能顺应国家政治的需要，也可能成为国家政治的对立面。

第二节 │ 村寨互访与械斗

约款是侗族村寨间为达成某种共同行动和共识而召开的会议，主要坚持的事本主义的原则，具有明确的承诺和处罚措施，较少受村寨之间的情感好恶的影响。约款关系也是一种临时性的关系，约款的事项完成后，村寨之间的权利义务关系也随之结束。另外有两种村寨间的互动形式也是建立村寨关系的主要方式，这就是村寨间的集体互访和械斗，形成了村寨间的世交或世仇关系。

一、集体互访——"吃相思"

（一）活动过程

侗族村寨间存在一种传统的集体互访习俗，汉语称作"吃相思"，侗语称"月也"。吃相思活动在南部侗族地区十分流行，有着悠久的历史，宋明文献中就有描述，[①]这样一种流行的以村寨为单位的集体活动，必然有着丰富的社会内涵，遗憾的是学术界普遍采取了"视而不见"的态度，涉及的文献中只有现象的描述，没有对其发生的社会机理的分析。吃相思又是一种特有的族群文化现象，其他地方鲜见，所以笔者也没有看到类似的讨论。

首先我们简单介绍一些吃相思的规则和发展情况：

吃相思以自然寨为行动单位，也就是一个自然寨的人到另一个自然寨做客，但属同一个村落的自然寨之间不吃相思。为什么以自然寨为单位呢？因为村的规模相差很大，但自然寨的规模却相当，因此互访时的客人数量也大致相当，待客的负担大致平衡。吃相思事实上也是一种村与村之间的联系，比如一个村有三个自然寨，就好比是一家三兄弟，客寨去了老大家，也要去老二、老三家，这三兄弟以后又会分别去客寨做客。

吃相思不限于相邻村寨，有时主客寨相隔甚远。吃相思是一种互访制度，来年主寨会回访客寨，当然，回访也可能发生在很多年后，与我们私人之间人情往来是一个道理，循环往复，不会轻易中断。一个村寨会与多个村寨建立这种吃相思的往来关系，有了这种关系，所有村寨便连成了一张"人情网络"。

吃相思的过程通常是这样的：

一个村寨过节日或斗牛时向其他村寨发出邀请，大多时候并不需要主动邀请，而是客寨自发组织队伍前来。客寨队伍在出发前要祭本寨的萨坛，希望此次集体出行一路平安。

---

① 参见刘锋、龙耀宏主编：《侗族：贵州黎平县九龙村调查》，云南大学出版社 2004 年版，第 102 页；《侗族简史》，第 252 页。

　　客寨的队伍男女老少都有，人数至少要有五六十人，人数太少不值得主寨集体接待。队伍中必须要有一两个歌班，因为做客的主要活动是主客寨的歌班鼓楼对歌，没有歌班几天的做客时间便没有了内容，你"不好意思去，别人也不欢迎"。

　　客寨的队伍吹着芦笙到达主寨并不直接进村，而是停在村外等待主寨前来迎接。主寨这时敲响鼓楼的大鼓集合迎接队伍，在祭过萨坛后，吹着芦笙出寨相迎。在寨门处，主寨的歌班拉起一根草绳拦住道路，唱起《拦路歌》，意思是你们从哪里来，来这里做什么。客寨的歌班以歌作答，主寨对回答满意后才带客寨的队伍进寨。这是一种很正式的礼仪，大多数时候，因为主客寨相邻，非常熟悉，客寨队伍都是直接进寨了。

　　客寨的队伍被带到鼓楼，主客双方的歌队开始在鼓楼对歌。之后鼓楼的鼓声再次响起，各户来人领客人到自家吃饭，每户带走三两个客人。在鼓楼对歌的客寨歌班通常则由与他们对歌的主寨歌班集体接待吃饭。吃完饭后，鼓楼再次响鼓，歌班再次被召集到鼓楼对歌，直至通宵。第二天早晨，鼓楼再次响鼓，分散在各家的客人又被集中到鼓楼，重新分配到另一批主寨家庭吃饭。吃完饭再由鼓声召集到鼓楼唱歌，下次吃饭时间再由鼓声把客人召集到鼓楼让各户领去吃饭，循环往复。主寨的家户自觉到鼓楼领回几名客人，这些客人与自己并无私交，因为主客双方通常并不认识。

主客寨男女歌班鼓楼对歌

吃相思归来

临别时主寨会极力挽留，并赠送礼物。客人们必须在主寨做客三天或五天或七天，也就是住两晚、四晚或六晚。[①] 每次临别挽留都要耗去两三个小时，显得情谊浓浓，尤其是主客寨的男女歌班之间几天的相处似乎感情颇深，不极力挽留显得怠慢客人，失了礼节。挽留的过程中，各家各户已送来了礼物。大量的稻草包的糯米饭团和活鸡活鸭汇集在一起，因为礼物太多，通常客寨会派货车来拉。若是客人中有女歌班（通常来说女歌班是必须的），主寨接待的男歌班成员们多半会集资买一只羊给她们牵回去。若是客寨来的人相当多，主寨也可能全寨集资买一头牛送给客人。若是礼物太重，客人也可能觉得受不起或者将来还不起礼，他们会想方设法把礼物退回来。有一年，桃源下寨送了高鱼一头牛，高鱼人到半路又把牛放了回来。收到的礼物会在回去后由所有此次做客的家户平分，收到了牛羊则请村里的寨老和其他村民一起到鼓楼聚餐。

（二）好客与厌客

侗家人真是如我们所看得一样热情好客吗？其实也不尽然。大年初一笔者问村民今天有什么要注意的禁忌时，他们首先告诉笔者，早晨开门有讲究，大门不能全开，只能开到 45 度的样子，否则新的一年会农田垮塌，客人多，这里他们把客人多等同"灾难"。2010 年夏新米节，笔者在房东家的遭遇更有趣。那天早晨房东早早和笔者吃过早饭，他嘱咐笔者要吃饱，午饭会吃得较迟。他说，我们吃完饭就去帮别人杀牛，不然待在家里会有很多客人来。那天我们吃完饭，锁了门，帮邻居杀了两头牛，下午四五点才回家。这里就有一个矛盾，大家都怕客多负担重，又都表现得非常热情好客，在接待的过程中主动请客人到自家吃饭，临别又要给客人们送礼。解决这个问题依靠两个方面，一是分摊客人，每次吃饭前将客人集中到鼓楼，每个主寨家庭一次领走二三位客人，如果客人的数量不多，这餐饭我领了客人，下一餐就不到鼓楼领客了。给客人送礼也是这个道理，每次只有一部分农户给客寨送了礼，这次送了可能下次就不送。因为大

---

① 侗族人很"迷信"，大量的活动事项都要择日而行，比如出行要在双数日动身。一位跑长途客运的司机说，每当双日，乘客非常多，单日又寥寥无几。

家居住非常集中,信息通便,每个家庭是否接客是否送礼别人都看在眼里,这样就形成了一种面子竞争压力,如果一个家庭总是不参与待客送礼,难免遭人非议。所以我们看到,每次接待客人和赠送礼物都不需寨老具体指派,各家各户自觉做好了这些事。也就是说,接待客人与给客人送礼是每个主寨家庭的义务,虽然这些客人跟自己谈不上私交,这种义务我可能做得多一点少一点,但不能不做。多做少做可能是一个好客不好客的名声问题,完全不做或者公然不做则是对村寨集体的背叛,可能会招致严重的后果。20 世纪 90 年代,下寨贾姓房族有两户就曾公开拒绝这种义务,他们说自己没有去别人村寨吃相思,所以也不接待来吃相思的客人,这种公然对集体义务的挑战犯了众怒,下寨所有农户到山上砍柴,将这两户的房子围了起来,篱笆朝寨子外开口,意思是只准这两户朝寨子外走,不准到寨子里来。这就是侗族村寨对不尽集体义务的一种惩罚方式,称之"围刺隔离"。[①]

(三) 发生原因和功能

任何社会习俗的形成都有它特定的自然社会环境。侗族为什么形成这种集体互访的习俗与其社会历史、人们的行为方式和自然生态有关。首先要排除村寨之间的经济联系导致互访;其次,有研究者认为可能是出自村寨之间的婚姻联系,[②]这种推测也不尽合理,因为侗族村寨极少与外界通婚,甚至完全不通婚,比如桃源与高鱼和高黄。由此笔者推断村寨互访习俗源自村寨之间的人口迁移。前文已经介绍了侗族是一个移民社会,而且在族群内部的村寨之间也存在频繁的人口迁移,我们看到桃源村相当一部分农户都知道自己祖先来自周边村寨,而周边村寨也都有来自桃源的移民。

移民与祖寨的往来形成了吃相思的习俗,笔者这样讲有两方面的理由。一是现在相当部分移民仍与祖寨的房族保持着联系,而这些移民则是推动两寨往来核心因素,移民及祖寨的房族通常是两寨互访客人中必

---

① 参见姚丽娟、石开忠:《侗族地区的社会变迁》,中央民族大学出版社 2005 年版,第 85 页。
② 参见吴浩主编:《中国侗族村寨文化》,民族出版社 2004 年版,第 461 页。

不可少的成员。其二是,移民与祖寨的来往不会是一对一的来往,那样不符合侗家人做客的习惯。侗家人一人去做客,他通常会带去一大帮自己的亲戚朋友,这一方面是为了路途的安全,更为重要的是对自己社会关系的炫耀性展示。

在侗族社会,社会关系炫耀性展示的现象很多。比如,在清明节期间,一个人给祖先扫墓时,通常会邀上几个要好的亲戚朋友一起去,回来后请大家吃饭。更有甚者,还有一种"夸富宴"式的习俗,扫墓或立碑时,在墓地杀一头猪,邀请所有的亲戚朋友在墓地聚餐,意在告诉死者自己现在过得不错,人缘好,亲戚朋友多。2011年清明节期间,桃源村就有三起这样的墓地宴会,每次参与的家庭有七八十个。如果娶一个外村的姑娘,那么得到的嫁妆会明显比娶本村姑娘得到的嫁妆多。2011年,桃源村娶了一个高凤村的姑娘,嫁妆中仅是各式各样的鞋子就有三百多双,远远超出了村内通婚的水平。这些鞋子都是娘家的亲戚朋友凑的,最后要被分发给夫家的亲戚朋友。那些离开祖寨生活的人尤其要向祖寨展示经济实力和社会关系。同年正月,桃源一个姑娘嫁到邻寨,一个月后的打柴时节,女婿带来了43个青壮年男人帮丈母娘打柴一天。林家老太太去世时,她的一个嫁到县城的外孙女和丈夫回来奔丧,同时还带来了七八个自己的亲戚朋友,这些与丧家素不相识的客人所送的礼金其实都是外孙女一家所出。

坟场上的宴会

上述现象都说明了侗族人炫耀性展示自己社会关系的心理,这种心理与他们普遍建立的拟制血缘、大量囤积口粮的行为是一致的（第四章、第六章将作介绍），是缺乏生存安全感的社会心理的反映，人们努力向社会展示自己的生存资源，行为背后的潜台词是"我的实力很强大，别小瞧我，别欺负我"。由此可以说明，那些移居他乡的移民必定会邀请祖寨的所有亲戚朋友来访问自己的现居村寨，而他在现居村寨所加入的房族有共同接待的义务；当他回访祖寨时，必然也会尽可能地带上他在现居村寨的社会关系。当移民成为侗族社会普遍的持续不断的社会现象时，由移民纽带扩展而来的村寨互访也就成了一种普遍的社会现象，并成为一种地方文化传统。

对于这种村寨互访习俗的功能，它在给人们带来娱乐的同时，显然形成了村寨之间的友谊，也加强了村寨内部的统一性。

二、械斗与村寨冲突

（一）械斗的原因与规则

在侗族村寨之间还有一种世代仇怨关系，具有仇怨关系的村寨之间便不会开展互访活动。桃源村与相邻的高鱼、银里、新华以及更远的高岗、銮里等众多村寨都保持着村寨互访往来，但与相邻的高黄和高坪两个大村只限于个人层次的往来，没有村寨的互访。桃源与高黄和高坪之间的仇怨关系如何形成，起于何时已无从考察，虽然它们在历史上有过多次的联款关系，但联款只是一种事本主义的公共关系，显然不代表村寨之间的友好。这种仇怨关系肇始于两个层面的村寨互动。一个层面是模糊的大寨与小寨的关系。桃源人总认为高黄和高坪这两个大村总是仗着人多势众欺负周边小寨，具体如何"欺负"则说不清楚，但这种仇怨关系会反映到日常生活的一些细节上来。比如说，桃源人说高黄人好偷盗，是个强盗窝，[①]所以他们历史上是不与高黄通婚的，认为与高黄通婚是与强盗结

---

① 上一章我们已谈到，村寨规模越大，生存资源愈发紧张，意味着整体性的贫困程度越深，高黄作为一个有 3000 多人的大寨，必然会有更多赤贫农户，笔者想这是高黄盗贼较多的根本原因。

婚;他们对高坪人的评价更有意思,认为高坪人"好吃",是"不要面(子)"的行为。[①] 第二个层面的互动则是真刀真枪的村寨械斗。两村若发生械斗,通常会造成人员伤亡,形成世代的仇怨,因而不会有村寨之间的吃相思往来,但私人之间是可以来往的。桃源与高黄和高坪两村之间不会开展吃相思活动,也因为他们之间历史上发生过械斗。村寨械斗严重威胁了村民的人身财产安全,对村寨关系是一种致命的打击。

侗族地区历史上战乱不断,社会内部的村寨械斗也频繁发生。下面我们具体对村寨械斗的发生频率、发生原因、组织规则、社会影响作一些介绍分析。

有关村寨械斗的官方统计资料我们无从获得,但民间的记忆可以给我们一些大致的印象。桃源村 1988 年与高坪发生械斗,2010 年与高黄发生械斗,同年,银里与高坪发生械斗。几年前黎平高岗村与高黄发生械斗,据说死两人。也就是近年,黎平两寨发生械斗,双方各死三人。械斗的主要原因是山林权属纠纷,聚众斗殴频频发生。据统计,1985 年—1990 年间从江县境发生的山林纠纷有:省际 93 起,已调处 38 起;县际 37 起,已调处 6 起;区际 65 起,已调处 47 起;乡际 146 起,已调处 84 起;村际纠纷频繁,起数未作统计。[②] 民间解决这类纠纷的手段基本上都是靠械斗,每一起山林纠纷可看作是一次已发生的或潜在的村寨械斗。

---

① 桃源人说高坪人来做客时,总是一个人带一帮人,而且将主家的菜吃得干干净净,这种行为方式是极不符合地方性知识的。前文我们说过,侗家人到别人家(寨)做客喜欢带上一帮自己的亲戚朋友,但是否带亲戚朋友是有讲究的,要考虑与主家的关系和做客的缘由,比如主家办婚丧事,你带人去送礼凑人气,那是"抬庄"给主家挣面子,自然受欢迎;如果是参加节日或斗牛活动带上太多的人去做客,尤其要考虑与主家关系远近和主家的负担,这时候带去的人多通常不受欢迎。如果带去的人多,与主家又仅是一般的朋友关系,吃饭的礼节就尤其要注意了,不能把主人家准备的菜都吃光了。一般来说,即使是陌生人到了侗家农户,主人也会给你饭吃,原则是米饭吃饱,菜要少吃,不能吃完。这里的生活还比较贫困,日常的肉食不多,来客时,主家则只备肉食,少有蔬菜;肉食中的最好部分则留给老幼,如鸡腿留给家里的小孩,鸡头和心肝留给家里老人,剩下部分才是青壮年客人吃的。本不多的肉食客人也不能吃完,因为主家大部分人并不会陪客人一起吃饭,还要留一些给他们,所以通常的情形是,一桌七八个男人吃一只鸡鸭,酒足饭饱后桌上的鸡鸭竟还能剩下一部分,如果客人吃了鸡腿、心肝或把肉食都吃完则显得极不礼貌。在桃源人眼里,高坪人是不守这些礼俗的代表,因为他们总是不考虑主家的负担,带太多的人来做客,且会把主家准备的肉食吃光。相反的是,高黄人在这方面做得很好,所以他们不担心高黄的客人来。

② 参见《从江县志》,第 253—255 页。

发生村寨械斗的原因有三个方面，一是山林权属纠纷。造成山林权属不清的原因是多方面的。一是国家政策的变迁。建国前山林权属有三种：公山、族山、户山，其中公山又分国有山林、款有山林和村有山林；建国后，原有的山林权属发生了数次重大调整。集体化时期，林业收入不直接涉及社员个人利益，再则受到政治风潮的冲击，山林纠纷极少发生，但经历了持续几十年的集体化时期，原有的权属界线被模糊之后，到了 1979年后农村实行联产承包责任制以来，山林的权属意识又自然凸显，一些地方出现了"清原耕，继祖业"的诉求，山林纠纷大量涌现。二是历史上的山林权属界线本身就有很多模糊之处。明清时期，居民迁徙频繁，再则由于动乱灾荒造成了村寨人口的剧增剧减，常住居民的不稳定性必然造成山林权属的不稳定性。比如，在桃源村，咸同年间、民国后期、三年自然灾害期间都出现了人口的大量逃散或死亡，原有山林权属的所有人或知情人突然消失必然造成以后的权属争议。这一点在建国后又有加剧。建国前，山林多属地主富农所有，许多山林界线只有他们知情，建国后这些人受到冲击，界线由此无以为证。桃源村目前与高坪和高黄之间山林纠纷虽经政府（司法）调处，仍没有消除争议，1988 年桃源已与高坪为山林纠纷发生一次械斗，他们认为今后两村的械斗仍在所难免。2010 年桃源与高黄的械斗看似由个人纠纷引起，实质是两村多年来未决的山林纠纷所积累的仇怨的一次宣泄。

引发村寨械斗的第二个原因是个人纠纷。一旦两村之间发生个人纠纷（尤其是武力冲突），一方要报复又找不到具体的对象或报复对象受到村寨的庇护时，对方村寨的所有人和财产便成为报复的对象。可以说，在侗族村寨之间，只要个人纠纷发展到武力冲突的层面，一方若试图再以武力报复则村寨之间的战争在所难免，这与侗族村落特有的社会特点有关。侗族村落高度聚居，且内部的社会关系网络密集，也就是村民常说的所有村民之间"不是兄弟就是亲戚"的格局，每个村民和家庭都是多重社会网络中的一员，所以当某个个人受到外来的攻击，他所在的关系网络既有援助的义务，又有援助的空间距离上的便利。再则因为居住过于密集，如果外村人进寨寻仇势必威胁到全村人的安危，最为担心的就是仇家放火烧房而危及全寨。在村寨械斗中，仇家间使用最多的威胁语言便是放火烧寨。因为每个村民和农户都是村寨不可分离的一员，所以两个村寨之间的个人仇恨事实上关涉到村寨集体的利益，个人的冲突就容易上升到村寨的冲突。2010 年，桃源与高黄的械斗就是由个人冲突引发。

村寨械斗的第三个原因是传统上存在的大寨与小寨的强弱意识。桃源村与高黄村和高坪村同属一乡，且有同一条通村公路相连，高黄村在北，桃源村居中，高坪村在南。在桃源人的意识中，高黄和高坪这两个超级大寨总是表现得过于强势，而自己则是受欺负的一方。这种强弱关系虽说不上中规中矩的清晰案例，但它是一种长期相处的生活体验，是一种实实在在的集体意识，这种集体意识在遭遇某个偶然事件时便以村寨械斗作为宣泄形式，试图平衡大寨与小寨之间的强弱关系。桃源人强调自己人少但心齐，高黄和高坪人多但人心不齐，所以小寨照样敢和大寨打。大寨与小寨的强弱关系可以从历次的械斗来证明。周边的历次械斗高黄或高坪都是参与方，都是一个大寨和一个小寨的战斗，桃源与高坪、桃源与高黄、银里与高坪、高岗与高黄，莫不如此，而小寨与小寨则没有听说有械斗发生，相反，这些小寨之间都保持着友好的互访往来，两个大寨与近邻的小寨则很少或没有互访。另外，我们看到历次械斗都是大寨作为进攻方，而小寨作为防守方，充分说明了大寨仗着人多势众，更趋向主动进攻的强势心理。

一旦对方村寨攻来，整个村寨立即进入军事化状态。各自然寨的鼓楼鸣鼓，[①]所有成年男子拿起武器聚集到村寨的总萨坛，寨老们组织村民杀猪杀牛，鲜血抹在萨坛上，祭过总萨，所有参战男子喝血酒，齐吼三声，鸣放三枪，[②]出发打仗。所有 18—60 岁的男子都有战斗的义务，若有人不参加，待战斗结束后，人们回来立马杀了他的猪牛给全村人吃。男人上阵打仗，部分妇女则负责饭食，其他老幼妇孺则避入山林。战时所有费用，包括伙食、伤亡人员的医疗抚恤等由全村农户分摊，战死人员的未成年后代则归全村抚养。这些械斗规则表明侗族村寨是一个高度武化的团体。下一章笔者将介绍侗族村寨是一个拟制的血缘宗族，有集体的祖先

---

① 鼓楼的击鼓节奏分为两类，一是战时击鼓法，二是娱乐时击鼓法。娱乐时击鼓人不固定，但战时击鼓有专人负责，其他人严禁击鼓。
② 战时祭萨鸣放三枪，其他事项祭萨则是鸣放三声铁炮。

崇拜,因此村寨集体行为与真正的血缘宗族村寨颇多相似,易发械斗、械斗的原因、械斗的规则则是一个方面。①

(二) 桃源村的两次械斗

1988 年与高坪村因山林纠纷械斗。当年,桃源 7 个村民在与高坪交界的一片山坡植树,高坪人上来阻止,认为那是他们的山地。高坪人强行要其中一人到高坪寨谈判,谈判自然没有结果。当晚,3 个高坪村民摸进桃源寨,据说是来放火烧寨的,被桃源村民抓住,全村人聚在鼓楼将这 3 个高坪人打得半死放回。第二天高坪数百人携刀枪前来进攻,桃源村则出寨迎战,两村人马在两村交界处的山头对峙,幸而高坪村离县城不远且通公路,县里的领导和武警部队及时赶来才阻止了一场械斗。②

2010 年与高黄村因年轻人打架引发械斗。当年正月,高黄的 3 个男青年到桃源一朋友家喝酒,酒喝多了出来,桃源的男人们都聚在小学旁观看斗牛,不知怎么就与高黄人发生了冲突,这三个高黄人自然是吃了亏。他们回去后又叫来 10 多个人,又被桃源的罗汉们(男青年)打了。当时是白天,政府来的人(还有警察)也拦不住,"整个村都闹起来了,你不知道管哪个"。当天晚上,高黄十多人摸进寨子,将公路边一农户的电视机、摩托车、房子砸烂后逃走。第二天早上开始,桃源人将公路堵了,不准高黄的人和车过路,但没动手打人,在政府的动员下,中午开始放行。下午,高黄小学的校长路过,喝了酒说狂话:"你们村有什么本事,敢跟我们高黄打?我放火把你们的寨子烧了!"校长遂被桃源人痛打一顿。

傍晚,高黄又组织人来攻,将上寨的棚③都烧了。开始时,桃源人大部分还在坡上干活没有回家,一个在地里干活的桃源男人被打成重伤,十几个桃源男青年立即拿枪去阻击,随后鼓楼响鼓召集村民,又跟上来数百人。两村在坡上相互开枪,桃源有 100 多条枪,高黄的人枪更多,据说"放

---

① 有关宗族械斗的论述可参见[英]莫里斯. 弗里德曼著,刘晓春译:《中国东南的宗族组织》,上海人民出版社 2000 年版,第 132—139 页。

② 这类械斗若是发生在一些偏远村寨后果不堪设想。在从江县的相当部分村寨直到近年才通公路,即使有了简易公路,从县城出发到一些偏远村寨一天时间也难到达。在没有公路的时代,政府力量遥不可及,村寨械斗只有任其发展。这是自然生态所决定的社会生态。

③ 因为寨子距耕地太远,村民在耕地边搭建了一些小木房,供做农活时歇脚和临时住宿。

了几百枪"。幸而有警察赶来,在两村的阵地中间划了一条分界线,声称逾线者对方可开枪打死,双方都不敢贸然进攻。直到晚上 9 点,高黄人撤走。是役,高黄伤两人,由警车带往县城医治。桃源的男人们当晚在上寨集中吃饭,以便及时反应,各个进村路口派有人持枪守卫。

因为两村间熟人甚多,期间电话联系不断,互相通报对方的动向,战斗又似一场游戏。当得知高黄要再次来攻时,桃源村正式启动了久违的战争程序。第三天清早,上下两寨的鼓楼响起了密集的战争鼓点,所有成年男人携带武器聚集到位于上寨的总萨坛(连清朝时期的两门土炮也搬了出来),老幼妇孺则开始准备撤往山林,部分妇女开始埋锅造饭。在总萨坛,寨老们组织杀了一头猪,猪血抹在萨坛上,在总萨坛掌萨人的带领下集体祭过萨神,所有男人喝了血酒,齐吼三声,朝天放三枪,集体出发战斗。有寨老形容当时"乌云遮日,老鹰当空",颇有些悲壮的气氛。从萨坛出发约是早上八点,桃源人守住一处进村的隘口,只等高黄人来攻。高黄人出发时据说有几千人,但中途很多人退出队伍,到达桃源地界只剩下二三百人。因为桃源人已占据有利地形,高黄人不敢进攻,双方再次形成对峙。后来在大量的政府干部、公安、武警的干预下,双方不战而退。事后,县乡派工作组驻村一个星期,处理结果不得而知。桃源村受伤村民二万多元的医疗费及萨坛杀猪的钱由村委会支付了。

械斗的产生有生态、历史、文化原因,相对封闭的地理环境、复杂的人口构成、聚族而居、人口压力、人文不盛、尚武精神等是需要注意的因素。[1] 侗族的村寨械斗反映了村寨间地理上的封闭性(村寨之间的山川阻隔),也反映了村寨之间的社会封闭性(极少通婚和经济往来),同时,侗族村寨的聚居格局和紧密的社会网络为械斗动员提供了条件,更主要的是反映了侗族在动荡的历史过程中所形成的生存危机意识,村寨为求生存自保所形成的武化传统。

---

① 参见刘小京:《略析当代浙南宗族械斗》,《社会学研究》,1993 年第 5 期。

本章小结

从上述合款、吃相思、村寨械斗三方面看,侗族社会以村寨作为行动单位的特点十分突出。政治上联系以合款为代表形式,文化娱乐和情感友谊上以吃相思为代表形式,冲突上以村寨械斗为代表形式。这种以村寨为行动单位的现象发生在自给自足的小农经济基础之上,发生在非血缘宗族或不具共同宗教信仰村落之间,反映了侗族社会强大的凝聚力,这是他们在动荡社会中得以生存的依靠,也是社会动荡的发动力量。

那么三种关系之间又是什么关系呢? 一般来说,合款与吃相思和械斗没有必然联系。合款以事本主义原则建立村寨之间的联盟关系,就特定的事项达成专门的协议,可以超越村寨间情感好恶的影响,如桃源村与高坪、高黄存在"世仇",但这并不妨碍他们之间的多次联款。吃相思则完全受到情感好恶的影响,发生过械斗的村寨之间便不会有吃相思的关系。合款的事项完成后村寨关系也随之结束,吃相思形成了村寨间的世交关系,械斗则会形成村寨间的世仇关系。合款和械斗通常发生在地理上相连的村寨之间,吃相思则可跨越地理的分割,与遥远的村寨建立联系。

集体层面的关系好恶对个人层面的交往似乎没有影响,比如桃源与高坪、高黄之间没有吃相思关系,与高鱼村之间频繁开展吃相思活动,但事实上,村民私人之间的交往密度并不见有什么分别,甚至桃源与高坪和高黄有联姻关系,而与高鱼则根本没有联姻关系。有本民族学者揣测,吃相思习俗可能源自村寨之间的联姻关系,进而演化成村寨之间的联盟(合款)关系,[1]这种说法至少不符合当前的逻辑。确切说,应该是源于移民与祖寨之间的联系,是移民在社会竞争中炫耀性展示社会关系、表现自己生存实力的一种形式。

---

[1] 参见吴浩主编:《中国侗族村寨文化》,民族出版社 2004 年版,第 461—467 页。

第四章

移民与社会结构

侗族历史上存在频繁的迁徙,本章将分析移民如何融入村落社会体系获得村落庇护的问题。

第一节 │ 移民、房族与村落横向社会结构

侗族村寨是典型的移民村落,它的文化是多民族文化的融合体。但是这种移民村落的内部结构却是统一有序的,原因在于村落以拟制的血缘关系建构的村落宗族共同体。下面笔者将以四个村落的资料论证这种现象。

一、多民族融合的村落

(一) 族源多元与文化多元

桃源最早的定居者是苗家贾姓,由古州"嘎两"("古州"乃今榕江县,"嘎两"为苗语地名)沿都柳江而下,辗转到达桃源,发现老鹰岭古林下是一片奇石陡岩(今上寨寨址),隔冲又是一片平畴坝子,山冲间有泉水不息,正是建寨的好地方,遂定居于此。侗族是无文字的民族,他们善于以歌传史,至今传唱的侗族大歌中就有一首《桃源苗家祖先迁徙落

寨歌》①：

> 桃源祖先，来自遥远。原住"嘎两"，古州山间。动乱年代，苦莫堪言。日不得安，夜不得眠。贾姓原苗家，喜居高山巅。男留长发辫，女穿花裙边。官家压迫苦，逼粮又逼钱。农民大起义，喊叫杀连天。官兵大进剿，掳掠又强奸。死尸堆山臭，血染山野田。苗家各奔走，逃亡苦熬煎。下河到五堂，弄歹歇多年。七百山苗（现从江县谷坪乡一带）也住过，酸甜苦辣心相连。走遍山坡岭，翻山偶得见。巨石白皑皑，耸入彩云间。一片老野林，怪石满山巅。溶洞悬崖下，景色如天仙。定居在这里，劈山来造田。砍树来造屋，良宅好安眠。人勤地富饶，种粮又种棉。砌石安祖坛，立寨大繁衍。五谷丰收家家喜，宰猪祭祖乐天年。

随后到来的有侗家石姓、潘姓、吴姓、客家（汉族）欧家、林家，后迁来的其他姓氏除滚家（苗族）外，基本是汉族移民。姓氏逐渐增加，各主要姓氏各占村寨一角，聚族而居。《桃源各姓祖公落寨歌》曰：

> 迁来福地寨兴旺，落到祥址人安康。坐到龙王宝殿，荣华富贵万千。种稻谷满田，植杉满山间。种棉棉球白汪汪，织布布匹宽又长。猪牛羊满圈，鸡鸭鹅群满田边。松杉葱翠满山上，悬崖怪石好风光。公养得父辈，父辈养得寨众列位。父传子，子传孙，代代传，永安宁。发展人烟三百多，家家户户永安乐。男才女貌人品好，侗歌传得暖心窝。
>
> 腊伯落冲头，德岑落寨脚。鸠见落岩寨，固化落坟脚。汉家花亮落寨鞍间，潘姓落寨角落。岩多落天坝边，杂姓落岭上角。德麻落王领，安置可正确？固堂养得弄向弟，岑胖安宝养得新华哥。贾石潘欧

---

① 以下两首侗族大歌的汉语译词译者不详，摘自高坪乡侗研会编：《高黄、桃源、高坪旅游风情集（资料汇编）》，2000 年 5 月，打印稿。

弟兄人丁众，分居远去个山坡。一树同根枝万千，莫忘祖宗牢记着。①

早期的定居者中以侗族人口居多，再加上周边村寨也是以侗族为主，后迁来的各民族成员自然融合成了一个统一的民族——侗族。但是，在我们现在看来的这样一个原生态侗族村落，其间夹杂了很多其他民族的文化元素，尤其是最早的定居民族——苗族的文化血统。

桃源村过大年习俗是按苗族先落寨的习俗，每隔五年过一次大年。② 过大年前，每家事前要喂一头猪，不管大小，过大年时每家都要杀猪或牛，家家户户不能违反这一寨规，否则带来不吉利。建国前过大年，凡杀猪宰牛要生食，这是纪念苗家先祖古时在山上打猎，打得野猪在坡上要生吃。

民国年代逢年过节，男着苗装，女穿花裙，吹苗笙，跳苗舞，先敬祭苗祖宗，再敬祭侗家圣母"萨岁"这位至高无上的女神。桃源为什么逢年过节首先祭苗祖，正如弄歹侗寨每年十一月二十八日与苗家过苗年，是为了纪念苗家先祖最早落寨造化田园的大德。③

同样的情形出现在相邻的谷坪乡一带的苗族村落。明末清初，桃源村西北部的八店、摆酿、弄盆、观音山等苗寨因为天花流行，人口大量死亡或逃散，田园荒芜，后来周边的侗族陆续迁来居住。如今，"为铭记侗民的恩情，这一带的苗寨均建立侗族萨岁祭坛和鼓楼"，"大家均过苗、侗节日，侗歌苗舞同时登台表演"。④ 这种现象是一种普遍现象，因为当地的苗、侗文化有许多共同之处。

上述口述史明确说明了因为区域内人口的迁徙形成了村落社会族源

① 腊伯、德岑、鸠见、固化、花亮、潘姓、岩多、德麻、固堂、岑胖、安宝为各房族侗语称谓，弄向、新华为桃源的两个邻村。
② 即前四年的春节从简，第五年大操大办，村寨举行盛大的祭祀、娱乐活动。
③ 摘自高坪乡侗研会编：《高黄、桃源、高坪旅游风情集（资料汇编）》，2000 年 5 月，打印稿。
④ 《从江县志》，第 163 页。

多元、文化多元的现象。

(二) 姓氏与祖源

目前桃源村共 18 个姓氏,分别是贾、潘、石、吴、刘、王、廖、李、范、段、滚、肖、蒋、姚、孟、钟、黄、林。这 18 个姓氏组合成了 11 个家庭群体,村民称之为"房族"或"结拜兄弟",也就是它是一种拟制血缘关系。特别要注意的是,不同房族的相同姓氏通常没有同宗同源的血缘纽带关系,同一房族的同一个姓氏也可能不具有这种血缘关系。下面是 11 个房族的列表,每个房族中列第一位的姓氏是这个房族群体中最早落寨的姓氏,每个房族群体都有一个统一对外的姓氏称呼,即所谓外姓,每个房族都以本房族最早落寨的姓氏作为外姓。下表中,除有说明外,房族内部不能通婚,房族间的通婚则不受限制。姓氏后面括号中的数字代表此姓氏的户数,括号中的"?"表示数量不详,数量统计的不甚准确。所有姓氏的落寨时间都发生在建国前。

上寨:

房族 1:贾 a(4)、姚(4)、孟(1)、潘(1),共 10 户。(潘姓在民国二十几年从邻村高黄迁来;孟姓从邻村新平苗寨迁来)

房族 2:贾 b(?)、蒋(7)、刘(1)、范(2)、廖(5)、吴(?),共 26 户。(蒋姓自称从湖南武岗迁来,汉族,来时仅一人,打铁的,有 200 多年历史;刘姓迁来后改为贾姓,建国后又改回刘姓)

房族 3:贾 c(11)、石(1),共 12 户。

房族 4:石(?)、潘(1),户数不祥。(据称石姓来自黎平谭溪,经车江、九洞,再到桃源;潘在民国年间从高黄村迁来当保长)

房族 5:(不祥)

下寨:

房族 1:石 a(?)、石 b(?)、吴(8)、黄(6),共 38 户。(本村最大的房族。石 b 与上寨房族 4 石姓是血缘同族的关系,至今不通婚)

房族 2:潘 a(14)、潘 b(2)、潘 c(3)、李(4)、廖(1),共 24 户。(此处廖姓与上寨廖姓原本同一家族,原上寨廖姓有三房,来自今黎平县廖家湾,汉族,大约 100 年前因兄弟不和,一房迁往下寨,一房迁往现美潭村,三房兄弟从此断了往来;潘 c 为建国前后黎平一土匪逃隐到此,与本寨一寡妇结合的后代;潘 b 从邻村高黄迁来;潘 a 户数较多,分为两支,是否同宗已无可考)

房族 3:欧 a(9)、欧 b(13),共 22 户。(两支是否同宗无可考,据称来自江西,先祖为汉族;因为欧补变起义后怕遭株连,改为贾姓至今,本文便于区别,仍将之称欧姓,事实上,现在村里人仍将他们称作"欧家")

房族 4:滚(5)、段(10)、王(3),共 18 户。(滚家被村里人公认其先祖是苗家;王家为同胞三兄弟,从高黄村迁来,应该已超过 100 年历史,以客家[汉族]自居)

房族 5:贾(12),共 12 户。(与"房族 4"原为同一个房族,十多年前分裂为一个独立群体。房族 4 与房族 5 的不同姓氏间可通婚,据说当年结拜兄弟时定下了"既可做兄弟也可做亲戚"的规矩)

房族 6:贾(10)、肖(1)、林(2),共 13 户。(咸同年间欧补变事件后,林家 13 户逃走 12 户)

上表反映了桃源姓氏多,同宗同源的家族规模非常小的现实,说明它是一个典型的移民村落,也反映了历史上农民频繁迁徙的事实。

二、多民族融合的族群

桃源村的村落内部结构具有区域的代表性,说明当地的侗族是一个多民族的复合体,主要是苗、侗、汉的复合体。下面笔者将引用另外三个近邻村的文献例证这个问题。

1. 黎平县双江乡高岗村①

全村 359 户,1679 人,共两个村落,一个村落位于平坝,含 5 个自然寨,统称高岗寨;一个自然寨在高山,称岑秋寨,有 50 户人家。高岗寨侗族所属的家系,对外所称的姓氏是"吴",吴姓为最早定居

① 参见崔海洋:《人与稻田——贵州黎平高岗侗族传统生计研究》,云南出版集团、云南人民出版社 2009 年版。

者。到 20 世纪初,整个高岗村约 150 户,到建国前,迁入石、芳、汪、陈、梁、启、林等汉族和其他民族人口约 50 户,到 209 户。陈姓,来自黎平县中潮镇,铁匠,至今 7—8 代。芳姓,来自从江县洛香镇,石匠。石姓,来自从江县高坪乡桃源村,民国时期迁来,木桶匠。汪姓,来自黎平县灭洞。梁姓,来自从江贯洞镇,上世纪 50 年代作为供销社售货员定居于此。林姓,来自黎平县岩洞镇,迁来有 4—5 代,教书匠,改姓入族,现为吴姓。全寨分为 5 个房族。(原著第 36—41 页)

　　岑秋寨的苗族,人人会说侗话,与汉族和侗交流时称自己是侗族,与苗族交流时通用苗语,称自己是苗族。双江乡的岑和行政村的苗族也是如此。类似的现象,还见于湖南的通道、靖州两县的"花苗""草苗"。这里的苗族同样对外称自己是侗族,对内称自己是苗族。同一家庭的成员,有人身份证上标识为侗族,有人标识为苗族。由此看来,苗、侗两种文化的互渗,并结成稳定的社群,在湘桂边界是一种普遍存在的社会事实。将相关的人群,定义为苗侗两种文化的复合体,有充分的事实根据(原著第 386—387 页)。在这一地区的居民,在血缘和文化渊源上兼具侗族和苗族两系传统。(原著第 379 页)

　　在这个案例中,作者没有深究作为主姓的吴姓是否同祖源和是否同一时期迁来,无法了解吴姓内部是否具有亲缘关系,但存在诸多杂姓的情况与桃源村相似。作者指出高岗寨的文化兼具苗侗两系传统也与桃源村相似,本身是这一区域苗侗两个民族"大杂居,小聚居"的结果,局部性的民族融合和族属转换是一个持续性的过程。

2. 从江县高坪乡高鱼村[①]

　　这个村为一个自然寨。高鱼村社区的来历应该是多源的,最后发展为"一体"的。这个多源可理解为多次人员迁入、多民族迁入,它

---

① 参见姚丽娟、石开忠:《侗族地区的社会变迁》,中央民族大学出版社 2005 年版,第 163—166 页。

既有侗族,也有苗族、汉族,当社区形成后仍是这样。高鱼寨共有五个家族:兜务、兜大、兜得、兜冈和兜金堂,都使用"吴"作为自己的汉姓。在传说中都说是由五个兄弟发展成五个家族,实际上并不是五个具有血缘关系的亲兄弟,而是拟制的兄弟,这样以便于同心协力,共同对外,同时采用汉族姓氏吴姓,使人们对他们的认同确信无疑。

有诸多姓氏较晚近迁入。石姓两户,加入兜务家族,一户从恋里迁来,已定居5代,一户从桃源迁来。贾姓一户,从桃源迁来,已定居5代,加入兜得家族。杨姓一户,从新华迁来,已居5代,加入兜得家族。伍姓一户,从黎平县双江乡迁来,加入兜得家族。彭姓一户,从外地迁来,已定居3代,加入兜金堂家族。孟姓一户,苗族,从邻村的新平迁来,加入兜金堂家族。蒋姓一户,汉族,已定居5代,加入兜大家族。黄姓一户,汉族,加入兜大家族。后迁来的住户挂靠某兜居住三年,由介绍来的人担保,如没有发生什么大事则可改"姓"入兜,成为某兜中的一户。时至今日,各兜户数多寡不一,兜务36户,兜大29户,兜得32户,兜冈24户,兜金堂29户。

高鱼寨与桃源村在族源、血缘、籍源构成上完全是一个模式。高岗寨和高鱼寨与桃源村不同的是,他们有全寨统一的"外姓",而桃源村有多个外姓,这可能与村寨规模的大小有关。古时的号称是"百五高岗""五十高鱼""三百桃源",所以高岗和高鱼直到现在也只分为5个房族,而桃源有11个房族。规模小的村寨应该更容易达成统一的外姓。

3. 从江县往洞乡增冲村①

全村288户,1271人,分两个自然寨(增冲寨263户,小增冲寨25户)。全村共25个姓氏。分别是:石姓177户、杨姓21户、王姓3户、唐姓3户、陆姓3户、高姓7户、梁姓8户、刘姓1户、雷姓8户、吴姓12户、陈姓2户、关姓4户、罗姓1户、兰姓1户、黄姓5户、潘

---

① 参见姚丽娟、石开忠:《侗族地区的社会变迁》,中央民族大学出版社2005年版,第278—285页。

姓 6 户、丁姓 1 户、韦姓 3 户、莫姓 5 户、贺姓 9 户、贾姓 1 户、谢姓 1户、欧姓 2 户、徐姓 1 户、姜姓 1 户。小增冲寨 25 户全为石姓。

增冲以石姓为主,石姓又分为"头贡""三十""三公""头朝"四大家族,其他杂姓分别依附到石姓四个家族中,具体如下:

头贡:石、杨、陈、丁、唐、潘、韦、梁、罗、吴。

三十:石、杨、雷、吴、兰、黄、莫、贺。

三公:石、杨、王、高、刘、陆、潘。

头朝:石、关、贺、贾、谢、王、潘、吴。①

在此案例中,头贡、三十、三公、头朝依次落居,籍源和族源不一。头贡从庆云方向迁来,祖籍可追溯到陕西、"黎平谭溪";三十籍源不祥;三公祖籍江西吉安,后至"湖南谭溪",明末清初随军镇压榕江苗族造反而来。头朝先祖是苗族,原居托苗大山。杨姓来自秋里、陇里一带。雷姓来源不祥。其他杂姓都是民国时期增冲建区时,张国阳从黎平带来的一些小商贩。②

三、移民村落的结构特点

上述四村可以说是侗族村落的典型代表(读者可依此比照更多的侗族村落),它们表现出来的一些特点具有高度的一致性。主要特点有:

第一,侗族村落是典型的移民村落,没有占主导性的姓氏家族。

尽管相当一部分村落有一两个占人口多数的姓氏,但并不代表这些同姓就同宗同源。从他们自己的表述中,较大的姓氏内部通常会出现落寨的时间不同,籍源和迁徙的路线不同,也有民族族属的不同。因为有这三个不同,这些有主导姓氏的村落都不是通常意义上的宗族村落,而且显然的是,频繁的迁徙会削减血缘宗族的规模,也无法保证同姓的移民大量集中在同一个村寨,那么为什么会有一个姓氏占绝对优势的村落呢? 这

① 在原作中,三十、三公、头朝中没有石姓,应该是漏记,本文加上了"石"姓。另原作中四大房族中也漏记了欧姓、徐姓、姜姓。

② 如此多的杂姓都是民国时期迁来的说法应该很不可靠。

里有多方面的原因。

首先要排除一个姓氏在一个村落繁衍成村的可能性或普遍性。在当地的自然和社会环境下,同一家族繁衍到上百户甚至数百户的可能性极小。穷山恶水的大山区以及低下的生产力水平养活不了太多人,人口增加必然产生食物危机,所以侗族有限制家庭人口发展的传统,在过去主要是限制男性人口发展,且不准过继和入赘,在一夫一妻制下,人口繁衍能够得以限制。① 侗族人口的大幅增长基本上是建国后,尤其是农村土地家庭承包制之后的事,之前的人口增加应该主要受机械增长——不断地向大山区移民的影响。同时,因为人口的自然增长需要时间,这就受到频繁的天灾人祸的制约,战乱、瘟疫和灾荒会一次次造成村落人口的逃散、死亡和绝户,导致人口锐减。桃源村已是一个很好的例证。咸同年间因战乱人口锐减一次,民国末期因苛税导致人口大量外逃,建国后的三年自然灾害时期人口又锐减一次。所以我们看到,村里同宗同源的家族规模都非常小,说明人口自然繁衍扩张的能力有限。《黎平府志》记载,“下江厅瘟疫盛行,入者无不疟也”。相邻的新平苗寨,1948 年发生霍乱,全寨360 人染病,70 人死亡。秋,往洞大寨霍乱流行,死 306 人,死绝 16户。② 1948 年的霍乱让新平寨村民逃散大半,目前这个寨仍只 96 户 514人,为全乡人口最少的行政村。

排除了人口自然增长的因素为什么还有少数姓氏占人口优势的情况呢? 这是因为有“外姓”和“内姓”及“改姓入族”的传统。在侗族村寨,非常强调先落寨者和后落寨者的身份意识,先落寨者在村里占据主导性地位。“改姓入族”是侗族社会的一个普遍现象,③后落寨者加入先落寨者的房族,改用先落寨者的姓氏,这样的目的是表示对先来者的归顺,加强

---

① 参见姚丽娟、石开忠:《侗族地区的社会变迁》,中央民族大学出版社 2005 年版,第 303—308页。另可参见诸多对高鱼村的研究,这个村号称“中国计划生育第一村”,就是因为他们将古老的人口控制传统保持得比较好。

② 参见《从江县志》第 13 页,第 654—664 页。

③ 这里我们不考虑众多“隐匿者”的改姓现象,如桃源村的原欧姓为免受欧补变的牵连改为贾姓,潘姓的祖辈是外来的土匪,谁又知道他是否真姓潘呢? 还有本村民国年间携公款逃走的保长吴某,在异姓他乡他还敢姓吴吗? 在一个不稳定的社会,“隐匿者”和“逃亡者”必然是移民群体中的一部分。

群体的认同。越是早期，"改性入族"的规定应该越是严格，因此有了一个村寨的不同民族、不同祖籍、不同迁徙时间和路线的早期定居者的姓氏非常集中的现象，如高鱼村的吴姓、高岗村的吴姓和增冲村的石姓。越到晚近，"改性入族"的规则越松弛，因此我们看到村落中的众多杂姓都是晚近的移民，改姓的现象不多，桃源村的刘姓改姓后甚至又改回了原姓。另一种可能是，早期的移民并没有汉姓，后来受汉文化的影响给自己的村寨"安置"了一个汉姓。再之后的麻烦就是汉文化要求同姓不婚，解决这个问题的办法就是所谓的"九十九公款"规定"破姓开亲"。① 侗族所谓的"破姓开亲"的说法不过是汉侗文化冲突的结果，实质上没有"破姓"的问题，因为他们所谓的同姓主要是"改姓入族"或取汉姓过于集中造成的，不同"房族"的同姓甚至同一"房族"的同姓之间根本谈不上血亲渊源，如桃源村的贾姓、潘姓等。

　　"外姓"和"内姓"的规则让人产生同姓的错觉。同一房族群体他们对外都有一个统一的外姓，也就是这一群体中最早落寨者的姓氏，初来乍到的人听了会以为他们都是同姓，而且侗家人有把一个寨子看作一个宗族群体的观念，不同的家庭群体被他们也称作"房族"。比如说，桃源人说他们全村有 11 个"房族"（侗语称作"斗"或"兜"），实质上这个"房族"根本没有汉语上的意义，因为所谓的"房族"之间连起码的姓氏都不一样。这里并不是说侗家人汉语水平低，不了解"房族"的汉语意义，而是他们借用汉语房族一词来强调一种拟制的血缘关系，给人一种全村寨统属一个宗族的感觉，拉近家庭与家庭、房族与房族之间的情感距离。因为有这种有意把一个寨子看作一体的意识，所以他们对外界不愿讲述内部的差别。② 比如说，在当笔者问及桃源的各个一房族的同姓是否同宗同源的问题时，在调研的前期村民都不愿跟笔者谈这个问题，直到调研的后期也没几个人愿告诉笔者实情，因为他们担心说出来会影响群体的团结。所以，当笔者看了一些有关侗族研究的资料后，明显会感觉到一些作者在这个问题上不明就里，没有理解村落内部的姓氏结构的内涵，中了被研究者

① "九十九公款"是南部侗族非常盛行的说法，相传清乾隆年间，九十九个侗寨的寨老在古州（今榕江）约款，开始同姓结婚，也就是侗族意义上的"房族"之间的同姓可结婚，便于村内通婚。

② 在调研中，时时会感受到村里人对"外来者"的防范意识，事事守口如瓶，遮遮掩掩。

的"圈套"。①

第二，聚姓成"族"、聚"族"成"宗"的拟制血缘结构。

侗家村寨的各姓祖先来源五花八门，没有血缘关系的各方移民却形成了一个高度统一的社会共同体，其方式是以拟制的血缘关系将各方移民安置在原有的社会结构之中。前面我们已经讲到，侗家人把一个村寨看作一个宗族共同体，因而把村寨内部的各个家庭群体称作"房族"，一个"房族"有一个统一的"外姓"，不论这些"外姓"是否相同，或相同的"外姓"是否有血缘的渊源（事实上，同外姓的"房族"通常都没有血缘渊源），都成了这个拟制的"宗族"的一个房支。因为"房族"的数量不多，一般三五个，各"房族"的"外姓"可能相同，这样，一个村寨就有了一个统一的"外姓"，更像是一个真正的宗族。如高鱼寨、高岗寨、增冲寨都是如此。因此，侗族的"寨"都是一个拟制的宗族共同体。这是村寨社会结构的第一层拟制血缘关系。

因为不断有零散的移民迁入，移民都以"歃血为盟"的形式加入某一个家庭群体，早期的移民可能需要改姓才能加入，后期的移民通常不再需要改姓，但对外界必须以加入群体的先来者的姓氏相称，因此有了"外姓""内姓"的分别。这些由不同籍源的移民组成的家庭群体被称作"房族"，也被称作"结拜兄弟"。群体内部主要以"兄弟"或"结拜兄弟"相称；对外或外人对之通常以"房族"相称。在侗族村落，单姓不成"族"，每个"房族"都有几个姓氏是普遍现象。单姓不成族反映了三个问题。一是充分反映的村落移民式的人口扩张。二是单姓（同宗同源的家族）的人口规模达不到"族"的规模。侗族的"房族"不仅是一个精神认同单位，而且是一个实用功能很强的有着强制性约定的互助团体。它的规模通常在 10 多户至50 户的规模，太小的规模互助的力量不够，太大的规模则互助的力量过剩，也成为家庭互助交换的负担，因而过小的群体需要并入另一个群体，过大的群体就需要分裂。比如桃源村下寨的"房族 4"和"房族 5"目前已处于事实上的分裂关系，因为原有的"房族"规模偏大了。有关"房族"的

① 一些出自本村本寨的侗族作者讲述自己出生的村落时也认识不清，很容易误导他人。可参见吴浩主编：《中国侗族村寨文化》，民族出版社 2004 年版。

结合机制本文后面还将更详细的论述。"房族"世代延续,非常稳定,现有的"房族"缔结时间都已无法追忆,说明单姓的人口繁衍很难达到一个独立成"族"的规模。三是侗族村落不容许后来的移民独立成"族",仅有一户或几户的姓氏不能自成一体,①游离于村落原有的社会结构之外,保证村落"宗族"共同体的统一性得以世代延续。"房族"是村寨的第二层拟制血缘关系。

有了上述两层拟制血缘关系,由零散的移民组成的村落就成了一个关系紧密的社会共同体。地缘性村落转化成了拟制的血缘性宗族村落,这是侗族村落区别于其他地方的杂姓村落的地方。这种拟制的宗族村落与血缘宗族村落在行为方式上十分相似,比如集体(社区)的祖先崇拜、村寨之间易发械斗等,最大的不同之处是它是一个内部通婚群体。

第三个特点是聚居模式。

侗族村落是高度聚居的,几个房族聚为一自然寨,几个自然寨聚为一村。那么侗族为什么没有采取一个房族一个山头或一个自然寨一个山头的居住格局呢? 这里我们把它解释为安全的需要,他们需要以集体的力量对付外界的侵扰,同样需要以集体的力量对付内部的分离因素,而这种集体力量的获得最直接的方式便是聚居。地理空间的紧密联系和拟制血缘拉近社会距离都是达成集体力量的措施。

第四个特点是多民族融合,这里不再赘述。

第二节 │ 祖先崇拜、落寨先后与纵向社会结构

侗族没有形成专一的宗教信仰,民间宗教以原始宗教为主,自然崇拜极为普遍。在侗族所信仰的各种神灵中,其中以"萨"②为大,"萨"被视为侗族的女始祖、女英雄,具有至高无上的权威,是保寨安民之神,所以新村

---

① 参见吴浩主编:《中国侗族村寨文化》,民族出版社 2004 年版,第 455 页。
② 侗家人对祖母的称谓为"萨"。

建寨必先安萨坛。^① 前文已描述了侗族村落社会是由移民组合而成的拟制血缘宗族,萨则是这个宗族的虚拟祖先,因此萨信仰与真正的血缘宗族的祖先崇拜并无实质区别。

对于人类学者来说,神灵信仰和仪式构成了文化的基本特质,也构成了社会形貌的象征展示方式。马林诺夫斯基是较早从主位观看待巫术、神灵信仰和仪式等宗教现象的人,他认为理性的进化论对原始宗教的评论,无非是出于它没有进入到行为者的真实世界去了解生活,而所谓"反科学"的巫术行为满足一定社会人的需要,所以自有它们的功能。布朗从社会学的角度,主张仪式行为是社会秩序的展演,对社会结构的构筑有不可缺少的作用。特纳结合格拉克曼和范·盖内普的理论,主张宗教仪式行为是社会通过对自身的反省建构人文关系的手段。列维-斯特劳斯论说了神话与仪式的表演如何可以成为我们深入人类心灵,体察人类文化深层结构的途径。格尔兹说,宗教是一种"文化体系",是本土社会用以解释人生与社会的概念框架与词汇。^② 萨崇拜作为村落(宗族)社区的集体信仰具有两方面功能,一方面是强化社区的凝聚力。信仰是一种文化族群的内凝聚力,分散性信仰的内凝聚力就肯定不如"主神信仰"所表现的内凝聚力那么强,^③侗族形成了萨崇拜的主体信仰,也是这个族群社会凝聚力的一种反映。另一方面是固化社会的权力结构和等级秩序。祠堂(萨坛)中举行的祖先崇拜仪式基本是集体行为的方式,社区的权力和地位之结构以仪式的方式表达出来。在宗族的所有层面,亲属体系所要求的裂变单位在仪式过程中得以表达和强化。在祠堂表演的仪式中,人们是不平等的,这种不平等与社会地位的不平等是一致的。^④

---

① 参见杨筑慧编:《侗族风俗志》,中央民族大学出版社 2006 年版,第 136—145 页。另:桃源人称萨坛为"社堂",本文为方便读者阅读,采用了各种文献中较为常用的"萨坛"这一称谓。
② 参见王铭铭:《神灵、象征与仪式:民间宗教的文化解释》,收录于王铭铭、潘忠党主编:《象征与社会——中国民间文化的探讨》,天津人民出版社 1997 年版,第 89—90 页。
③ 参见吴秋林:《众神之域——贵州当代民族民间信仰文化调查与研究》,民族出版社 2007 年版,第 304 页。
④ 参见[英]莫里斯.弗里德曼著,刘晓春译:《中国东南的宗族组织》,上海人民出版社 2000 年版,第 114 页。

一、共同体象征——萨坛

（一）有关"萨"的背景介绍

关于"萨"之来历，较为流行的传说是：相传达魔娘娘[①]是古州（今榕江县）黎平府人，嫁与孟获为妻。三国时，蜀国军师诸葛亮出征"南蛮"（征服少数民族），蛮兵首领孟获率部抵抗，后孟获降蜀，但其妻达魔娘娘勇敢善战，不为所屈，率部属继续坚持反抗斗争。后因寡不敌众，节节败退，部属大部分伤亡，只剩下 11 位女郎跟随达魔娘娘与敌人对抗。在一次战役中，他们被敌人包围在山谷，与敌人厮杀，11 位女郎皆阵亡，唯有达魔娘娘武艺超群，杀出重围，但敌兵随后追击，达魔娘娘因走投无路，战马陷入烂泥田，不能动弹，被敌人乱箭射死，至此斗争最终失败。侗族人民敬佩她这种坚持战斗的精神，立达魔娘娘庙，以资纪念。[②]

关于"萨"和祭祀"萨"的象征物（本文称"萨坛"）的称谓，各地五花八门；萨坛的设立地点和外观样式、祭祀的时间和祈求的事项、仪式的安排和萨坛的管理等都有所差异。[③] 作为一种全民族的信仰，这种差别在历史的演变过程中是可以理解的，但它作为侗民族各村寨之"社稷神"的地位这一信仰内核并不因之不同。

（二）"萨"坛的设立与功能

桃源村现有三座萨坛，称之"一总两副"。总萨坛位于上寨寨内一石板路旁，为一块面积约半平方米，厚约十厘米的水泥板，水泥板平放在地上，板上有一排用碎瓷片嵌成的"一九九六年十月"的字样，周围全是人畜粪便和垃圾。上下两寨各设一萨坛，分别位于两寨寨中。上寨萨坛为一个直径约三米，高约 0.8 米的圆土堆，土堆四围用石块砌边，土堆上面长着一株遒劲的野葡萄，藤蔓攀附在坛边的一棵古树上，坛边同样是乱石垃

---

① "萨"的一种称谓之一。
② 参见《中国少数民族社会历史调查资料丛刊》修订编辑委员会广西壮族自治区编辑组：《广西侗族社会历史调查》，民族出版社 2009 年版，第 128—129 页。
③ 参见杨筑慧编：《侗族风俗志》，中央民族大学出版社 2006 年版，第 139—145 页。

圾。此坛建于何时已不可知,此种样式为周边村寨最为常见之。下寨萨坛在"破四旧"时被毁,20世纪80年代中期重建,为一座小木房,约1.5米见方,高约2米,位于巷道边,坛边有几个平方的空地,四周都是住宅。这些我们看到的萨坛的地上部分,在建坛时在坛下会埋有"银头"、①女装等供萨使用的生活用品。总萨坛为"一九九六年十月"重建,地下的葬品在坛附近,但具体位置已不确切。由此我们已经明白,萨坛其实就是村民给自己的传说的祖母"萨"建造的坟墓,其最常见的样式(如上寨之萨坛),与现实中当地的坟墓样式完全一样。

上寨萨坛   下寨萨坛

桃源人告诉笔者,萨坛就好比汉人的"庙""土地庙""祠堂",那是供奉侗家人祖先的地方。供奉祖先是为了祈求祖先的护佑,祭萨的作用就是保境安民。农民有哪些事需要祭萨呢? 一般来说,逢年过节和村寨的集体活动都要祭萨,这与我们家庭祭祖是一个道理。笔者见或听了这样一些祭萨的事项和诉求。大年初一要祭祀,祈求新年风调雨顺,人畜平安;村民集体出去"吃相思"要祭祀,祈求村民一路平安;寨子集体买斗牛回来要祭祀,因为大水牛是凶悍之物,可能给寨子带来灾祸;②出去斗牛前要

---

① 用银片等饰物包裹的一个老杉树兜,象征"萨"的尸体。

② 斗牛是凶吉难测的动物,买牛时要请有经验的人给牛"面相",村民担心买牛会给寨子带来灾祸。20世纪80年代,下寨买回一头斗牛,之后一个多月里下寨死了11个人,有人归罪于牛,在牛的草料里藏了铁钉,这头牛斗输后村民把牛杀了才发现胃里的钉子。所以在(转下页)

祭祀,祈求本寨的牛能斗赢,牛不要崴了腿,斗牛时别伤了人;斗牛回寨又要祭祀,感谢祖宗保佑此次斗牛平安无事;与邻村械斗出发前要祭祀,祈求战斗打赢,平安归来。

(三) 祭祀仪式

在介绍祭祀仪式过程之前,我们先需要简单把仪式的参与人员分类。参加祭祀人员分为三类,笔者将之分别称为掌萨者、①辅祭者、参祭者。掌萨者一人,最早落寨的房族(姓氏)的代表;辅祭者数人,较早落寨的几个的房族(姓氏)代表;参祭者人数不定,前类人员之外的参与村民。根据不同的祭祀事项,参与祭祀的三类人员会不同。所有祭萨活动,掌萨者都要参与,因为他是祭祀的主持人。大年初一的祭萨活动,辅祭者要全部参与,通常没有参祭者;"吃相思"、斗牛等娱乐活动祭祀,通常只有部分辅祭者参加,参加活动的众人都是参祭者;战争祭祀,全村所有成年男子都要参加。掌萨者和辅祭者的人员是固定的和世袭的,通常是相关房族的年老男子,如果某人因故不能参加祭祀活动或者年老退出这一行列,由他的儿子或房族的其他晚辈顶替。

仪式的过程较为简单,一般历时不超过半个小时。过程主要有如下步骤:众人前往萨坛,若是娱乐活动祭萨则寨子里的芦笙队也要到萨坛且一路鞭炮齐鸣;掌萨者和辅祭者准备祭祀用的酒菜和香烛;掌萨者小声向萨汇报祈求事项,持香烛祭拜,将一杯酒洒在坛前,与汉族人祭祖扫墓的做法完全

斗牛前的祭萨

(接上页)2011年寨子再次发起买牛时,有村民就以此为由反对买牛,斗牛买回来后寨子也制定了严格的防护措施。

① 掌萨者是一个在世间守护萨神的侍灵者,这是一个世袭性质的职位,大概是与萨神有特定关系的后人。参见吴秋林:《众神之域——贵州当代民族民间信仰文化调查与研究》,民族出版社2007年版,第331页。

一样；之后，掌萨者会将事先准备的一壶茶倒入一个杯子，自己先喝一口，然后是辅萨者依次喝一口，最后是所有在场的参萨者都要喝一小口。[①] 如果是战争祭祀，则要在总萨坛杀一头猪或牛，每人喝一口鲜血吃一块生肉。斗牛祭祀还要请鬼师到萨坛做法。喝茶完毕，鸣三声铁炮，仪式结束，队伍出发去"吃相思"、斗牛或战斗。若是新年祭祀，掌萨者和辅萨者要在祭祀之后在萨坛边的空地上摆上酒菜，喝酒聊天，各个家庭听到炮响之后才能开始新年的第一餐。

二、萨坛与村、自然寨的关系

一般来讲，侗家人建寨必先建萨坛，如果真如此，桃源村两个自然寨怎么会有三个萨坛呢？村民对"一总两副"三个萨坛是这样解释的，总萨坛管全村，两个副坛分别管一个自然寨。在具体的管辖事项上，村民又说，总坛管战争，副坛管娱乐。这样说是因为，战争和娱乐是最具代表性的集体事项而不是说总坛和副坛分别管理的全部事项。对外战争是以村为单位进行的活动全村人在总坛祭祀，娱乐等其他活动是以自然寨为单位进行的所有各自然寨在副坛祭祀。那么为什么总坛设在上寨呢？是因为上寨先于下寨建寨（因此村民也把上寨称为"老寨"，下寨称为"新寨"）。由此又有关于上下两个副坛的关系的说法，他们说上下两个副坛就好比一家人，上寨是"公"，下寨是"母"，确切的意思表达应该是，上寨副坛埋葬的"丈夫"，下寨副坛埋葬的是"妻子"，上下两寨是一种婚姻关系，这样就符合上下两寨作为对偶婚姻集团的现实。因为上寨建寨在先，所以由上寨人管理总坛，且上寨被称为"公"的、老寨，反映的是上寨的地位高于下寨。村民也认为，一般来说，上寨的地位要高于下寨，比如说新斗牛堂仪式上上寨的斗牛必须作为领头者走在下寨的前面。

有意思的是，在村民公认的三个萨坛之外，还有村民提到了第四个萨

[①] 笔者的房东几次提醒笔者说，如果笔者在现场，若是村民把茶杯递给笔者，笔者就一定也要喝茶，但没告诉笔者为什么笔者也要喝茶。事实上笔者每次都喝了茶，甚至有一次在场的村民都喝过后，有人问大家是否都喝过了，有人提醒说"罗老师还没喝"，于是他们把茶杯递给笔者，让笔者喝了茶，但是当时在场的还有路过围观的几个旅游者，村民却没要他们喝茶。

坛,他们给笔者指认的是一块位于一处屋檐下的石头,直径约 30 厘米。像这样的石头寨子里到处都是,就像位于上寨的总坛一样,没有附近村民指认,谁都不会知道它是一处萨坛(当然萨坛的外形并不影响它的神性)。这个所谓的萨坛只有每年大年初一一位滚姓老人在此祭祀,在村里的知名度显然不高,多数人不甚清楚。为什么还有村民认可这里也是一处萨坛呢,肯定是有一定缘由的。现有的下寨居住分布格局,主要分成南北两片,分别位于一道浅冲的两边坡上,北边坡上有 100 余户,南边坡 70 多户,现在下寨的副坛和鼓楼都位于北坡,下寨较早落寨的几个房族也都位于北坡。但是至少是在建国以前,村民主要住南坡,一致的说法是过去曾经是南坡 120 户北坡 40 户这样一个格局,后来因为南坡死人太多,村民认为南坡风水不好,逐渐迁往北坡居住。村民所说的第四萨坛位正是位于南坡寨内,由此笔者揣测它可能有了很长的历史,只是到后来村民又在北坡建立了现在的副坛才变得没落。

再一种可能,即使下寨副坛从来就是建在北坡,南坡也有设立一个萨坛的可能,根据建寨必建萨坛的原则,也就是说南坡村民一直都有独成一寨的愿望。下寨村民在讲述他们的内部关系时经常提到这一点。为什么南北坡的住户一直存在分立建寨的争议呢? 这里我们从自然寨的规模来分析。通常来讲,侗族的村落是一个战斗和自治的共同体,而村落内部的各自然寨则主要是娱乐活动的团体。作为战斗团体,自然是越大越好,且各自然寨在地理和亲缘上紧密相连,所以村落作为一个共同体是不可分割和质疑的。我们可以从桃源村的百年历史佐证这一点。在上下两寨交界处立有两块"村规民约"碑,一块立于民国十九年(1930 年),一块立于咸丰元年(1851 年),前一块碑的落款是"首人"和上下两寨的 8 个人名,后一块碑的落款是"桃源寨"和上下两寨的 6 个人名,由此反映了"桃源寨"在建国前的百年历史中一直是一个整体自治单位。

在村落统一的前提下,自然寨是可以根据实际需要分设的。自然寨的合作内容最多最频繁的是娱乐,集体性的娱乐都是以自然寨为单位进行,如果规模过大,则成为负担或合作困难。最典型的是"吃相思"活动,如果一个寨子有 200 户,另一个寨子只有 100 户,这样就会造成到对方寨子做客时人数的严重不对等,小寨会吃亏,所以一个寨子如果规模过大,其他寨子就不愿与之来往。这样,事实上就形成了各个村的规模虽然差别很大,但其中的自然寨规模差别却不大,一般在百户左右。相邻的高黄寨有 600 多户分为 6 个自然寨,高坪寨有 500 户分为 3 个自然寨,而桃源下寨已经达到 170 户规模,所以一直存在分寨的动议。只待时机成熟,比如南坡出现一个有号召力的人物,那么南坡独立为一个自然寨就完全可能,到时,现在这个"若隐若现"的第四萨坛也就名正言顺了。

由此我们已经明了,侗族萨坛的设立和祭祀是根据现实集体行动单位的划分而设立的。对外战争(械斗)必须以村落整体作为行动单位,所以设立一个总坛作为村落共同体的象征,供全村人在战时祭祀。娱乐等活动以自然寨为单位,所以又在各自然寨分设副萨坛,专供开展自然寨的集体活动时祭祀。当自然寨的规模过大时就有了分立的必要,分立出来的自然寨又会设立专属自己的副萨坛。无论是总萨坛的设立还是副萨坛的设立都遵循建寨(包括自然寨)必建萨坛的原则。

三、祖先崇拜与社会分层

涂尔干把宗教当成本质上是社会的现象。宗教感情发源于群体生活,它遵循信仰和仪式——至少部分地——将反映群体制度和社会角色的道路。集体崇拜把人们聚集在共同的信仰中,增强了布道人之目的的一致性和意义。宗教的功能之一是作为社会关系向超验王国的投射,世间秩序似乎是神圣秩序复制的主体。宗教产生于社会又以循环的方式使社会永存,它是现存秩序的主要支柱,是维护现状的一个堡垒和社会系统的一项稳定性因素。[①] "萨"信仰作为村落一种主导性宗教,必然体现了村落社会结构的特点,下面我们围绕"萨"的祭祀权的获得分析村落社会的等级结构。

(一) 祭祀权的获得

上文已经说到,享有祭祀权的掌萨者和辅祭者都是较早落寨的姓氏

---

① 参见[美]罗伯特·F·墨菲著,王卓君、吕迺基译:《文化与社会人类学引论》,商务印书馆 2004 年版,第 231—233 页,第 259 页。

(房族)的代表,通常来讲,掌萨者是最早落寨的姓氏。掌萨者一人,辅萨者数人,名额固定分配在各姓氏(房族)中,世袭继承。总坛由上寨石姓为掌萨者,辅萨者则是上下两寨副坛的掌萨者和辅萨者,这些辅萨者只在战时参与总坛的祭祀,其他时候只有石姓家族的一两个老人在此祭祀。上寨副坛由贾姓一房族的代表作为掌萨者,另有辅萨者四人。下寨副坛由潘姓房族的一老者为掌萨者,另有辅萨者十一人,来自五个房族,包括欧姓、潘姓和三个贾姓房族,各有二至三个代表。这些掌萨者和辅萨者的落寨的先后实际上已无可考,但他们肯定是较早落寨的姓氏,且目前的人口规模较大,而那些公认的晚近落寨的姓氏或人口很少的姓氏无一进入这一行列。按照落寨的先后,村落总体上大致分出了先落寨者和后落寨者两个群体,先落寨者群体享有祭祀权,后落寨者没有祭祀权。因为落寨的先后只是一个大致的印象,随着时间弥久和不断地后来移民,后落寨者在经历较长的历史后,它的后落寨者的身份也可能转化成先落寨者身份,进入享有祭祀权的行列。也就是说,祭祀权并非永恒不变的,可以退出,也可以失去。

根据建寨必建萨坛的原则,早期的定居者掌管了萨坛的祭祀,后来的定居者必须认同先来者的信仰才会被接受为村落成员,信仰认同的实质也是对先落寨者享有祭祀权的认同。萨之神力的效果无疑与祭祀是否到位相关,掌管祭祀的先落寨者身系村寨之安危,他们享有特权的同时,也承担相应的责任。祭祀特权是世袭传承的,而责任的担当依赖的却是个人的现实能力,如果无力担当责任则可能导致世袭特权的丧失,有能力者又会从此获得祭祀的特权。下寨房族5的贾姓是较早落寨的房族,原本他们在下寨12个享有祭祀权的名额中占有一个世袭名额,有贾家人甚至说以前他们是掌萨者的地位,但不知什么时候退出了12人名单,他们的名额被下寨房族6的贾姓取代(这支贾姓由此占了12人名额中的3席)。为什么会退出呢?下寨房族5的贾姓人说了两方面的原因,一是"管萨坛很麻烦",二是"管不好人家会说你",另有非本房族的村民给出了第三方面的原因,"贾家没有出'人才'"。对于这三种解释我们可以这样理解:"管萨坛"是个公益事务,会耽搁自己的私事,不仅要组织祭祀,在寨子的公益活动中都要起带头作用,因此"管萨坛"的人(房族)不仅要热心公益,还要在公益活动中具有影响力；因为"管萨坛"关系到寨子的祸福，"管萨坛"的人（房族）如果在寨子里没有较高的社会地位，遇到灾祸别人就敢归罪于你；房族5的贾家在寨子里没有有影响力的人物，房族地位已今非昔比，所以他们无意再参与组织祭祀。

从上面的例子我们已经看出，祭祀权的获得不仅要有较长的居住时间，更关键的是房族在村寨的社会地位。上寨石姓获得总萨坛的祭祀权再次说明这一点。据说桃源村最早的落寨者是上寨的杨姓，因此原是杨姓掌管总萨坛，后来杨姓绝户，总萨坛的管理权到了上寨石姓房族手中。在上寨，石姓的落寨时间肯定晚于贾姓，贾姓房族目前是上寨副坛的掌萨者，但是石姓房族里有建国前本村唯一的地主，也就是在1940年的"万古章程"碑中落款排第一位的"首人"，而1851年石碑上落款的6个村落代表中既没有杨姓也没有石姓，因此笔者断定石姓获得总坛的祭祀权应该在1855年之后到1940年之前的期间。因为石姓房族在村里具有压倒性的经济优势，我们也就不难理解为什么总萨坛的管理权落在了他们的房族。

（二）落寨先后与经济分层

当村民说"管萨坛"的都是先落寨的姓氏时，已经暗含了先落寨者享有较高的社会经济地位。先落寨者作为村寨的代表组织祭萨仪式，与他们在村落社会结构中的主导地位是相符的，这种主导地位表现在先落寨者作为一个群体对村落政治、经济、文化、精神信仰的全面控制。建国之后，后落寨者"通过一个阶级打倒另一个阶级"的革命方式，严重削弱了先落寨者的权威；改革开放以来，后落寨者所掌握的政治优势消失，先落寨者与后落寨者的传统等级秩序又有了一定程度的恢复。

对侗族社会以落寨先后形成的社会分层现象，其他研究者的调查也多有描述。如，"过去，九龙寨的5个家族是分区居住的（其依据是根据其社会地位和居住历史长短而定）。腊简和腊汉居住时间最长，社会地位最高，统领全寨，住寨子中间；腊降和宰门来到三龙的时间比较晚，社会地位较低，一个住寨头，一个居寨尾。腊降分管祭祀、礼仪等活动，宰门则主要承担守护寨门的任务。甲九来得更晚，则居住在河溪边，分管水利等"。① 也有将先落寨者称为"腊卡",后落寨者称为"腊更",介绍他们之间的依附关系。②

先落寨者的优势首先是经济上的优势。先落寨者占有耕地、山林、坟山等土地资源,后来者必须向先来者购买或租用这些资源。按村民的理解,后来者多半都是穷人,因为有钱有势的人不会"逃荒"。在这种情况下,必然形成先来者和后来者之间的经济差距。比如在桃源村下寨,最早落户的五个姓氏,他们围绕鼓楼而住,也就是住在寨子的中心,处于最安全的位置,后来者则只能住在寨子的外围。③ 在土改时,村里的地主和富农基本上出自先来者的行列,在总计一个地主和十个富农中,唯一一个属于后来者的富农是当过保长后被新政府制裁的"恶霸"王某。上寨的石家成为地主的时间并不久,在石家之前,村里的唯一地主是下寨的贾家,属于下寨五个最早落寨的姓氏之一。因为贾家仅有的一个女儿嫁给了石家,所以石家成了地主。④ 这两个曾经的地主家族在村落享有特殊的地位。

下寨的贾姓是石姓之前的地主,虽然贾姓地主早已绝后,但其所在的房族在婚姻上享有特权一直持续至今,即本村中除潘姓房族(最早的落寨者)外,其他房族的成员娶这族贾姓的姑娘婚礼时要送女方一头猪。以前经济条件都不好,通常都只是送几斤肉,而他们娶其他房族的姑娘也只是送几斤肉。这一规矩一直实行到 20 世纪 90 年代中期,贾家一个姑娘要嫁给王家老二时,贾家仍坚持要王家送一头猪。王家是村里的独家独姓,但王家老二是村里最早出去打工的青年,他虽有经济能力送猪,但他断然拒绝了这一不平等的要求,推掉了这门婚事。在此之后,贾家的这个规矩无疾而终,因为经济发展,家家娶亲都会送猪。现在人们对贾家特殊的身份认同仍然存在,只是这种认同行为变得较为隐秘,比如如果某家娶了贾

---

① 参见刘锋、龙耀宏主编:《侗族:贵州黎平县九龙村调查》,云南大学出版社 2004 年版,第 163 页。

② 参见石开忠:《侗族款组织及其变迁研究》,民族出版社 2009 年版,第 34—38 页。

③ 现在因为人口的扩张和拆建防火线,原有的居住格局发生了很大变化,先来者和后来者在新建住宅时混住在一起。

④ 贾家地主把唯一的女儿嫁给石家后,他的财产除给自己修建了一座豪华大墓外,都给了石家,由此也导致了贾家房族的不满,他们认为地主应该把财产留给本房族,在地主死后十多年后,贾家房族到独山(现在都匀市)告状,试图夺回财产,没有成功。

家的姑娘后遇到不幸的事情（比如没有生育），夫家会在夜里给贾家悄悄地送去一个猪头。

"东家""地主""富农""贫农"是中老年村民常提到的词汇，比如他们在讲到择偶时，都一致认为现在仍是坚持"穷跟穷，富跟富""门当户对"的原则，只是这里的穷富不是指目前的家庭经济状况，而是指家庭的历史背景，即地主富农的后代与地主富农的后代结婚，贫农的后代与贫农的后代结婚，所以村里的年轻人也告诉笔者，他们找对象并不很在意对方家里是否（现在）有钱。在鼓楼开会时，有寨老嚷着说，以后通知开会来迟了要罚款，会场就有年轻人对寨老这种自大的言论很不满，对笔者说："他以为他是谁呀，他又不是东家，有什么权力罚别人的款？"最令人吃惊的是，村民告诉笔者今年刚去世的 80 岁的林家老太太是全村妇女中最具威信的人，全村人的婚姻"在她手上拨来拨去"，她想谁和谁成就成，她想拆散哪一对就肯定会散。她的这种影响力得到了几个访谈者的承认，而她的威信源自高贵的血统，她是石姓地主的女儿，村民介绍她时会强调她是"东家的女儿"。从村民的言行中，笔者意识到在他们的意识形态里 60 多年前存在的社会等级观念依然没有破除。

从村民的描述中笔者了解到，土改前地主、富农、中农各阶层农户的经济规模大致相差十倍（以水田和稻谷的收入计算），巨大的贫富差距与各阶层之间的通婚鸿沟是完全可以理解的。不可理解的是，村民认可的贫富主要不是现实的贫富而是半个多世纪前的状况，由此笔者意识到经济的维度并不是社会分层的唯一尺度，附着在贫富判断上的还有某些其他价值观念，比如家庭（家族）的历史背景这样的先赋性条件，因为经济的贫富可以通过后天的努力改变，但在看重先赋性条件的社会中，社会地位受一时的贫富影响会小得多。

最能体现先来者经济优势的是他们的坟山。村落背靠的山坡都为先来者占为坟山，如下寨旁边的坟山从南到北依次划归早来的五个姓氏所有，其他姓氏的成员至今都不准在此安葬。① 他们在坟山上修建了密集

---

① 上寨的石姓近年刚在自家的坟山上立了一块碑，以强硬的语气宣称了对土地的占有，碑上撰文："石家墓地　上不准挖山　下不准挖土　民国年间祖父用银币买"。

的石墓,部分石墓在建国后被后落寨的"当权派"捣毁,现在留存下来的也还有上百座。这些石墓多用巨大的青石块围成,雕凿有气派的墓碑,部分围石和墓碑上雕龙刻凤,堪称奢华,最大的一座石墓为贾姓地主所有,村民甚至说它是"黔东南第一侗墓"。这些墓最早溯及清乾隆,多数建于咸同到民国时期。反观后落寨者的墓地,都是远离村落零散分布,多数是土丘墓没有围石,且只有少数立有简单的墓碑。绝大多数后落寨者在建国以前的祖坟已无处寻觅。

(三) 落寨先后与社会分层

《从江县志》记述有:最先落寨的群体侗语称作"腊邓"("邓"即"最初"之意),此后迁入或流入该地投靠"腊邓"的人群称为"腊榜"("榜"即"依靠"之意)。"腊榜"得到"腊邓"的容留并无偿接济口粮,送给土地,"腊榜"则履行各种义务,替"腊邓"守山看水,维修芦笙坪,打扫寨内清洁,献祭祀供品,每年送上几挑禾把以谢赠土之恩。若干代人后,至清代中叶,"腊邓"与"腊榜"关系逐渐恶化。"腊榜"生头胎孩子,要向"腊邓"交"腊榜"钱;起屋、建鼓楼不准高过"腊邓"寨子的;红白喜事规模不能比"腊邓"大,甚至不准"腊榜"使用长烟杆或引吭高歌。清末民初,开始出现"腊榜"凑钱还"人情债"现象,表示从此结束对"腊邓"的依附关系。民国时期,二者间的尊卑观念已经淡漠,解放后这种关系完全消失。[1]

这段记述表明先落寨群体与后落寨群体的等级依附关系和矛盾冲突,其根源在于对基本的生存资源——土地的争夺。如果后来者人数逐渐增多,则可能严重挤占先来者的土地资源,造成矛盾的激化;如果先来者失去土地和经济的优势,其社会地位自然会出现危机。社会的不稳定、村落人口的频繁迁进迁出维持了先落寨者的生存优势,如果村落社会是长期稳定的,则会逐渐淡化先来与后来的差异。建国后的国家土地政策

---

[1] 参见《从江县志》,第108页;同样的描述还可参见《侗族简史》,第33—34页。

使先来者彻底失去了经济优势，先来者和后来者的依附关系失去了经济内涵，但在社会文化领域仍然存在，或许这种存在说不上"尊卑观念"，却仍然是社会结构秩序的规则，这是社会变迁过程中"文化滞后"的普遍规律。

先来者以主人、老大自居，后来者必须对他们表示相应的尊重。在建国前，服饰也可以体现先来者与后来者的区别，下寨五个先来的姓氏穿长及脚踝的裤子，其他后来者的裤子只及小腿中间，类似我们现在的"七分裤"。有一种习俗表达了后来者寄人篱下的姿态。下寨欧姓和潘姓都是五个先落寨的姓氏之一，但欧姓晚于潘姓到来。欧姓在近一百多年的时间里一度是本村最有钱有势的家族：清咸同年间欧家出过一个称王一方的农民起义领袖欧补变；新中国成立以来，村里出去的仅有两个政府公务员出自欧家；村里目前最有权威的寨老和最富有的老板也出自欧家；欧家又是一个有20来户的大姓。即便如此，每年大年三十欧姓人家仍然保持着向潘家借筷子的传统，据说是因为当初落寨时穷得连吃饭的筷子也没有，是潘家接纳了他们。潘家是下寨最早的落寨者，他们世代掌管萨坛和鼓楼，2005年下寨集资新建鼓楼，鼓楼塔尖的木材用料按传统由潘家掌萨者的家庭捐献。

先落寨者掌管萨坛仅仅是他们作为村寨代表的行为之一，事实上，凡是村寨集体活动，都要有他们的代表作为活动的领头人。比如到其他寨子集体做客时（"吃相思"），做客的队伍进入别人的寨子时，走在最前面的是排着长条队形的小姑娘，而在队伍最前面的那个小姑娘必须出自五个先落寨的姓氏之一。当歌班进鼓楼唱歌时，也是排队进入，走在歌队最前面的人及进鼓楼后第一个落座的歌队队员也必然是五个先落寨的姓氏之一。寨子里的芦笙队演奏时，吹最大的那个芦笙的人也必须是这五个姓氏的成员。寨子之间进行斗牛活动时，寨子里的男人们拥着牛进入斗牛场时，走在队伍最前面，举着旗子的那个人也是这五个姓氏的成员之一。如果非这五个姓氏的成员要做领头人会是什么后果呢？村民说，那样"他们"会不高兴，会把"你"换下来；"你也不敢领头，会不吉利，头晕，今天不晕明天晕"。也就是说，先落寨者作为村寨公共活动的领导者具有"神圣"的合法性。

当然,笔者更相信"神圣"的合法性是人为的建构。在集体化时期及分田到户之后,先落寨者的经济优势已不复存在,但他们仍然具有人多势众的优势。下寨先落寨的五个姓氏无疑都是人口较多的姓氏,后落寨的姓氏多,但单个姓氏(家族)的人口规模小,单姓独户的也不少(有些后落寨者与先落寨者同姓同房族,但也不属于先落寨者的行列)。先落寨者具有明显的群体意识,这是因为他们同是萨坛的管理者,村寨集体活动的领导者,也因为历史上他们之间具有更多的联姻关系,在革命时代又成为主要的打击对象。群体意识加强了先来者人多势众的优势,这是他们恢复和维持传统社会地位的基础。因为人多势众,先来者掌握了村落的话语权。寨老是村落有影响力的一个群体,这个群体主要来自先落寨者姓氏。为什么会这样呢?因为寨老权威来自村民的认可,先落寨者在鼓楼议事时,讲话有人听,有人合,后落寨者讲话时,"这个也摇头,那个也摇头",长此以往,先来者成为人们认可的寨老,后来者则被排斥。同样,歌班的领头人——"罗汉头"和"姑娘头"也多半出自先来者群体,先来者的孩子得到更多的鼓励参与这些娱乐活动,他们唱得不好也有人夸,后来者的孩子唱得好却被忽视,因为舆论掌握在人多势众的先来者手中。现在村里的年轻人多数已不再热衷唱大歌、侗戏、吹芦笙这些传统娱乐,少数坚持的年轻人基本上都来自先落寨者家庭,他们在村落的集体活动中总是最活跃的群体。

第三节 | 鬼蛊信仰与文化分层

人们总是习惯采用好坏的二分法对世事进行划分,侗族的鬼神信仰也是如此。如果说"萨"是侗家人的"家鬼",是福祉,是好的,那么与之相对的还有另外一类人们避之不及的"野鬼",它是灾祸,是坏的,可称之"鬼蛊"。如果说先落寨者与"萨"具有更亲近的血统,那么后落寨者则更容易与鬼蛊扯上关系。

桃源人以巫蛊观念将全村划分为三种人,分属上、中、下三个层级,每个层级各为一个通婚圈。上层人（家庭）是没有鬼蛊的家庭，中层人（家庭）是"身上带鬼的""变婆"的家庭，下层人也是家里有鬼的，会施蛊毒的家庭。[①]

变婆是什么东西呢？笔者在互联网上搜索到如下解释。概念：又称"补变婆"。贵州境内土家族、苗族、侗族等少数民族传说中的一种妖魔。由来：按照民间传说，变婆大多是由死去的年轻女性变化而来。这种女性生前有着某些特征，例如瞳孔能发绿光、手骨残缺。死后三日或五日（另有七日之说），"揭棺破土而出，形体依然，颜色不类，心尚知觉，惟哑不言，呼叫有声，腥秽之气随风飘荡，闻臭欲呕，毛骨悚然"。危害：民间认为，变婆主要会造成两种危害：一、吃小孩；二、对成年人实施性侵害。[②]"变婆"是桃源村至今流行的一种鬼神信仰。在他们的描述中，变婆通常是女性，少数是男性，变婆有厉鬼附体，死后脱胎成狮子、老虎或老鹰等，遇到这些动物者全家死绝。变婆死后村里人夜间都不敢出门，他们的安葬方式也与常人不同，笔者在调研期间也遇到这样的案例，只是村民不愿给笔者明说，无法在这里将这种现象肯定地告诉读者。

"蛊"又是什么东西呢！方舟子做过研究，现将其文章摘录如下：

> 一个来自湘西的苗族老人在电视上讲述他多年以前得过一场怪病，肚子膨胀，乡医院治不好，怀疑被人下了蛊。于是找到巫师作法把蛊毒去了，又吃了苗药，才好了。这位巫师也在电视上表演了法术，据说是当地的非物质文化遗产。但是谁也没有见过有人下蛊，因为蛊是要偷偷地下才能起作用，被知道了就不灵了。也不会有人出来承认自己下蛊。所以一切只是传说。不过节目中有一个湘西民俗专家坚决相信有蛊，因为在上世纪50年代初他作为儿童团去抄地主婆的家，在床下搜出一个坛子，打开一看，里面养着蜈蚣、蝎子等毒虫，就是在养蛊。但是，有人在养蛊，不等于就能养成，不等于就会让

[①] 目前学术界对这一现象的描述和解释大多极为简略，让人不明所以。最有深度的成果可参见刘锋、龙耀宏主编：《侗族：贵州黎平县九龙村调查》，云南大学出版社2004年版，第178—183页，第572—576页。

[②] 有关文章亦可参见：变婆-百度百科；从江县志•变婆-陆曦-新浪博客。

人中蛊毒。其实从"蛊"字就可以看出,是器皿中放了虫子,繁体的"蛊"字本来有三条虫。在甲骨文中已有"蛊"字,画的是在器皿中养了两条虫。这说明养虫制蛊至少有三千年的历史了。《隋书·地理志(下)》最早详细地记载了制蛊的方法:在5月5日这一天,把大到蛇小到虱子的大大小小一百种虫子放在器皿中养着,让它们自相残杀,最后只剩一种活着,那就是蛊,蛇活着就叫蛇蛊,虱子活着就叫虱蛊。把蛊放到食物中让人吃了,蛊进入腹内,吞噬五脏。中蛊的人死了,产业就被蛊主占了。如果蛊主三年不用蛊杀他人,自己就会受害。后来的文献也都有类似的记载。养蛊主要是在南方各地山区流传,民间也有关于蛊的传说,衍生出了各种各样的名堂。有关下蛊的传说,其实仅仅是传说而已,有的更是荒诞不经。但是在乡村,却人人宁信其有,不敢疑其无。古代文人学士,对此也津津乐道,交口相传,野史笔记中喜欢写上那么一笔。古代医生也大抵相信蛊的存在,想出种种防蛊、治蛊的法子。中医典籍往往也会记载这种药方。例如孙思邈《千金方》就告诉人们对中蛊不可不信之,自己呼叫蛊主姓名就可命令他除去。不知道蛊主姓名怎么办呢?把败鼓皮烧作粉末喝了,自然就知道了。这其实是巫术。下蛊也是巫术。[①]

关于"蛊"的说法流传甚广,至今不衰。费孝通在参加中央访问团到贵州去工作时,有人提醒他,"千万不要吃苗家的东西,更要提防他们碰你的身体","因为苗家是会放蛊的,受了毒就回不来"。这种提醒现在仍在发生,笔者本人包括其他进入苗侗聚居区的调查者都曾碰到。[②]

鬼蛊的有无和形态是个十分复杂和隐晦的社会现象,多数人不愿谈及,总是环顾左右而言他,因为说出来是"违法的","要被罚几百斤肉几百斤酒";多数人也讲不清这个问题,因为太多的因素混杂在里面。从村民的描述中,后一种"鬼"比变婆更具危险性,因为变婆生前与常人无异,只是死后的化身极危险,所以是可以预防的,比如变婆死后人们夜里不出

---

① 参见方舟子:《真有蛊毒吗》,《中国青年报》,2011年8月17日,第11版。
② 参见费孝通:《兄弟民族在贵州》,生活·读书·新知三联书店出版社1951年版,第5页;刘锋、龙耀宏主编:《侗族:贵州黎平县九龙村调查》,云南大学出版社2004年版,第182页。

村，不到偏僻的地方去，也就碰不到变婆的化身；但是后一种"鬼"是不可预防的。村民给笔者讲"解放前"邻村有五家属"蛇鬼"，处处受到村民的提防，因为"蛇鬼"一生必会投毒一次，村民采吃了他们投过毒的野果后就会肚子痛，最后吐蛇而死。可能正是因为变婆的危险性相对较小，所以变婆的家庭较有蛊的家庭社会地位高。鬼蛊的家庭背景在村落中是世代遗传不可改变的，并且上层成员与中下层成员结婚，那么他们的后代就世代沦为中下层成员。

因为村民对笔者这个外来的调查者讲述这个问题时总是藏头露尾，且他们的汉语水平着实有限，笔者很难对这一现象作详细的描述，下面是一篇本民族的学者对自己出生村落存在的鬼蛊观念的描述，可以帮我们更好地理解这种现象。

    在村人的意识中，有一种说不清道不明的等级观念，即认为在村人之间，有些人家由于其父或其母是由蛇鬼或猪鬼投胎为人的，因此，在他们子女身上即附有蛇鬼或猪鬼之魂，村人在暗地里把这些人家谓之为"蛇种"或"猪种"，也称之为"下路人"，惧怕与这些人结亲。如若与这些人家结亲，便会把蛇鬼或猪鬼招进自己的家门来，从而家庭直至整个家族。说蛇鬼和猪鬼会惊吓祖先之灵，或吃掉祖先坟地里的尸骨。这种说法，无根无据，而且谁也不敢在公开场合点明谁家是"蛇鬼"或"猪鬼"。但在暗地里，大家都有所指，而且得到普遍的默认。害得这些人家的子女，常常男子难以娶亲，女子难以出嫁。村人传言，在夜深人静之时，在油灯的灯光之下，常可看到有蛇鬼、猪鬼的影子在这些家人的身后晃动。谁看见了，当时就会肚子痛，而且必须立即回家祭供，呼请蛇鬼、猪鬼来享用，才能解除绞痛。这些传言，给这些人家的名誉带来很大的损害。哪怕是长得很漂亮的姑娘，也因此很少有人敢于迎娶。有时，青年人要娶，也会受到家庭和家族的极力反对。在20世纪50年代以前，这种观念仍十分强烈。尽管被认为是属于"蛇鬼"或"猪鬼"的人家，曾经进行过多次的抗争，以企图洗清莫须有的"下路人"的污名，但仍然难以在村人的意识中除掉这种观念。有一次，村上一个青年在公共场合说，他曾在行歌坐夜时，看到某家姑娘的背后盘着一条蛇精，吓得他跌倒在地，肚子痛如刀绞。当这个姑娘的家人听到这话后，便到村寨的大鼓楼击鼓聚众，请求款首在村人面前为其女儿洗刷污名，并要求那个年轻人到他们家里去把所谓的"蛇精"找出来让全村人看，如若找不出来，便要在全村人面前用狗屎封住那个青年的嘴巴。那个年轻人当然不可能把"蛇精"找出来，这样，他便被姑娘的家人当全村人面塞了满嘴的狗屎。可是，此事过后，姑娘及姑娘的家人属于"蛇种"的令人寒心的那种不平等的看法，并没有在村人的意识中得到改变。

20世纪50年代后，这种意识虽然逐步地得到减弱，勇敢地与"下路人"（侗族称为"跌盘"）中的姑娘结婚的青年也逐渐地多了起来，但直到目前，在村人的意识中仍然没有扫除这种迷信而害人的观念，老人们对于"下路人"的偏见和歧视根深蒂固。[①]

侗家这种层次的划分虽然是以说不清楚的未必灵验的鬼蛊有无作为标准，但分层的结果却与世俗的社会学意义上以经济地位、社会声望等作为主要标准的社会分层具有很强的重合性。村民比较一致的描述了三种人的世俗形象：上层的家庭不一定富有，但富人通常都属于上层，富人的家里极少会有鬼而属于中下层家庭；中层的家庭通常是比较穷的；而下层的家庭则是"穷的无钱无土"，通常也是小姓人家，是后来的定居者。居住时间短，家族势力小，与社会其他成员的关系差的人家往往被社会所排斥，认为"不干净"，被社会怀疑有"鬼蛊"。[②] 由此我们可以推断，鬼蛊的家庭并不是从来就有的，否则以侗家人对鬼蛊的畏惧，他们必定不会接纳一个有鬼的人落寨；鬼蛊的定位是村落社会强加给某些成员的，尤其会发生在一些弱势者身上。

一个家庭一旦与鬼蛊扯上关系，简直永世不得翻身。他们在村落生活中处处受到歧视、排挤和孤立；他们是村落的祸源，是村民指桑骂槐、冷言热讽的对象。上一层次的家庭不会与之通婚，他们只能同同一层次的

① 参见吴浩主编：《中国侗族村寨文化》，民族出版社2004年版，第178—179页。
② 参见曹端波：《中国西南少数民族的社会分层与层级婚》，《思想战线》，2008年第5期。

家庭通婚，或与村外不知他们底细的人通婚，要想彻底"洗"掉鬼蛊只有迁（嫁）往外地。[①] 目前桃源人仍然十分注重层级内婚的规则，寻找结亲对象时首先考虑的是对方"骨头硬不硬（也称'根骨'）"，也就是家庭背景好不好。长辈从小就向后辈灌输，哪个家庭属于哪个层级，哪些人可以跟自家结亲哪些又不可以。那些属有鬼蛊的家庭，大家心知肚明，但绝不敢告诉外人，否则就犯了村寨的大忌。

由此我们可以看出，在村落的社会分层中存在三个相互联系的维度：经济的贫富、落寨的先后、鬼蛊的有无。富有通常和先落寨相联系，贫穷通常和后落寨相联系；富有和先落寨是分层的优势，贫穷和后落寨是分层的劣势；优势与身世"干净"相联系，劣势与鬼蛊相联系。可依此看出村落的主要层级类型：①富有的——先落寨的——无鬼的；②贫穷的——先落寨的——无鬼的；③贫穷的——后落寨的——有鬼的。由此作出的类型划分实际是一种简单化的"理想型"，它尤其有助于我们理解村民的婚姻选择行为，第八章再作论述。

本章小结

历史上因为战乱、瘟疫、饥荒等因素造成了侗族所在区域人口的频繁迁徙，侗族村寨都是由各族移民组合而成，因此它的文化是多民族文化的融合体。各方而来的移民们以拟制关系构建了一个村落整体的宗族，以萨作为这个村落宗族的象征性祖先，地缘性的村落转化成了血缘性的宗族村落，有助于形成集体认同感，强化一致对外的力量。在这个宗族体内，以落寨的先后、经济的贫富、鬼蛊的有无划分了社会的等级，先定居的、富有的村民占据社会的上层，后定居的、贫穷的村民则处于社会的下层，甚至会沦入半人半鬼的层次。村落集体的祭祖仪式正是这种社会等

---

① 参见傅安辉、余达忠：《九寨民俗——一个侗族社区的文化变迁》，贵州人民出版社 1997 年版，第 100—104 页。

级的体现。萨信仰的目的在于祈求村落集体的平安，是侗家人的一种生存策略。掌握祭萨权的是先落寨者群体，由此我们可理解为是先落寨者掌握着村寨的福祉。落寨的先后关系到社会的等级地位，由此萨信仰也是维护社会结构的一种制度。

第五章

寨老与社会控制

在侗族社会存在大量的村寨集体行为,如村寨抗匪和械斗、互访、建鼓楼、买斗牛、集体祭祀等,这些集体行动经常要动员大量的人力物力,因此体现了侗族村寨强大的凝聚力,也正是这种凝聚力使侗族村寨在频繁的社会危机中能得以生存。那么,侗族村寨的集体行动或凝聚力是如何形成或维持的呢?本章拟从侗族村寨社会结构中的一个独特的群体——寨老的存在讨论这一社会现象。

第一节 | 个人与村寨的关系

一、集体行动与个人策略

首先我们对村寨的集体行动作一个粗略的分类:一是公共安全保护,二是公共生产生活设施建设,三是娱乐性工程建设和活动的开展。之所以划分三种类型,是因为不同的集体行动它的社会作用是不同的,有的集体行动是全寨受益,有的只有部分人受益,有的是生产建设性的活动,有的则是可有可无的纯娱乐性消耗性活动,因此对不同的集体行动,作为村民个体(农户)肯定有不同的参与意愿,如何让意见不同的数百个个体(农户)都参与到这些集体行动正是笔者所关心的问题。

公共安全的保护这类集体行动以抗击匪盗和械斗最为典型。这类行动都是突发性事件，没有事先的谋划，一旦发生就需要村民紧急动员，全员参与。以械斗来说，攻击的对象是对方寨子的所有人和物（比如纵火烧寨），如果对方攻过来，整个寨子都受到威胁，所以参与械斗是每个农户和男人义不容辞的责任和义务，械斗所发生的消耗和费用理应由全体住户分摊，而对无故不参加者全寨杀他猪牛来吃自然合情合理。在这类行动中，个体与集体的利益高度一致，因此个体的参与积极性高，更不会有反对者出现，可以说是无须动员的集体行动。

公共生产生活工程建设典型的是修路和老办公楼建设。近三年重修和新建通村公路各一条（拓宽乡政府至高黄的老公路，新建桃源至高鱼的公路），共占去村民承包地约三四十亩。政府投资修建公路自然是村民世代梦寐以求的好事，但是它要占用部分村民的承包地，全体村民受益的好事却只由部分村民负担其成本，这也造成了事实上的不公平。在人多地少的山区来说，耕地显得愈发珍贵，一块水田意味着一个人永久的口粮保障。这些耕地都是无偿占用的，既没有给被占地农户调补土地，也没有任何现金补偿，工程能够顺利推进在笔者看来简直有些不可思议。被占地农户虽有些抱怨，但没有人站出来坚持自己的权益，在他们看来，修路是全村人的福利，如果过于坚持自己的利益阻拦公路的建设，会使自己陷于十分不利的地位。上寨寨老贾补邓被占耕地最多，接近2亩，占去了他的总承包地的快一半，剩下的土地已不足口粮供应，因此他租种了其他打工村民的3亩耕地来保证自家的口粮，按传统的收获对半分的租率付租。老办公楼的建设则没有上述公平问题，20世纪90年代中期村里建了一栋村委会办公楼，每个农户捐一根杉木，集体出义务工建成。2010年，老办公楼废弃后，卖旧楼的款项则由全村农户平分。

最值得我们探讨的是娱乐性设施和活动的开展，典型事项有下寨新鼓楼的建设、买斗牛和吃相思。因为这些事项是纯娱乐性的活动且人力物力消耗巨大，对于整体上还相当贫困的山村来说，农户的参与意愿存在巨大的分歧，甚至遭到多数村民的反对。这些事项最终能得以实施充分反映了侗族村寨的社会动员机制及其暗含的社会控制传统，也是最能反映侗族村寨乃至整个侗族社会集体行动和社会凝聚力的一个方面,而我们所看到的这些集体行动和社会的凝聚力都因为侗族村寨的一个特殊群体——寨老群体,所以不理解这个特殊群体我们也就无法理解侗族村寨基本的社会结构和社会制度。

2005 年,下寨农户集资近二十万,每户出义务工近一个月,建成一座新鼓楼。尖塔状的新鼓楼有 17 层,高达 30 余米,是笔者所见到的众多鼓楼中高度仅次于县城鼓楼的一座。传统上,侗族地区极少多层鼓楼,现在多数村寨都建了多层鼓楼,基本上都是 20 世纪 90 年代以来新建的,尤其是近几年出现普及之势。这种新建多层鼓楼与主流话语所倡导的"传承民族传统文化","发展民俗旅游"有莫大的关系。在当代的有关侗族文化的介绍中,都把这种多层鼓楼说成是侗寨的标志实在是一种误导,因为十年二十年前基本上属于个别村寨的建筑显然不能说成是一个民族的标志性符号。传统上的侗族鼓楼其实不成为"楼",因为它是人们聚会议事娱乐的地方,"楼"无法承载聚会的人群,所以传统的鼓楼都是所谓的"一层鼓楼",也就是一个大型的"凉亭式"建筑,在这个"亭子"屋顶的横梁上安置一尊号令用的木头大鼓。一层鼓楼没有住宅木楼高,淹没在周围的民房中,没有显眼的外观自然不能说是标志性建筑。如果不以显眼的外观作为标志性建筑的标准,那么侗寨真正的标志性建筑是萨坛,萨坛可能只是一块普通的石头或土堆,但它身系寨子的安危,其神性不容置疑,相比之下鼓楼不过日常公共生活的实用物件,没有神性的光环,所以村民认为侗寨可以没有鼓楼但不能没有萨坛。鼓楼作为一个实用物件,一层鼓楼和多层鼓楼的实用性并没有差异,所以笔者说下寨的新鼓楼实在是一个"形象工程"。这种奢侈的形象工程对这个刚解决温饱的一百多户的寨子来说无疑是个沉重的负担,因此反对的声音很多,但是它依然建立了起来。

2011 年村寨买斗牛也是在一片反对声中进行的,尤其是下寨反对买牛的农户更多。如果说建新鼓楼还有一些实用价值,且作为不动产可以长期保有,那么斗牛则是纯娱乐用途的一次性消费品。下寨买牛花去近 6 万,上寨买牛花去近 2 万,如果再算上后期饲养员的工钱、建牛圈、斗牛堂、割草料等人力物力的投入,下寨的这头斗牛第一年的开支应该不少于

下寨新鼓楼　　　　　　　　　　上寨鼓楼

10 万，如果牛一旦斗输，它会被立马杀掉，每户分食牛肉，实在是一项奢侈的游戏。村民算了一笔账，下寨这头斗牛顶多也就杀得八九百斤牛肉，到时他们分得的牛肉每斤价值至少在八九十元，高出市场价格的六七倍，村民戏称他们将有"唐僧肉"吃。相比之下上寨买的斗牛比较接近肉牛的价格，牛即使斗输了被当作肉牛分食，直接的经济损失也不算大，因而反对的声音较弱。下寨买斗牛遭到村民的普遍反对，有说一半的农户反对，有说 80％的农户反对，据笔者的观察和访谈，说 80％的农户反对是可信的，因为在商议是否买牛和买什么价位的多次鼓楼会议时，到会的村民都不多，第一次到会人员较多，后来的几次会一般也就二三十人，尤其是当领头的寨老有意买高价位的牛时，寨老在广播中反复通知村民到鼓楼开会竟然无人到会，第二天再次通知开会时到会者也不超过二十人，村民用脚投票的方式表达了他们对买牛的态度。即使只有不到 20％的农户到会，也没有影响到少数人以"鼓楼议事"的方式决定买高价位的牛。

　　反对买牛的人并不只是普通村民，也包括一些家庭富裕，在村里很有影响的人物，只是极少会有反对者会到鼓楼表达自己的意见，而一旦在鼓楼有了决议每个农户都会服从。村民很形象地表达了这种鼓楼决议的权威性，他们说："只要是寨子里决定集资，没人敢不交，先天晚上做了决定，第二天早上你只要在村街上摆张桌子，村民都会主动来交钱。"而如果是村里要收钱，比如收合作医疗款，虽然一户不过几十元，村民则是拖拖拉拉几个月也难得收齐。事实也确实如此，上寨先天晚上决定每户集资

200元，第二天清早款项就已经收齐。笔者去新华村时，100户的寨子，每户500元集资款也是一早上就收齐，村民带着现金出去买牛。可以肯定的是，在做出决议的当晚很多村民会找亲戚朋友借钱，而那些外出打工的农户则委托了在村里的亲戚朋友帮忙准备了钱款。桃源下寨则是直接动用仍留在村民组长手中，尚未分配给各个农户的卖青山款项去买了牛，所以没有这样一个收取集资款的过程。

新鼓楼的建设和买斗牛在一片反对声中仍能完成充分反映了寨老的权威，少数寨老竟能调动全体村民的参与，表明侗族传统的以侗款为代表的乡村民主自治传统不过是现代学者不明就里构建的神话，其实质也不过是少数人的民主甚至是个人的独断统治，比如下寨建超豪华的新鼓楼和买高价位的斗牛就是本寨一个具有超强威信和家长式作风的寨老的意志。在笔者对寨老的关注中，也了解到寨老群体也会经常产生严重的意见分歧，部分寨老存在严重的道德危机和信任危机，因此笔者认为寨老也是一些有着自身利益追求的村民，现在的文献中一边倒地把寨老描绘成公正无私的民间自然领袖形象实在是过于片面和拔高。那么这些说不上"高尚"的寨老为何能得以存在，又为何能以并不"民主"的方式形成全寨性的行动决议，村民又为何要服从寨老的调动或者寨老是如何实现对村寨社会控制的呢？

上述问题我们可以在之后回答，这里要说的是，在集体公益的盛名之下（修路、建新鼓楼、买斗牛及吃相思都可看作是公益活动，至少是部分人的观点），反对者即使占多数的情况下也能得以开展。反对者以沉默（不参加鼓楼议事）表明自己的观点，却遵守绝对服从公益的底线，集体利益完全淹没了个人利益，比如修公路占用了部分村民的口粮田，那些常年在外打工的农户也照样摊钱出力买斗牛。当然，偶尔也会有村民以"非常"的方式表达对公益的否定，比如，下寨公然拒绝接待吃相思客人遭到"围刺隔离"的两个农户；在高黄村，反对买斗牛的村民与支持买斗牛的村民在一起喝酒时，反对者指责有些人贪占买牛款，结果打架打断了胳膊。

二、价值取向与社会认同

社会学倾向从多层面探讨群体行为和群体凝聚力的形成：一是从心理层面考察群体对个体成员的吸引力；二是从利益层面考察成员与群体、成员与成员之间是否能达成互惠交换；三是考察成员禀赋的一致性或互补性；四是考察群体领导权威；五是考察外部环境压力对群体的影响。[①] 社会交换理论认为，个体之所以加入某一群体，并遵从该群体的规范，是为了与群体中的其他成员进行情感或物质的交换，或者是通过实现群体目标来获得自己单独无法取得的更大利益。因此群体能否维持，群体凝聚力的强弱，就取决于成员之间的交换关系能否维持，或群体能否通过实现自己的目标满足其成员各方面的需要。[②] 西方经济学则认为，即使存在群体共同利益，除非一个集团中人数很少，或者除非存在强制或其他某些特殊手段，有理性的、寻求自我利益的个人不会采取行动实现他们共同的或集团的利益。[③] 问题的关键在于，在这类情况下（人数众多、没有强制或特殊手段）无法绕过"搭便车"的问题，每个理性算计的个人都试图以最小的成本获得最大的利益，最终导致集体行动阙如。

上述理论对我们分析桃源村的集体行动具有极大的启发。在理性人的假设下，即使存在群体共同利益集体行动尚难达成，而桃源村的集体行动在没有共同利益的情况下也能达成，因此我们可以断定在集体行动的背后肯定存在强制或某些特殊手段，比如说，下寨曾对两户公然宣称不接待吃相思客人实施"围刺隔离"的惩罚。集体行动在没有共同利益的情况下进行，我们以买斗牛为例，那些多年在外打工的家户根本就不会有机会看到牛和斗牛表演，但是这部分农户仍然会同样分摊买牛的成本，委托在村里的亲戚朋友代为供给草料，他们的行为如果不仅仅是为了避免惩罚，那还有什么目的？从社会交换理论来看，他们参与这些集体行动"保留"

---

① 参见郑杭生主编：《社会学概论新修》，中国人民大学出版社 1994 年版，第 196—197 页。

② 同上书，第 192 页。

③ 参见［美］曼瑟尔·奥尔森著，陈郁、郭宇峰、李崇新译：《集体行动的逻辑》，上海三联书店、上海人民出版社 1995 年版，第 2 页。

群体成员的身份应该能从群体中获得某些回报作为交换。在沿海经济发达村落,村民通过保留村籍获得集体经济的丰厚分红,如李培林笔下的"羊城村"。[①] 格尔兹在"深层的游戏:关于巴厘岛斗鸡的记述"中认为,从功利主义立场出发,那些参与赌注过高的赌博游戏的人是完全无理性的,在深层阶段,更为重要的已经不是物质性获取,而是名望、荣誉、尊敬、敬重等"地位象征"。[②] 那么对于桃源这样贫困山村的外出打工家户来说,他们"保留"村籍又能得到什么回报呢? 沿着这些问题可以将分析引向深入。

我们对侗族村寨集体行动和社会凝聚力的分析,也具有族群——区域类型比较的意义,探索侗族人特有的行动逻辑或行为哲学。一直以来,学者们对"中国"农村社会组织和合作能力的评价很低:马克思说中国农民是"一袋马铃薯";梁漱溟说中国农民很散漫,他们必须"从分散往合作里走,以合作团体利用外部技术";[③]毛泽东则号召农民组织起来;曹锦清基于黄河边的农村调查得出中国农民"历来善分不善和"的论断;[④]贺雪峰称江汉平原的农村已经"原子化"。唯一能为中国农民挽回一点面子的似乎只有赣南及王铭铭笔下的闽南等宗族性村庄,因为这些村庄还能建立起高大的宗祠,重修族谱,进行集体迎神、祭祀等活动。社会学家涂尔干认为在现代化的过程中,社会整合发生了从"机械团结"向"有机团结"的转变,这是对社会结构变迁的总体概括。现代社会流动的增加无疑会让这种状况雪上加霜,涂尔干说:"一旦他可以频繁地外出远行……他的视线就会从身边的各种事务之间转移开来。他所关注的生活中心已经不局限在生他养他的地方了,他对他的邻里也失去了兴趣,这些人在他的生活中只占了很小的比重。"[⑤]侗族村寨的集体行动既没有血缘宗族资源作为凭借,也没有受到人口流动的影响,却能表现出强大的集体行动能力,

---

① 参见李培林:《村落的终结——羊城村的故事》,商务印书馆 2004 年版。
② 参见[美]格尔兹著,纳日碧力戈等译:《文化的解释》,上海人民出版社 1999 年版。
③ 参见梁漱溟:《梁漱溟全集》第二卷,山东人民出版社 1990 年版,第 303 页。
④ 参见曹锦清:《黄河边的中国——一个学者对乡村社会的观察与思考》,上海文艺出版社 2000 年版,第 166 页。
⑤ 参见[法]埃米尔·涂尔干著,渠敬东译:《社会分工论》,生活·读书·新知三联书店 2000 年版,第 257 页。

因而完全可以将之作为一种特殊的村落类型研究。

中国的农民之所以"善分不善和"与其公私观念有莫大关系。费孝通说："中国乡下佬最大的毛病是'私'，一说是公家的，差不多就是说大家可以占一点便宜的意思，有权利而没有义务了。"①"私"的背后是农民的理性算计，波普金在《理性农民》一书中提出，农民所关心的并不是社区的共同生计与共同利益，他们的注意力更多放在个人或家户的私人福利之上。农民的行为，基本的考虑在于能否为家庭和个人获得最大可能的利益。在乡土社会中，农民较为支持对私人有好处的事业，对集体的福利毫不关心，因为前者是个人利益的保障，而后者仅是对他人有好处。② 费孝通以"差序格局"作为农民公私行动的指南，显然桃源村的情形不符，不管怎样看，在农户的差序格局的图表上，村寨都是一个较高层次的"公"的单位，但却没有农户敢占这个"公家"的便宜，而农户之间甚至是亲戚朋友之间，以及农户对国家——信用社拖欠抵赖债务都是一种普遍现象。因此，桃源的村落类型更接近斯科特的"道义社区"观念。在《农民的道义经济》一书中，斯科特认为，在农民社会中，存在一种道德规范的架构，它产生于农民的生态、技术和社会环境。由于环境限制农村经济的发展，农业成为一种生计经济，农民成为对外部危机和社区安全至为关注的人群。由于农业资源的限制，农民社区不得已过于注重社区利益。因此，农村的社会制度设计是为了贫穷的村民、集体生计的延续，而忽略个人的利益。这并不是说乡民是一群追求和平相处的人，在乡民群体中，矛盾通常非常激烈，人际关系中"争"的关系也很平常。然而，在矛盾和斗争中表现出来的，更多的是对社会不平等的抵抗和对平权社会模式的向往。③

就桃源村这类"道义社区"来说，它是一种分中有合的社会结构模式。说它"分"是基于一家一户的小农经济现实，在个人与村寨整体的社会结构层次之间，是以个人为中心的差序格局网络；说它"合"是因为在村寨这个结构层级具有强大的合力，个体的差异被忽视，村落社会成为一个统一体。甚至在村寨之上也能表现出很大的合力，比如村寨之间的斗牛约款

---

① 参见费孝通：《乡土中国/生育制度》，北京大学出版社 1998 年版，第 24 页。
② 参见王铭铭：《溪村家族——社区史、仪式与地方政治》，贵州人民出版社 2004 年版，第 72 页。
③ 同上。

和吃相思。这与其他地方的农村，除了存在某些特殊条件外（如宗族村落，经济发达村落），村民与村落之间、村落与村落之间除了现代的行政隶属关系外一盘散沙的印象大相径庭。

第二节 | 寨老

集体行动与村寨共同体表现的是个人与集体（社会）的关系，寨老则是其中的媒介。集体行动体现了村民对村寨共同体的认同，而寨老是这些集体行动的组织者和领导者，是村寨共同体的人格化象征，因此村寨的集体行动正是寨老权威的体现。寨老属于典型的"民间权威"，与"体制权威"相对。关于社会的权威类型，还有几组概念：费孝通的"横暴的权力、同意的权力、教化的权力"、韦伯的"神异权威、传统权威、科层权威"、皇权——绅权、民间精英与体制精英等。寨老的权威类型大致接近同意的权力、传统权威、绅权这些概念范畴。

民间权威在任何社会、任何时代都存在，其影响力的大小与特定的社会结构、文化传统及体制权威的发展有莫大关系。早在 20 世纪初，韦伯就提出传统中国"有限官僚制"的观点："事实上，正式的皇权统辖只实施于都市地区和次都市地区。因为在这些地区，它不用面对在这些地区以外所遭到的顽固的氏族血缘纽带的对抗，在与商人和工匠的行会打交道时，它可以有效地发挥作用。出了城墙之外，统辖权威的有效性便大大地减弱，乃至消失。因为除了势力强大的氏族本身以外，皇权的统辖还遭遇到村落有组织的自治体的对抗。"[1]温铁军把传统乡村权威体制概括为：国权不下县，县下惟宗族，宗族皆自治，自治靠伦理，伦理造乡绅。说明在传统乡村社会，族权或绅权享有较大的作用空间。随着近代保甲制的推进，尤其是建国后建立的全面国家体制，政府近乎垄断了一切社会资源，传统的民间权威退出了村落的公共生活。全面国家体制结束后，乡村的

---

① 参见［德］马克斯·韦伯著，洪天富译：《儒教与道教》，江苏人民出版社 1997 年版，第 110 页。

自主空间有所扩展,在有些宗族文化发达的乡村,族权有所回升;在一些个体私营经济较发达的村落,则会产生一些经营大户类的经济精英;除此之外的村落,民间权威只能是一些诸如大社员之类的细小琐碎的村庄精英,①体制精英——村组干部通常在村落公共生活中占有绝对的优势。

一、寨老制度的历史

寨老制度在侗族社会有悠久的历史,或许从远古的原始拓荒者时期就已存在。侗族历史上的合款制度与寨老制度近乎是合二为一的,因为通常情况下只有寨老才有资格代表本村寨参与议款,也只有寨老有能力执行款约。② 清人李宗坊在《黔记》中有描述:“用一木竿长数丈,空其中,以悬干顶,名长鼓。凡有不平之事,即登楼击之,各寨相闻,俱带长镖利刃,齐至楼下,听寨长判之。有事之家,备牛待之;如无事击鼓及有事击鼓不到者,罚牛一头,以充公用。”③这里所说的“寨长”应该就是当时的寨老称谓。下面是桃源村三个时代的寨老名单:

清朝“桃源寨”(1851 年):

林银传、潘华儿、潘良才、贾老四、吴才干、贾老退

民国“首人”(1930 年):

石成龙、石绍贤、石和金、石绍祥、贾明辉、王化武、欧补团、贾明儒

现在“寨老”(2010 年):

下寨:欧康健、贾康文、廖中华、潘补利、贾补干、黄补来、潘卜羊、贾补坤

上寨:蒋补化、贾补邓、滚补相、贾补平、贾补丙、贾补真

关于上述寨老名单需要详细的解读。

一、寨老制度的历史延续性。清朝和民国时期的名单分别出自现仍

---

① 参见贺雪峰:《新乡土中国——转型期乡村社会调查笔记》,广西师范大学出版社 2003 年版,第 14—17 页。

② 在某些特殊时期可能会有例外,比如桃源村的欧补变联合周边村寨反抗官府,欧补变应该不属寨老之列,因为他“不听寨老们劝阻”要反官抗粮。从年龄上看,欧补变应该也不属寨老,但因为他“武艺高强”,过于强悍,因而敢于称王一方,成为本村本地的一个超级权威。

③ 参见郭宇宽:《大山深处的民间社会——对黔东南侗乡自治传统和寨老制度的田野考察》,《南风窗》,2004 年 8 月上半期。

立于村中的两块碑文：清咸丰时的《永革义食》碑和民国时的《万古章程》碑。这两块碑是村落历史的见证，都是村落为公共事务之需要而立，落款的立碑者自然都是村里的头面人物，村民也一致认为这些立碑人就是当时的寨老。《永革义食》以"桃源寨　林银传　潘华儿　潘良才　贾老四　吴才干　贾老退"落款，没有表明立碑人的身份；《万古章程》以"首人　石成龙　石绍贤　石和金　石绍祥　贾明辉　王化武　欧补团　贾明儒"为落款直接表明了立碑人的身份是"首人"。寨老制度得以延续，尤其是在晚清以来，在国家政权建设不断深入基层的进程中，它实际上处于与国家体制并存的状态，说明寨老制度的社会基础还没有发生实质性的改变。

二、寨老制度的中断与恢复。在新中国成立之后至 1956 年开始合作化，这一时期仍然存在寨老；随着合作化进入高潮，再到后来的文革，寨老从村落公共生活中消失，甚至连"寨老"这样的称呼都不敢提。从当时的情形看，村寨的萨坛被毁，吃相思、斗牛、唱大歌这些集体活动都一度中止，没有这些公共活动，寨老的活动空间就失去了一半。再加上"干部多，什么事都有干部管"，农户和村寨的政治经济生活都纳入了国家体制权力的范畴，寨老则完全失去了权威空间。为什么现在寨老制度又得以恢复呢？村民说，土地家庭承包制实施后，干部少了，管的事也少了，一些传统的集体文化活动又开始恢复，干部是不会管这些民间的娱乐活动的，这样传统的寨老又应运而生。村民所述的理由应该是寨老制度恢复之初最表象的因素，根本原因还在于国家体制权力从基层社会控制领域的收缩，也就是所谓的"国权退，民权进"。

三、寨老的称呼变化。寨老称呼的变化反应了不同时代的政治意识形态变化。目前的"寨老"这一称谓传入桃源不过十几二十年的时间，之前当地并没有"寨老"一词。李宗坊的《黔记》中称"寨长"，民国时期称"首人"，在相邻的高岗村，甚至在 1984 年立的一块界碑中仍称"首人"。[①] 在上世纪 80 年代甚至 90 年代，"首人""寨老"是多少有些忌讳的称谓，因为

---

① 参见崔海洋：《人与稻田——贵州黎平高岗侗族传统生计研究》，云南出版集团公司、云南人民出版社 2009 年版，第 376 页。

这种称谓是侗族历史上村寨高度自治和合款制度的代名词,是对国家统治的威胁。随着寨老们重出江湖,当地政府在各村寨普遍建立了老人协会,意在淡化寨老的政治色彩,领头的寨老以"老人协会主任(主席)""寨老主任"称呼。当前来说,民间的寨老制度与官方的村民自治制度异曲同工,"寨老"称谓因而得以普及和统一,"老人协会主任(主席)""寨老主任"等称谓只有少数寨老和村干偶尔提及。

四、寨老的管辖权。现在的寨老是自然寨的民间权威,而不是村的民间权威,也就是说,本自然寨的寨老只管本自然寨的事务,绝不会直接干涉到其他自然寨的事务。当然,有的村只有一个自然寨,寨老也就是村的寨老。涉及全村的事则由各自然寨的寨老们共同处理,比如桃源与两村械斗则需要上下两个自然寨的寨老共同出面。为什么没有凌驾全村的寨老呢? 这与村民传统的自然寨意识和认同有关,这种认同又是以现实的两寨在经济和文化领域的分野为基础的。分田到户时,整个村域的耕地和山林以一条小溪为界一分为二,分给上下两寨,目前两寨共有的属于全村的财产只有村中心的一小片"风水林",其他土地山林或为农户所有或为自然寨所有,自然寨内部有公共财产(如山林、鼓楼、萨坛、乐器、斗牛),自然寨间则极少公共财产(目前笔者已知的也就那一小片"风水林"、两门"清朝时期的土炮"和总萨坛①)。缺少自然寨之间的公共财产,则无法想象会有凌驾于全村的寨老,因为寨老制度必须有相应的集体经济作基础,掌握一定的经济资源。各种文化活动以自然寨为单位也是全村性的权威无法产生的原因。前文我们已经说过,侗族的传统集体活动多以自然寨为单位,如斗牛、吃相思、祭祖等,鼓楼、祭萨、芦笙队,大歌歌班、房族等的设置和组合都限定在自然寨的范围内。跨自然寨的全村性的活动主要是对外战争和械斗以及制定《万古章程》这类村规民约,但这类活动毕竟不是常态,难得发生一次。自然寨在经济、文化上的分野必然要求各自然寨在政治上分而治之,在涉及全村利益时则"联合"处之。

五、寨老的传承。从三个时代的寨老姓氏中,我们可以看出,桃源村历史上不存在一以贯之的强族大姓,充分说明了历史上它就是一个杂姓

---

① 这里笔者没有把现代的、属于村委会掌握的公共财产包括在内,如村小学、消防设备等。

村,村落权力在众多姓氏间转换。这种转换反映了寨老作为自然领袖的属性,有能力者上,无能力者或家道中落者下。这种转换既受到个人的经济条件所决定,又受到社会大环境的影响。我们以三个时代排名首位的三个寨老为例来了解村落权力的历史脉络。咸丰年间的下寨林家是本村最大的地主,很显然的是,林家参与了以欧补变为首的叛乱,因为怕遭官府镇压,"林家十三户就有十二户逃迁黎(平)属竹坪居住,只余一户在桃源"。另有一种说法是当时林家地主欺压乡邻,遭到村民起哄驱逐,他的一个族人来接手了田产。无论是叛乱逃离还是遭村民驱逐,都说明了同一个问题,也就是林家地主和欧补变与官府对抗时,实际上"胁迫"了全村人与他们为伍,使所有人都陷入巨大的危险之中。继林家之后,下寨贾姓地主崛起,成为本村最有权势的人物。贾姓地主死后所建的豪华石墓及流传至今的娶贾家女子为妻要送整头猪的特权传统,说明了当时这家地主盛极一时。贾家地主遭遇三大不幸而迅速衰落:一是遭到土匪"叨羊"损失部分家产;二是最后一代英年早逝,只享有"春光二十八年",于"中华八年十一月"去世;三是没有男嗣。贾姓地主唯一的女儿带着家产嫁给了上寨石家,因此石家一跃成为本村唯一的地主,也就有了桃源排行第一的"首人"石成龙。共产党政权剥夺了石成龙的财产,他于 20 世纪 60 年代的去世。现任寨老中,72 岁的欧康健是当之无愧的首位寨老,他拥有两项无人能及的优势,一是退休的乡党委书记,二是全村最大的家族。欧康健有兄弟姐妹四人,他自己更是有六子一女,这个大家族包括了近二十个小家庭。欧康健的家族是本村人员最多,经济实力最强的家族。由此我们可以看出,寨老不仅是一种政治性身份,更关键的是一种经济性的身份,没有社会(家族)优势和经济优势则无法获得寨老地位,尤其是不能成为领头的寨老。

二、寨老的社会基础

改革开放以来,桃源村寨老制度的恢复,一方面说明了国家对基层社会控制的一定程度的开放,但这种政治大环境是全国性的,因此不能成为独特的寨老制度恢复的唯一原因。寨老制度的恢复另一方面说明这种制度的社会认同基础仍然存在,也就是说侗族社会的传统文化特点没有发生根本性的变迁。那么这种文化特点又是什么呢?侗族学者石开忠说,侗族文化的一个显著特点是"从众""从古""从老人",其中的关键是"从老人"。[①] 这种特点是历史上款组织及其规约塑造出的侗民族的社会心理和民族性格。侗族社会是一个由移民建构的社会,不断而来的落荒移民,为了能在一个地方安身立命,他只能采取明哲保身的从众策略融入一个村寨群体。又因为大山与外界隔离,这样的社会也必然是缺少创新和张扬个性的社会,因而也是一个"从古"的社会。老人作为传统的象征自然拥有较高的社会地位,寨老作为老人群体中的杰出代表则拥有最高社会地位。因此,在这样一个从众、从古、从老人的村寨社会,少数几个寨老能够控制整个村寨事务。

老人的社会地位可以从村落尊老敬老的风气中得以体现。一次,笔者在一农户家里聊天时,晚上十点多了,邻居的一个七八十岁的老太太竟然打着手电颤巍巍地过来串门聊天。2011 年春节,下寨的罗汉们请上寨的姑娘们在鼓楼对歌,笔者给了这群十多岁的女孩一袋糖果,原以为她们会一抢而光,没想到她们你推我推,然后由一个女孩把糖果送给了在场围观的一群老年人。在家庭生活中,老人都能得到较好的照顾。如果夫妻没有男嗣,那么年老之后就与侄子一起生活,由侄子养老送终。儿女都成家后,必有一个儿子与父母一起生活,不会有年老的父母单过的现象。家里来客人时,家里的老人不上桌,客人是不会贸然入席的。饭桌上,鸡鸭的头、心肝等部位是留给老人吃的;宴席上,敬酒要先敬老人,老人给年轻人敬酒年轻人不得推辞;年轻人不能先于老人下席,必须陪老人到宴席结束;如果老人酒喝多了则要有人负责搀扶回家。不尊敬老人的会受到社会的排斥,村民说,不孝敬父母的人大家都不会和他一起喝酒,因为他对父母都不好,对朋友也不会好到哪里去。与父母公然的争吵也是一种严重的道德过错,村民说,"谁敢和父母吵?今天晚上你吵了,明天早上你在街上一走,这个也在议论你们两个(夫妻),那个也在议论你们两个,你不成傻子了"。在家庭生活领域,年轻人不会顶撞老年人,在公共生

---

① 参见石开忠:《侗族款组织及其变迁研究》,民族出版社 2009 年版,第 220—223 页。

活领域也是如此。村民说，建新鼓楼和买斗牛实际上都是给老人们娱乐的东西。村干部说，鼓楼开会，寨老们说了算，在村委会办公室开会才是干部说了算。也就是说，不论在公私场合，年轻人都不敢与老年人公然对抗，不然会使自己在道义上陷入极不利的地位。

侗族社会老人及寨老享有较高的社会地位，实际是侗族文化变迁缓慢的表现，符合典型的"前塑文化"特征。美国人类学家玛格丽特·米德把全部人类文化传承划分为三种类型：前塑文化、同塑文化、后塑文化。前塑文化又称"老年文化"，主要特征是：(1)整个文化变迁十分缓慢，前辈的过去就是每个新生一代的未来。(2)所有文化的延续至少要靠三代人的生存，扩大家庭为主要的家庭类型。(3)前辈特别是祖父母一辈在家庭中有绝对的权威，他们的价值观、行为规范、礼仪准则和生产技能等均为后辈的楷模。(4)社会成员具有强烈的认同感，个体的全部行为中，习得的文化模式行为和具有内在一致性的行为占大多数，而创新的或有意识造就的行为占极少数。(5)缺乏疑问和自我意识，终身活动范围都很小，典型的前塑文化就是孤陋寡闻的原始文化。因而，这种文化基本上排除了变革的可能，也排除了年轻一辈与老一辈之间代沟产生的可能性。[①]

侗族社会属于前塑文化或社会变迁缓慢的原因有如下几个方面：一是经济发展缓慢，到目前为止农业还是一个自给自足的水平：种田吃饭、织布穿衣、植树建房。二是学校教育落后，村民对学校教育极不重视。到目前九年义务教育仍难普及，五年前小学教育也无法普及，而十年前则很少有女孩读完小学。也就是说，现在二十岁以上的妇女基本上都是文盲和半文盲，三十岁以上的男人绝大多数充其量也就是小学毕业的水平，这些人如果没有出去打过工，他们的汉语能力则很低。三是与外界的社会联系有限。桃源村民大规模外出打工始于 2000 年，这部分村民虽然人数规模不小，但还不足以动摇村落的传统文化模式，一是因为这部分村民的年龄整体上较轻，还没有进入村落社会生活的主流，二是他们的生活空间现在主要在村外。在这里我们也可以断言，随着教育和打工的普及，这种

---

① 参见夏建中：《文化人类学理论学派——文化研究的历史》，中国人民大学出版社 1997 年版，第 189—190 页。

前塑文化模式不久就会向同塑文化和后塑文化模式转化,村落认同和寨
老的社会影响力会迅速下降。

三、寨老的类型

寨老是一个群体,每个人的个性、品行、兴趣、阅历及家庭背景都不一
样,因此有必要对寨老众生相作分类描述。

核心寨老和非核心寨老。寨老作为一个群体,都有一个事实上核心
人物,也就是最具威信或活动能力的领导者。下寨寨老欧康健就是本寨
的核心寨老,他是寨务的最终决策者。另外,下寨的贾康文曾对笔者说他
是"寨老头""本村的寨老主席",上寨的蒋补化表示自己是上寨的寨老头,
这两人不过是自我吹嘘,只能表示他们在公共活动中最为活跃而已。有
核心寨老则自然寨的动员能力强,比如下寨有欧康健这个核心,因而能够
建起高大的新鼓楼,购买高价位的斗牛,充分体现了他的个人意志;这个
核心寨老的影响力显然超出了自然寨的范围,比如他带领上下两寨的寨
老们公然与村干部抗衡,发起周边村落参与斗牛约款。而上寨没有这样
一个突出的核心寨老,寨务决策时意见分散,没有一个绝对的权威拍板,
寨务往往久拖不决。2011年为分配一笔卖林款,村民在鼓楼连开三个晚
上的会才定出一个决议,但钱分下去后几个认为分配不公的农户强烈抗
议,寨老只好答应重新分配。这些现象都表明了上寨没有核心权威,下寨寨
老也认为这种现象在下寨不可能发生。没有核心寨老,村寨的动员能力会
受到严重影响,比如上寨至今仍是一座凉亭式的一层鼓楼,无力动员群众建
多层鼓楼,他们买的斗牛也属于最低价位的牛(一头没有上过战场的耕牛)。

积极的寨老和消极的寨老。首先要说的是,这些人们称之为寨老的
人,都是具有较高威信或社会影响力的人物,但他们对村寨公共事务的参
与兴趣和频次大不一样,有人主动,有人回避。下寨寨老中,称之为积极
的寨老的恐怕只有三个人,贾康文、贾补干、黄补来,但是他们的威信严重
不足,唯欧康健马首是瞻,可以看作是欧康健的助手。廖中华和潘补利具
有较高的威信,但他们总是有意与公务和上述四个寨老保持距离,一方面
这两人觉得做寨老会得罪人,也影响家庭的生产时间,另一方面他们对上

述四人的行为处事颇多不满，在一起共事则可能恶化与他们的私人关系。在积极与消极之间左右为难的人是核心寨老欧康健。一方面因为核心寨老的地位，寨里的事务无法绕过他，他潜意识也把自己看作一寨之长，有一种强烈的领导责任感；另一方面公共事务的处理必然牵扯到各方面的利益，作为核心寨老，他实际上处于多重权力斗争的中心，对这个已经72岁的退休乡党委书记来说，他是现任寨老中年龄最大的，大量的矛盾严重搅扰了本该享有的平静生活。因此欧康健早已有意退隐，但又一直找不到放心的接班人。贾康文等人没有威信难堪重任，廖中华和潘补利又不愿管事，还得靠自己支撑大局。为此他采取了有限度的退隐策略，具体事务安排贾康文等人去做，自己只在关键的时候出场。为了避开众多杂扰，他经常上山"住棚"，在山上的窝棚里一住十天半个月，割草养牛，独享其闲。在上寨的寨老中，蒋补化、滚补相、贾补平属于积极的寨老一类，贾补丙、贾补真属消极的寨老一类，而贾补邓比较接近核心寨老的地位。他做过多年的村党支部书记，为人正直，敢说敢做，但做事缺少谋略，且他的家庭只是一个普通的农户，没有家族和经济优势，这些决定了他在公共事务的参与上较为保守，他与欧康健一样采取了有限退隐的策略，一年中大部分时间在山上"住棚"。

在此我们对两寨寨老可以作一个类型对比：

	核心寨老	积极寨老	消极寨老
下寨	欧康健	贾康文 贾补干 黄补来	廖中华 潘补利
上寨		蒋补化 滚补相 贾补平	贾补邓 贾补丙 贾补真

相同类型的寨老通常有着相似的社会阅历和社会评价。欧康健是退休的乡党委书记，贾补邓做过多年的村党支部书记，实际是欧康健多年的下属；廖中华和贾补丙都做过村主职干部（村长或支书）。这些人都有着丰富的政治活动经验，反而在寨务中表现得不甚积极。潘补利和贾补真两人是侗族大歌师傅，在村寨中拥有最好的人缘，也都声称自己"只管娱乐"，而对公共政治经济事务避之不及。与此形成鲜明对比的是，所有的积极寨老都曾任过村组干部，但没有担任过主职干部，他们都是群众认为私心重的人，而核心寨老和消极寨老都是较为正直的人。

四、寨老的德行

在笔者的想象中,寨老应该是与大公无私、热心公益、德高望重这样一些道德词汇联系在一起的,调查之后,寨老的形象已经与这些词汇相去甚远。首先要说的是,村民一致承认寨老的权威。他们会说,"只要寨老一声令下,全村的人都会拿起刀枪去打仗";"只要寨子里决定要收钱,一个早上就能收齐,没有人敢拖欠";"寨老要谁当干部谁就能当干部,寨老要谁下来谁就要下来"。另一方面又有大量的负面评价,有说"寨老都是傻子,尽干得罪人的事";有说"寨老不能有头,寨老有头会贪的,以前又不是没发生过";更有甚者,一些寨老曾犯过严重错误,受到过村寨杀牛赔罪的惩罚。一些寨老刻意远离寨务,否认自己的寨老身份,上述寨老中,滚补相、廖中华、潘补利、贾补丙、贾补真都不愿承认自己是寨老;相反的是,贾康文、蒋补化吹嘘自己是寨老头,"村里的事情没有我们办不成"。

1. 家长式寨老

核心寨老欧康健是一个毁誉参半的人物。作为退休的乡党委书记,再加上自己在寨子里有一个庞大的家族,潜意识里他把自己看成了整个寨子的大家长,寨子的兴衰荣辱与个人的荣誉休戚相关。他十分关注寨子的整体发展,不遗余力地响应政府建设旅游村寨的号召,一次又一次主持建设规划。这些规划自然都是雄心勃勃而又不切实际,结果都是曲高和寡,无疾而终。当他以一个乡党委书记的战略眼光和身价来领导一个小小的自然寨时,虽然他不屑于从公事中贪占小便宜,但村寨付出了巨大的代价来满足他的"虚荣心"。在笔者看来,下寨的宏大鼓楼、昂贵的斗牛和声势浩大的斗牛约款不过是他个人追求"政绩"的形象工程。欧康健高高在上的地位和家长式的处事方式使他的意见无人敢反对,村民对他敬而远之。村民说,他一听到反对意见,开口就骂,以"压服"的方式树立自己的权威。一些小故事反映他的这种家长作风。

十多年前的一个春节,寨子里在鼓楼坪演侗戏,六十米开外,一帮年轻人聚在王某家喝酒。村里的男人聚在一起喝酒总是大呼小叫、吵吵嚷嚷,即使深更半夜也是如此,但这次欧康健可能觉得影响了大家看戏,因此前去制止。王某当过兵,之后又当保安,是个桀骜不驯的年轻人,当场与欧康健发生争执,欧返家提来大刀片要砍王,王则拿出鸟铳与之对峙,之后欧被他的儿子们拉走。之后不久,王背着包准备出去打工,一群村民问他去哪里,他挎下裤子,拍着屁股说:"走啰,以后就是穷的光屁股也不再回桃源。"几年之后,王打工回家,时任寨老潘公银花(当时的寨老之一,欧康健最好的朋友,与之"打老庚"的结拜兄弟)找上门威胁说:"你不是说不回来了吗? 现在寨子里要杀你的牛。"王反威胁说,你们杀了我的牛,以后谁都别想养牛。之后,杀牛谢罪之事不了了之。几年前,因为打工的年轻人多起来,村里开始兴起打麻将之风,寨老们决定教训一下这些好逸恶劳的年轻人。一天,以欧康健为首的寨老们冲进村里的麻将馆掀了麻将桌,年轻人与寨老们展开了"对骂",年轻人说,你们连自己的儿子都管不住还来管别人? 直指欧康健的几个儿子和外甥是本村最有钱的人,也是最爱赌博的几个。这次把欧康健"气得半死"。2011 年春节,笔者也遇到欧康健挥着烟杆冲进麻将馆去打他那个三十来岁的小儿子。村里的前会计潘某曾贪污公款 8000 多元,被查出后举家外出打工,五六年后直到2010 年夏才回到村里,但是回来半年多了也不归还贪污款。2011 年春节前,欧康健专门找潘某谈了一次话,要他尽快把钱还给村里,"给自己挽回一点面子"。这种谈话已经是一种严厉的警告,因为潘某已经遭到了村民的孤立,大家都说他"很危险",也就是说可能被驱逐出寨。

笔者毫不怀疑欧康健的行为是出以公心,但也不可否认,其中强烈地体现了他的个人意志,再加上他简单粗暴的家长作风,因此给人"仗势欺人"之嫌。这或许是传统寨老的典型形象。

2. 好色贪财的寨老

下寨的贾康文和上寨的蒋补化存在严重的道德危机,但这两人能添入寨老之列,事实上也是最活跃的寨老,自称为"寨老头",这种现象着实让人大跌眼镜。

贾康文以贪财出名。20 世纪 80 年代末,贾康文唆使高黄人占有一片与桃源有争议的荒山植树,受益后自己参与分成,当时贾是乡里的广播员,乡政府驻地就在高黄。具体的内情笔者一直没有问明白,但是后来一些事实是很清晰的,到了 90 年代后期,桃源村与高黄人为争这块山地打官司败诉,村民归罪于贾"出卖江山",罚他杀了一头牛给全村人吃以示惩罚。贾虽被杀了牛,但仍不承认自己"卖江山",又过了两三年,高黄人卖了林木却不分钱给贾,贾又与高黄人打起了官司,因此贾"卖江山"的事实不证自明。寨老潘补利与贾是亲戚,两人曾合伙做生意,贾称自己没有钱,先由潘垫付资金,后来生意亏了,贾分文未出,两人关系因此变得极为冷淡。还有人说贾曾贪占集体的木材给自家建新房,后被要求退还。一个中年村民对贾的评价是"他有什么面子? 他的面子都被别人踩在脚下"。寨老廖中华对他的评价是"他就是欧康健的一条狗,到处乱咬"。事实上这个人的人缘口碑极差,村民都不愿搭理他,但就是这样一个人却自诩自己是"寨老头",成为最活跃的寨老。欧康健说,"他做寨老是我提他起来的",但是贾是个"见不得钱的人",所以寨子的公款一直掌握在自己手中,他也无奈感叹寨老后继无人。

上寨寨老蒋补化以好色出名。二十多年前,蒋娶了本寨孟氏为妻,不久有了三个女儿,在怀第四个孩子时,蒋与堂嫂通奸被捉,蒋家兄弟要求他杀了一头牛给全村人吃,以示谢罪。蒋随即与孟氏离婚,将房子留给了前妻及三女一子,其后不再往来,孤儿寡母在娘家的照应下一直过得十分艰难。蒋离婚后很快又与下寨黄氏结婚,生下二女一子。十余年前,也就是他生下最小的儿子前后,蒋某故病重犯,与下寨贾康文的老婆通奸。当时贾康文在外打工,老婆在家怀孕因此奸情暴露。此次通奸没有公开处理,从此贾与蒋不再来往。

蒋的贪财也是毫无疑问的,不然无法解释他一个普通农户何以数次结婚建房,又养了一大堆孩子,还要摆平几次通奸之事。村里有一处锰矿,05 年卖给一个外地的老板,短暂生产后就一直处于停产状态。留守矿山的丁某曾任过两任村支书,这几年里已经与桃源的村民十分熟稔,因此他可以为笔者提供这方面的信息。丁某说,蒋是个十分贪婪的人,多次找各种借口向矿方索要钱财。2010 年,政府在桃源实施危房改造工程,一级危房户补 2 万元,二级危房户补 7 千元。一级危房户最后统计不到 10 家,而蒋竟然与一些五保、困难户同列其中。以蒋现在的经济状况来说,他显然是没有资格享受一级户的补贴的。对此,丁某认为,这样的好处村长肯定会首先给蒋，不然他这个村长别想当得安宁。事实上，现任村长经济上受到村民的强烈质疑，以欧康健为首的几个寨老与之已发生公开冲突，但是蒋却与村长保持着良好关系。如果上面两件事还可以理解的话，下面这件事则是赤裸裸地出卖自然寨的利益。

2011 年春，上寨卖了一片青山，当村民聚在鼓楼里激烈地讨论如何分配林木款时，寨老滚补相却独自站在鼓楼外的暗影里，这是非常奇怪的事，因为但凡鼓楼会议，补相都是积极慷慨的发言者，为何这次连鼓楼也不进呢？第二天寨老贾补邓和守矿人丁某为笔者作了解释。贾补邓说，他是不同意卖青山的，那天他们趁他不在家和老板签了合同，如果那天他在家，这个合同肯定不会让他们签。因为每次老板来谈判都是在补相家里，所以大家都说他得了老板的好处，他要进鼓楼开会很可能挨打。这个合同是蒋补化、滚补相、贾补平代表寨子签的，所以丁某说，不可能只有滚补相一个人得了老板的好处，滚补相得了好处，蒋补化也必然得了好处，因为滚补相的影响力远不及蒋补化，没有蒋补化同意其他人是不敢签字的。也就是说，这三个寨老是同谋，他们趁贾补邓不在家签了卖林合同。之后蒋补化之所以还敢进鼓楼开会，不过是因为他"长得人高马大，脾气暴躁，没人敢打他"而已。三个寨老签的卖林合同在所有人看来都是极不划算的一笔买卖，因为他们以现在的林木价格把砍伐期限签了 7 年。以杉树的生长规律来说，5 年后林木的价格就要翻番，所以留给老板的砍伐期限最多只能定 2 年或 3 年。如果没有得老板的好处，这三个精明的寨老怎么会犯这种愚蠢的错误？这个合同遭到村民的一致指责，合同签订后没几天，老板杀了一头猪备了一百斤酒，请上寨全体村民吃饭，说是庆祝买卖成功，实际不过是想安抚一下民心。

上述材料充分说明部分寨老也不过是一些贪图私利者，这也是村民整体上对寨老道德评价不高的主要原因。这种现象在历史上一直存在，比如 19 世纪 50 年代的首位寨老林某遭到村民的驱逐，20 世纪 30 年代的寨老王化武、贾明儒在新中国成立后被定性为"恶霸"受到政府的制裁。

3. 明哲保身的寨老

上述消极寨老都属于这一类型。这里涉及寨老之间的权力策略，下文将作论述。

第三节 ｜ 寨老与社会控制

一、寨老之间的权力策略

　　我们回到前文所提出的一些疑问，侗族村寨存在大量的集体行动，作为行动组织者的部分寨老存在严重的道德危机和信任危机，而一些劳民伤财的集体项目并不为村民所认可也得以开展，寨老们是如何运作这些项目的呢？寨老没有强制权力，他们所能选择的权力策略只能是动员群体的力量对不合作者实施"社会孤立"。这种对不合作者的社会孤立或边缘化策略需要在两个层面展开，首先在寨老群体中将不合作的寨老孤立，使之淡出决策层，这样现存的寨老群体就能够较容易形成一致意见；之后寨老们会召集村民会议，在"从众、从古、从老人"的社会心理作用下，反对者往往以"沉默"回应，因此传统的"鼓楼议事"往往徒具形式，并不会对寨老们之前的决定产生实质性的改变，寨老们的意见由此转化为代表全体村民意见的"鼓楼决议"；不执行"鼓楼决议"无疑是对大多数村民的冒犯，寨老们便有理由动员多数村民对不合作村民按传统习惯法即时予以制裁或在舆论上使之陷入不利地位，实现对村寨社会的控制，树立寨老的权威。下面我们以一些具体的现象来描述之。

　　村寨集体行动首先要在寨老中达成一致意见，但寨老们的个性旨趣、经济条件、社会影响力都不一样，因而难免会存在分歧。比如下寨寨老欧康健以村寨荣辱兴衰为己任，又眼光极高，但他有意建宏大的鼓楼和买高价位斗牛时，自然会有其他寨老反对；再比如有的寨老私心太重，有的寨老为人较为公正，也难免会产生分歧。寨老们采取了"团结支持者，排斥异己者"的策略。在寨老们谋划一件事的初期，颇有些"协商民主"的味道，虽然核心寨老的意见分量很重，但是其他寨老的意见也要关照到，尤其是没有核心寨老的情况下，每个寨老都有一票否决权。以下寨买斗牛来说，虽然有核心寨老欧康健坚持买牛，但寨老廖中华是明确反对的，寨老潘补利则是不置可否的态度，如果廖中华公然站出来反对买牛，则这件事可能难以实施。上寨对寨务拥有一票否决权的寨老至少有贾补邓、贾补丙、蒋补化这三个寨老。有意思的是，对某项活动持反对意见的寨老通常不会参与相关的协商会议。廖中华和潘补利都住在鼓楼旁边，但他们从不参加买牛的会议。贾补邓、贾补丙也没有参与卖青山合同的签名，实际上他们的谈判能力和社会影响力绝不逊于签名的三个寨老，只是他们不认同合同内容而已。贾补邓说签合同那天他不在村里，其他三个寨老背着他签了合同，否则这个合同肯定不会让他们签。他的这种解释更多是在表达他对合同的反对以及对此事回避策略的托辞。廖中华和现任村长李补妹为笔者明确解释了其中的微妙。当部分寨老（可能是多数也可能是少数寨老）提出一项动议时，其他寨老尤其是持反对意见的个别寨老通常是不会站出来明确反对的，即使反对者代表了多数村民的意见他也不会这样做。如果坚持自己的反对意见会有什么后果呢？本次的动议会被否决掉，反对者可能会得到部分甚至大部分村民的一点好评，但这点好评对反对者来讲算不上什么切实收益，他却为此实实在在得罪了其他寨老，他以后提出的动议也会遭到其他寨老的反对。不仅如此，他可能会为自己的一次反对意见丧失寨老地位，因为以后的公共活动其他寨老再也不会邀请他参与，他因而被同僚们边缘化。对于寨老这种民间权威来说，如果他连参与公共活动的机会都没有了，那么他的社会地位自然随之消失。

为了将异己力量边缘化或不被异己力量边缘化，寨老们会与自己志趣相投的寨老发展更亲密的关系，形成数个小团体，出现类似"派系"的格局。下寨寨老贾康文、贾补干、黄补来等人的社会影响力有限，因而他们完全依附于核心寨老欧康健，借此提升自己的社会地位，正如欧康健所说"贾康文是我提起来搞寨老的"。廖中华、潘补利在村中有较高的社会地位，两人是最好的朋友，他们看不起贾康文、贾补干、黄补来等人，不屑与之为伍，对欧康健也有颇多非议，但鉴于欧康健无可抗衡的地位，因此这两个人对寨务总是避而远之。上寨的情况也大致如此。寨老蒋补化、滚补相、贾补平形成一个小帮派，在寨务中表现得极为活跃；贾补邓、贾补丙、贾补真则可视为一个小团体，其中补邓和补丙是同房族兄弟，补邓和补真是亲家。因为补化一派较为活跃，补邓这一派则显得十分低调、消极。不同寨老派系之间很容易出现意见分歧,严重时则可能导致自然寨的分裂,比如在建国前,下寨曾形成了明显的两派,欧姓与两个贾姓房族联合对抗潘姓等为首的另一派,一度有分寨的提议。如果一个村寨出现一个笼罩性的权威,则可以消弭派系的纷争,形成以这个笼罩性的权威为核心的寨老群体,1930 年的 8 个"首人"便是以唯一地主石成龙为头的群体,在这个群体中,石绍贤、石和金、石绍祥是石成龙的同宗兄弟,王化武是其亲家、欧补团是其保镖、贾明儒是其妻子的堂兄弟。

由此我们可以看出,寨老之间经常会出现意见分歧,但通常不会出现一方公然反对另一方的情况,反对方会以"沉默"表明自己的态度,而在实际行动上执行倡议方的决定。这是一种明哲保身的处世哲学,也就是寨老之间不会为了公共事务而导致个人关系的决裂。从这个意义上讲,无论是村民认为比较正派的寨老(如上寨的贾补邓),还是认为比较贪腐的寨老(如上寨的蒋补化、下寨的贾康文),都没有坚持笔者所想象的公益原则,事实上这也是部分寨老敢于侵占集体公益的原因。当反对方的寨老都不愿坚持己见时,一般村民更不敢提出反对意见,所以某项动议被提交到鼓楼村民会议时,提交动议的寨老们则完全掌握了话语权,他们的意见能够顺利转变成村寨决议。在这里,传统的村寨民主政治制度其实并无民主可言,顶多是少数几个民间权威的一种协商民主,换句话说,是少数几个寨老对村寨的统治。传统的寨老制度在笔者看来是一种毁誉参半的制度,一方面是颇为有力的民间权威维持了村寨的基本社会秩序,维持了村寨层面的社会认同和团结,塑造了强大的集体行动能力,能够提供个人、家族甚或政府层面无法提供的安全、娱乐等公共服务;另一方面,个人的意志受到少数权威的压制,墨守成规、明哲保身成为共同的处世哲学,村寨的少数活跃分子或权威很容易"绑架"全体村民的意志,如动员全体村民参与战争,建设一些华而不实的公共项目,发动对个别不守"规矩"的村民的人身攻击,少数权威也因此可以借助自己的身份为自己谋取私利。

二、寨老与习惯法

人们对寨老权威的认同实际是对寨老代表的传统习惯法的认同。目前,传统的习惯法在村寨社会仍然大有市场。

(一) 立约传统

侗族村寨有制定村规民约的传统,即使在当前,村民遇事也很少"报官",更倾向由寨老或村干出面处理。当笔者询问寨老他们如何处理村寨内的通奸、偷盗等问题时,他们告诉笔者处理方法都写在古人的石碑上,让笔者去看石碑。在村小学旁立着一块 1930 年的《万古章程》碑,碑文如下:

万古章程

窃思世道不平,狗盗甚多,磕害良民,法律混乱。田地被人先典,然后反造故实为断,如同产业无主,荒林无宗,原卖重翻。每有不耻之徒偷割田禾,或护棉花屡被盗干,野外田鱼护掠尽,室屡□害无休。今凭父老设立规章,如后谁人所犯者,必须照章办理。恐后遗失,故予立碑,可传后世,不得行刁越法,暗控官府,和须遵守乡规为要。切记此示。

第一条 本寨公议屡被狗盗,开释田塘,外乡偷鱼,今失主拿获查出,罚金十三千文。

第二条 禁止放火烧山,如有何人暗放火烧山,众等查出,罚金十二千文。

第三条 秋时禾谷渐熟,棉花正开,如有何人私心不善,偷盗棉花、禾谷,失主追获人脏【赃】,以后查出,均皆罚金十三千文。

第四条 山林□禾□砍柴生,山主得见此,积设堆之人偷盗,或者观望,但是查出,均皆罚金八千八百文,

第五条 偷盗鸡鸭,失主或观望查出,罚金二千二百文。

第六条 挖墙拱壁及偷马盗牛,失主寻旋查出,罚金五十二千文。

第七条 □卖业产以后三反退赎,折约所归卖主,众等同心协力作为斩断。

第八条 男婚女嫁,过门三岁五年,运命不和,男不从女不顺夫改嫁,众等规定十六千文。

第九条　询问之妻不得□□，以后不和改嫁，众等规定三千六百文。

第十条　于归完娶，是次生男育女，运命不和，爱新弃旧改折等，规定五十二千文。

第十一条　禁止寨内之人，不许好行歹恶，内勾外引，受害良民，公众查得可知，一体同罚金五十二千文。

第十二条　禁止本寨生事，未许告官开局，现有首人改劝了事，如有暗行告控，众等罚金五十二千文。

第十三条　本规则务须仍照章程，不许何人越规，如有越碑者，公众罚金二十六千文。

第十四条　本乡来兵多寡，贰名各在牌户供应一日，送夫亦在牌上；如其三名以上，由地方供应送夫，如有委员下乡，都皆照章办法。

第十五条　本乡人民无论贫富，无子结（接）后，立规章仍结本房侄子到家管理。

首人　石成龙　石绍贤　石和金　石绍祥　贾明辉　王化武欧补团　贾明儒

右谕周知

石绍安　潘明贵手书

中华民国十九年十一月二十六日立

倒地的为 1851 年的《永革义食》碑，立着的为 1930 年的《万古章程》碑

这种建国前的村规民约石碑在周边村寨同样都能找到，其与侗族社会过去盛行的议款制度、寨老制度是一体的。民间立约的传统至今保持，寨老们将之看作是自己权威合法性的象征。每届村委会换届之后，寨老们都会要求与村委会联合重新制定一份村规民约，2010年底桃源村委会换届，上任3名村干全部连任，到2011年3月仍没有拿出新的草案文本，寨老欧康健对此颇为不满，认为村长办事拖拉，后来他自己拿出了一个草案。可以理解的是现在的村规民约与民国时期的村规民约有了实质性的变化。民国时期的村规民约首先就立了一个遇事不报官的原则；其次它所规约的事项不仅有民事问题，更多属于现在的刑事范畴；最后一概以经济惩罚。在现在法治环境下制定的村规民约相对要简约得多，多是不准偷鸡摸狗，不准打架闹事，不准烧山毁林等原则规定，这些问题涉及刑事责任，有明确的国家法规范，村规民约上因而不会有具体的处罚措施。有明确处罚措施的只能是一些鸡毛蒜皮的"小事"，如鸡鸭进了别人的稻田，乱丢垃圾，家庭防火措施不到位等，处罚方式有教育改正或2元、5元不等的小额罚款。其实，现在的村规民约都是在政府的指导下，套用了政府拟好的范文。在村委会办公室就有一本厚厚的乡政府所编的《村规民约汇编》，里面有村规民约公约、护林公约、村寨防火公约、村寨环境卫生公约、计划生育公约等林林总总数十种类。

（二）习惯法的几种惩戒形式

事实上，现行的习惯法既不是现代的《村规民约汇编》，也不是民国时的《万古章程》，应该是一类更古老的习惯法。下面笔者列举一些已发生的或可能发生的对"越轨"行为的处理方式。

一是社会孤立。当笔者询问一些男性中年村民，他们既然不同意买牛为何最终还要交集资款时，他们总是嗫嚅半天说个"怕"字，究竟他们"怕"什么呢？追问半天后，他们给笔者打这样一个比方，"以后你的牛被偷了别人都不帮你"。也就是，如果你坚持不交集资款，寨老们可能也拿你没办法，但这种不尽公共义务的行为从长远考虑是很愚蠢的，会因此落个坏名声，被大家孤立，在你落难的时候（比如强盗来偷你的牛）大家冷眼旁观。没有了集体的帮助，你会连基本的生存安全都没有。村寨是村民的最基本的生存保障制度,侗族古歌唱道:村是根来寨是窝,鱼靠水养村靠坡;村离山坡要枯死,人离村寨不能活。① 侗族人的处世逻辑来自真实的教训。前文已经多次提到过,20 世纪 90 年代,下寨就有两户贾姓人家公然声称自己不接待吃相思的客人而被村民围刺隔离。20 世纪 60 年代,桃源村搞单干,后来政府追查下来,3 户普通村民被定为单干"积极分子",这 3 户被"开除集体",给他们在最边远的地方分了不足口粮的耕地,让其在寨外自生自灭,结果这 3 户村民妻离子散,有的活活饿死。

二是驱逐出寨。笔者只听说过 1851 年的林姓地主被驱逐一例。另外有一个人目前遭到了严重的社会孤立,村民都说他"很危险",也就是说他有被驱逐的可能。他是原村会计潘某,40 来岁,长得人高马大,这个年龄应该说正是社会关系最有利的时候,他却形单影只被村民孤立。大家认为他人品极差,认钱不认人。有三件事发生在他身上。一是他在任村会计时做木材生意,买了同房族(不同宗)的潘家兄弟的一些林木,让潘家兄弟去帮他砍伐,结果有人举报到林业派出所,因为这些林木没有办砍伐证,潘家兄弟被抓去坐了一个月的牢。村民认为,潘某应该完全承担这件事的责任,不能让自家兄弟代自己受过。他因此得罪了他的房族,潘家房族已有意将他开除出结拜兄弟团伙,这样他失去了一块得以安身立命的重要社会关系。第二件类似的事是他与上寨一村民合伙做生意,也是让别人吃了亏,这样他又得罪了一批人。最要命的是第三件事,他任村会计时被查出贪污 8000 多元,这是桃源村几十年来被查实的唯一一例贪污案,而且是贪污的村小学集资款,这样他无疑得罪了全村村民。贪污案被查实后,潘某携家外出打工,五六年后的 2010 年夏回村,到了年底,寨老欧康健专门找他谈话,要他还上贪污款,"给自己挽回一点面子",之后几个月笔者仍没有听说他还款的消息。有一次,潘某一个人在搬运自己的建房木材,他旁边聚集着数十个闲聊的男人竟然没有一个人上去搭手,这个难堪的场景给笔者留下了深刻的印象,生动反映了潘某被村民孤立的现实。

---

① 参见冯祖贻等:《侗族文化研究》,贵州人民出版社 1999 年版,第 40 页。

三是实施人身攻击。在现在的社会制度下,将潘某驱逐出寨实际上不大可能,最有可能的是在某个时机下村民一哄而起将之打个半死。这种情况在 1996 年发生过一次。当时一时谣传法轮功分子投毒害人,各村寨都把法轮功分子抓到鼓楼拷问。桃源村里有三个男人迷信法轮功,这三个男人也被抓起来要他们指认投毒的水井,证据自然找不到,这三个男人被村民困在鼓楼毒打,其中两个很快被自家兄弟护走,而当时 20 多岁的吴某没有兄弟庇护,被打得半死,最后是欧康健的四儿子把他救了出来。欧康健当时是本乡党委书记,欧老四在县委组织部开小车,欧老四出马自然可以救下吴某。2011 年已是国家干部的欧老四给笔者讲起这事仍然心有余悸,他说:"我算是认清了村里这些人,平时乡里乡亲的,关键时候还真下的了狠手,那天我如果不出面吴某很可能被打死了。"被打之后的吴某从此流落县城以捡废品为生,极少再回村里。

四是罚酒肉给全村或全自然寨的人吃。这是最常用的处罚方式。村民常说的标准是"三个一百二",也就是罚一百二十斤肉、一百二十斤酒、一百二十斤米饭。"一百二"的标准从何而来已经无法说清,笔者猜想可能是定这个规矩时村寨共有 120 户人家。"三个一百二"村民时常提到,但实际处罚时并没有严格执行这一标准。近 30 年来至少发生过三起罚酒肉的事件,一是上寨的现任寨老蒋补化曾因通奸被罚杀一头牛,二是下寨现任寨老贾康文曾因"买江山"被罚杀了一头牛。这两起事件前文已有介绍。三是 20 世纪 80 年代末,下寨一男子半夜摸进邻居家行窃被抓现行,寨老们当即召开鼓楼会议,审明案情后,罚肉一百斤。当夜杀猪秤肉,村民们吃了肉才散去。另外有两种情况是一致被认为要被罚酒肉的。村民非常忌讳给笔者介绍他们的鬼蛊信仰,即使笔者和一些村民已经建立了不错的信任关系,但他们仍然一致拒绝告诉笔者哪些是有鬼的人家,因为说一个人家里有鬼无疑是对这个家庭最恶毒的名誉损害,"是要被罚几百斤酒几百斤肉的"。另外一种情况是无故不参加村寨械斗的成年男子会被罚杀猪牛。

五是放炮赔礼。下寨的风水师滚某去上寨的一处地里干活,路过的山道上有一株银杏树被一株野葡萄的藤蔓缠绕,银杏树树干因而弯下来在山道上方形成了一个拱门状,滚某觉得这样影响了行走,也可惜了这株银杏树,因此他将野葡萄藤砍去。之后,上寨的寨老们认为这个拱形状的景观是上寨的"保寨树",砍掉就坏了上寨的风水,他们要滚某在上寨鼓楼放了一挂鞭炮以示道歉。

(三) 既无原则亦无准则的习惯法

桃源村现存的习惯法确可谓"一般都是就事论事,既无原则,亦无准则,随意性大,变化性大,常常朝令夕改"。[①] 比如通奸之事在桃源并不稀罕,但只有蒋补化被杀了牛,乃是因为他与堂兄弟的老婆通奸,本家兄弟坚持要杀他的牛,而后来他又与贾康文的老婆通奸却没有公开处理。再比如偷盗之事也绝不会只是一两起的现象,下寨的一起入室盗窃者被罚杀猪,而 2010 年下寨一男子偷了集体一车木材却不了了之。在笔者看来,那些严厉的侮辱性的处罚多半发生在一些弱者身上,这些人兄弟少,个性懦弱,人际资源有限,因而寨老和一般村民都敢去攻击他,典型的是前会计潘某、法轮功分子吴某和风水师滚某。相反的是,那些兄弟多、个性强悍、敢与人拼命的人犯了事往往不了了之。下寨偷木材者是一例。前文提到的声称"以后光屁股也不回桃源"的下寨王某也是一例。说到底,现存的习惯法多数情况下被身体暴力的较量所左右,这也是村民强烈的男孩生育偏好、村内通婚、炫耀性展示社会关系的根源,他们通过这些措施来强化自己的身体暴力资源,以免自己成为习惯法的牺牲品。从这个意义上讲,作为传统习惯法的解释者和执行者的寨老就人论事,既无原则,亦无准则,也就毫不奇怪。由此笔者联想到在笔者老家的江汉平原农村普遍存在的一类另类民间权威——"混混",混混们拥有身体暴力和精明头脑,可以左右村庄的公共事务,他们时而主持公道,更多的时候是为谋取私利。在笔者看来,部分寨老类似混混,如笔者在前文已花了很多笔墨论述部分寨老如何左右公共事务。类似混混的部分寨老则使习惯法的执行更为混乱,如两寨最为活跃的两个寨老蒋补化和贾康文都是曾被罚杀了牛的人,他们更倾向借助习惯法的余威挑起村民对异己的攻击。

---

① 参见石开忠:《侗族款组织及其变迁研究》,民族出版社 2009 年版,第 203 页。

不管怎么说，寨老的社会活动能力和若隐若现的习惯法足以震慑大部分村民，起到了很好的社会控制作用。

三、寨老与村干

说到寨老不得不说一说村干，因为他们是现今村落并存的两类权威。这两类权威的关系颇为复杂，可以用合作与冲突、制衡与同谋等对立的词汇来概括。

首先要说的是，寨老与村干拥有共同的生活阅历。寨老们基本都是卸任的村组干部，因此我们介绍的寨老的诸多特点完全可以套用在村干身上。

其次是寨老与村干的权力范围既有分野，也有重复。组织村寨的集体活动，如建鼓楼、买斗牛、吃相思、械斗等属于寨老的权力范围，而纠纷调解等属于两者的重复范围。税费收缴、计划生育及诸多生产性公共工程是村干的权力范围，可以说，所有政府安排的工作项目和须与政府打交道的事务都由村干负责，政府没有明确要求的方面则由寨老处理。比如村寨防火，传统上是寨老管理的事务，现在政府非常重视这方面的工作，则由村干负责。在政府体制里，没有寨老一词，所以当桃源、高黄、新华三村共建新牛堂时他们以三村村委会的名义向政府机构募捐。桃源村寨老向其他村寨发出的斗牛邀请函——木叶上也是盖的村委会公章，实际上村委会并没有参与此项决议。

再次是寨老与村干的行事原则会有根本差异。寨老领导村寨械斗，村干只能作为一个普通村民参与，他们是不会走上前台的；当政府工作组驻村处理械斗时，村干则变成了前台人物。寨老以传统习惯法处理村民，如罚杀猪牛；村干只能调解，或说服教育，或者报官，如果这些都行不通，只有干脆不理。寨老通常是主动揽事，村干则更信奉"多一事不如少一事"。因此寨老与村干通常不可兼任。

最后，寨老的社会影响力依靠自己的能力，村干的影响力很大程度来自他的体制内身份，因此能力平庸者做村干大有人在，但是平庸者做不了寨老。

　　因为寨老这种强有力的民间权威的存在,所以村干必须获得寨老的支持才可能顺利地工作。比如说,政府要建防火线动员部分农户迁房,就必须寨老协助。对许多村民来说,他们可以不理会政府的号召,但无法拒绝寨老的劝说。为了获得寨老的支持,村干会尽力与寨老发展良好个人关系,但这实际上是不可能的。前面我们已经说过,寨老们的追求各有不同,实际上形成了一定程度的派系,满足了一方的要求必然得罪了另一方。就目前来说,桃源村的主要村干与核心寨老之间已经爆发了公然的冲突。在现任 3 个村干中,村长是绝对的权威,大权独揽,村支书和会计用乡干部的话说是"一问三不知"式的人物。村长目前遭到村民和乡干部严重的信任危机,都认为他经济上有问题。村长通过给蒋补化一级住房危改户指标,给贾康文低保户指标这样一些手段来笼络这些贪财的寨老,而对于以村庄公益为己任的核心寨老欧康健来说,他不屑于为自己谋取经济上的好处,因而决心要把这个他认为贪腐的村长拉下马。一次他叫上廖中华、潘补利、贾补邓等寨老,在村委会办公室大吵,直接要求村长辞职。实际上,到了 2011 年,村长已经几次"撂挑子"不理村务,村委会的工作已处于半瘫痪状态。

　　村干与寨老的矛盾在前几届村干当政时同样存在,形成了村庄政治的一种结构性矛盾,矛盾的核心在于对村委会掌握的经济资源的争夺。因为寨老和村干是原任和现任的关系,从一个较长时段看,如果村干中一些人贪图私利,那么寨老中必然也有一部分是贪图私利者。村干部如果都是公正无私的,那么寨老也当然都是公正无私的。村干和寨老全部是自私的或无私的都过于理想,自私者和无私者的矛盾是必然的。从村干的角度来说,它只是一个三五人的小群体,且是科层制的上下级结构,比较易于统一,但对寨老来说,他们之间没有统属关系,每个自然寨都有一个寨老群体,各个自然寨或寨老群体事实上与村委会形成了一种多角的权力牵制关系。

　　寨老和村干双重权威的并存一方面限制了村干为所欲为严重侵占集体利益,在其他地方非常突出的针对村干部上访现象和村级债务在这里极少发生;另一方面村干会在各方寨老之间左右摇摆,缺少决策和改革的魄力,限制了村庄的发展。

本章小结

　　侗族村寨是一个移民社会，单个的移民缺少生存资源，他们对集体有着强烈的依赖，因此个人利益完全服从村寨集体利益以获得村落的庇护。村寨的少数精英——寨老正是利用移民的这种心理达到对社会的控制，将少数人的意志强加给大多数村民，在形成村落统一性的同时也获取个人利益。因此在笔者看来，传统的寨老制度一方面有助于维持村落共同体的统一性，给村民提供基本的安全保障；另一方面它是少数人对多数人的统治，造成少数人对多数村民利益的侵占。

第六章

经济生活与社会网络

斯科特认为在大多数前资本主义的农业社会里,对食物短缺的恐惧,产生了"生存伦理"。[①] 这种生存伦理决定了农民社会的技术选择和社会制度、价值观和习惯,也是政治抗争的根源。他以东南亚的农业社会为例,揭示了农民对饥荒的恐惧是如何决定农民社会的许多奇特的技术的、社会的和道德的安排。对于笔者所研究的侗族地区来说,农民刚刚摆脱食物短缺的困扰,饥荒恐惧依然存在,斯科特所说的"生存伦理"强烈地反映在社会的各个层面。下面笔者将从财富观念、家庭模式、社会网络等方面来揭示侗族社会的生存伦理。

第一节 │ 饥荒意识与财富观念

侗族生活的区域大山绵延,本不适宜大规模的人类居住,当人们为寻找生存机会不断迁入深山时,却发现山里早已人满为患,已经超出了土地的供养限度。

[①] 参见[美]詹姆斯·C·斯科特著,程立显、刘建等译:《农民的道义经济学:东南亚的反叛与生存》,译林出版社 2001 年版,第 3 页。

一、粮食短缺

桃源村属高寒山寨,海拔高处达上千米,低处也有三四百米。侗族是传统的稻作民族,他们在陡峭的山坡上垒砌出层层的梯田,水田是他们赖以生存的基本资源。在陡峭的山坡上种植水稻是一项艰巨的工作,一是造田难,二是耕种难,三是产量低且没有保障。桃源村总面积 14.84 平方公里,耕地面积仅 804 亩,其中水田面积 745.5 亩,这一数量可以说已达到了可开垦的极限,因为虽说一直存在粮食短缺,在老人们的记忆里村里的耕地规模基本上无变化,甚至 20 世纪 90 年代以来,因为建房修路占地还减少了三四十亩耕地。土改时村民人均分得水田 22 把(也就是可以收获 22 把约合 400 斤稻谷的水田面积);实行土地家庭承包制时,人均分得水田约 9 分;如今全村人口已达 1247 人,人均水田已不足 6 分了。根据乡政府提供的数据,桃源村 2009 年人均口粮 335 公斤,年人均纯收入 1730 元,属非贫困村。全乡 12 个行政村中,人均口粮最高的也不过 360 公斤。整个从江县甚至黔东南州来说,都存在粮食短缺的问题。据《从江县志》统计的 1949—1990 年间 40 年的本县农业人口人均粮食拥有量,在 250 公斤以下的有 11 年,在 250—299 公斤的年份有 19 年,在 300 公斤以上的年份有 10 年(1978—1990 年间没有一年达到 300 公斤)。[①] 黔东南州在 2000 年时人均(包括城市人口)耕地也仅 0.66 亩。所以,在乡政府统计中将桃源村归入"非贫困村"也就不足为奇。

上述数据说明了桃源及其所在地区的粮食自给能力是非常脆弱的,稍有天灾人祸则可能发生饥荒。在村民的记忆里,2000 年以前的大多数年份存在不同程度的粮食短缺。如果说通常的年景他们还能以杂粮等方式对付过去,在严重灾害面前,他们只能饿以待毙。桃源在土改时 600 多人,到 59 年时 900 多人,三年自然灾害之后只剩下 400 多人,失去一半多人口,这期间全村只有潘某一人出生并存活下来。不仅

---

① 参见《从江县志》,第 177—178 页。

桃源村如此,整个区域的人口损失都十分惨重。相邻的新平村 1952 年全寨 82 户,三年自然灾害时期死亡人数约占 30％,到 1990 年全寨 81 户,人口 358 人。① 相邻的高鱼村 1952 年 156 户 729 人,1957 年 625 人,1959 年 427 人,1964 年 134 户 479 人,1965 年 420 人,1974 年 623 人,1990 年 146 户 695 人。② 从江县总人口 1952 年 159681 人,1958 年 164363 人,1959 年 161694 人,1960 年 147123 人,1961 年 139883 人,1965 年 151736 人,1974 年 208379 人,1990 年 266409 人。③ 全县死亡人口数 1958 年至 1965 年分别是 1972、4309、10025、9801、1865、2091、3107、2380 人④。与此同时,全县粮食总产量大幅下滑,1957 年到 1965 年历年粮食总产量分别是 5127、5650、4782、3696、3891、3876、3124、4803、5071 万公斤。⑤

　　侗族村寨因为都是木质的干栏式房屋且住宅十分拥挤,易发火灾,所以村民不敢把粮食储存在住宅中。他们在寨子外建一座小木房用作粮仓,家里只留少量粮食,吃完后再到粮仓去挑,因而一旦发生火灾烧毁了住宅也危及不到口粮和种子。⑥ 2010 年夏季,笔者查看过许多人家的粮仓,发现这些粮仓基本上都装得满满当当,再过两三个月又将收割新粮,储存这么多的粮食似乎完全没有必要。笔者估算一般人家在这个时候都有五六千斤的陈粮,部分人家的陈粮在万斤以上,以致要再建一座粮仓储粮。相当部分农户都会说,他们即使两年、三年不种地也有粮食吃。这些粮食是历年的余粮,部分已经陈放了三五年,因为新粮都吃不完,部分陈粮已经失去了销售价值,只有用来酿酒和喂猪。显然村民的粮食储量已经大大超出了家庭的消耗量,他们为什么不把多余的粮食卖掉呢? 奇怪的就是,虽然大多数农户经济拮据,粮价也不错,但他们几乎没有售粮的

---

① 《从江县志》,第 419—420 页。
② 参见姚丽娟、石开忠:《侗族地区的社会变迁》,中央民族大学出版社 2005 年版,第 168 页。
③ 《从江县志》,第 91—92 页。
④ 《从江县志》,第 81—82 页。
⑤ 《从江县志》,第 177 页。
⑥ 粮仓都建在寨外的山坡上而无人看守,如果有人想去偷粮肯定轻而易举,实际上这种事多年也不会发生一起。小偷小摸在侗寨内极少发生,而外面的人翻山越岭来偷一担粮食又显得不划算。

概念。①

　　自从 20 世纪 90 年代中后期，农村实行以现金缴纳税费以来，桃源村的粮食几乎完全停止了向外出售，粮食都留在村里消耗掉了。也就是在此之后，桃源村才整体上解决了口粮自给问题。2000 年以来，因为大规模的村民外出打工，因此大部分农户的口粮有了剩余，也就是现在我们看到的大量陈粮实际是外出打工村民省下的口粮。农户将多余的粮食累存起来，既有现实的考虑，也有观念上的饥荒意识。长期以来，当地的农民都处在缺粮的饥饿状态，一方面是人多地少，粮食产量不足供给；另一方面，当地的农业受自然条件的约束很强，粮食产量不稳定。水稻是相对高产的农作物，为了养活更多的人口侗族选择在大山上种植水稻也是无奈之举，为此他们也发展了精致的种植技术，问题是，大山上无法建立有效的人工灌溉系统，没有灌溉保障再精致的种植技术也不过是望天收。② 冻灾、虫灾等也时有发生。在一些农业条件较好的农村，自然灾害影响仅是农民的商品粮的收入，而这里稍有自然灾害便直接威胁到农民的口粮。在 1985 年的虫灾后，段家 4 亩多地仅收稻谷六七十斤，那年全村农户都要外出借粮。③ 现在农户储存大量的粮食最根本的就是要防范可能的歉收。他们认为，如果将余粮卖掉，得到的现金很快就会花得无影无踪，缺粮时又无钱买粮了。对于基本的生存保障来说，现金自然没有粮食可靠，正所谓"手中有粮，心中不慌"。

---

① 与桃源一村之隔的高岗村也是如此，参见崔海洋：《人与稻田——贵州黎平高岗侗族传统生计研究》，云南出版集团公司、云南人民出版社 2009 年版，第 128 页。

② 《从江县志》的数据统计反映了当地粮食生产的波动性。如全县粮食总产量 1979 年是 6900 万公斤，1981 年是 5100 万公斤，1984 年是 6177 万公斤，1985 年是 4841 万公斤，1990 年是 7116 万公斤。参见《从江县志》，第 177—178 页。

③ 确切说应该是乞讨，因为桃源人基本都在村内通婚所以他们很少有从外村寨借粮的亲密社会关系；再则，灾害通常是区域性的，相邻村寨通常会同时缺粮，这样村民只有到较远的陌生村寨乞讨。乞讨在粮食经常性短缺的区域会演化成一种农民增加收入的习惯或冬季性职业，参见〔美〕裴宜理著，池子华、刘平译：《华北的叛乱者与革命者（1845—1945）》，商务印书馆 2007 年版，第 68 页。在侗苗文化中，对乞讨行为不仅不排斥，甚至认为乞讨者上门会给施舍者带来福气，以致外出乞讨也能成为一种习俗。离从江县城不远有一个著名的苗寨——岜沙，村民至今保持着外出乞讨的传统，每逢周边村寨有重大节日，岜沙村民便成群结队前往行乞。2010 年，桃源村新米节期间，便有数十个岜沙人开着车前来，其中不乏身着民族盛装的未婚女青年。

山坡上的梯田

二、财富象征

不管怎么讲，在现在的交通和市场条件下囤积两三年都吃不完的口粮明显是不理智的行为，它只能是一种象征性或炫耀性的行为，象征自己的家底殷实。村民说，你家里有没有钱别人不知道，但是你去找别人借粮则会遭到村民的笑话，大家都瞧不起你。其实不仅是借粮会被人笑话，就是你出售余粮也是一种"暴露"家底的行为，因为别人会认为你肯定是经济非常窘迫才拿粮食换现金。如此一来，粮食近乎成了非卖品，偶有外来的筑路队或伐木工人想找村民买点粮食还得说些好话才有人愿卖，显得他们卖的不是粮食而是人情，而且一次也就卖个一两百斤，多了也不卖。

因为粮食不能以货币交换，对于那些确实缺粮或余粮的农户如何处理粮食问题呢？桃源村的耕地从土地家庭承包制开始，已有30年没有进行过土地调整，而且也没有退出承包地的现象。随着人口增长，村民人均耕地以最初的9分降到不足6分。少部分家庭人口增长较多的农户必然口粮不足，因为买粮会遭人笑话，所以即使他们有现金也不会去买粮，他们或者通过多种高产的杂交稻少种低产的糯稻增加粮食产量，或租种打工农户的耕地。租率通常是对半分，这与建国前租种地主的土地是同样的租率。这样高的租率显然有些过分，但是口粮能否自给涉及面子问题，他们宁可多付出些体力也要保住面子。对于那些确有余粮的农户来说，也不会指望拿粮食换现金，他们会通过适当减少生产来保持一定的储粮，方式则是多种低产的糯稻（因为侗族人喜食糯米饭）少种高产的杂交稻，或者租出一部分耕地，或者广种薄收或干脆撂荒，给自己省些体力。

粮多是一种家庭殷实的象征，如何来表现这种象征就非常有趣。如果你仅是把粮食囤积在粮仓里别人就无法知道你是否粮多，因此村民需要在社会交往中展示自己的粮食实力，粮食在村寨人情往来中作为最主要的礼物恰好可以发挥这种功能。村民的人情礼物中，现金不多，实物占了大头，实物礼中又以大米和稻谷为主。在十年前，村民之间的这种粮食礼物数量还很少，通常是一饭盒（大约 1 斤）大米，因为当时存在普遍的口粮短缺；之后随着余粮越来越多，粮食礼也越送越多，形成一种攀比式的增加。你送一饭盒，我则送一箩筐；你送一箩筐，我则送一担。村民非常形象地表达了这种送礼中的攀比心理："你两手空空去做客，送了一张钞票，谁也看不到；你吭哧吭哧地挑一担大米去主家，全寨人都看得到。"在这种心理下，粮食与现金再次不可替代，村民到外村寨去送礼也要挑上一担粮食"吭哧吭哧"地走十几里的山路。一担重重的粮食既表明了礼送得重，也表明了送礼者粮多，不在乎这点粮食。在娶亲和建房这两件主要的人情活动上，主家收取的现金礼一般只有一两千元，而实物礼中仅粮食就有三五千斤，市场价值在万元左右。当然，这种送礼行为不会整体上减少村寨的粮食总量，因为主家是不会将收到的粮食礼卖掉的。

与粮食具有同等象征意义的还有侗衣和银饰。在桃源村目前还十分盛行传统的家庭手工纺织，妇女的所有空余时间几乎都花在织布制衣上。现在都是购买纱线纺织，省去了纺纱的环节，但是织布、种植蓝靛、染整、缝纫、绣花仍然要耗费巨量的时间，每到夜深人静木楼里"哐当哐当"的织布机击打声不绝于耳，一个家庭主妇一年辛劳所得也不过一两件新衣。传统的侗衣至少有四种用途，一是日常的穿着仍然较普遍，尤其是女性，二是节庆场合必须穿着新侗衣，三是近亲女孩出嫁必须送新侗衣，四是作为陪葬品。如果家里没有备下足够的新侗衣，作为家庭主妇就会落下"懒惰、不理家"的坏名声。

织布　　　　　　　　　　　　制作染料

　　银饰在侗族传统社会是家庭财富的最主要的动产,这应该有两方面的原因,一是防备火灾,与粮仓建在寨外是同样的考虑;二是在动乱时便于随身携带出逃。现在以银饰的形式积攒家庭财富做法依然不可动摇,因此有的家庭的一身银饰可重达十多斤。一个有趣的现象是,村民更倾向于把现金留在家里或转变成银饰,他们觉得把现金存入银行变成一张存折(村民的说法是"一张纸")心里不踏实。2010 年时,整个从江县城只有几家信用社和邮政储蓄的营业部,而没有一家国有商业银行的网点,多少说明了当地人的储蓄观念。同年,桃源村与高黄村发生械斗,村里的妇女则带着自家的银饰躲入山里,一些手头有较多现金的村民不知如何处置自己的现金,后来请小学的校长帮他们保管。银饰是一种世代积累的财富,又以女儿嫁妆的形式传承。未婚女孩在主要的节庆场合和出嫁时都会戴上自家的银饰,当一二十个女孩戴着银饰围坐在鼓楼唱侗族大歌时,她们各自的家底和身份便展示在所有村民面前。当一个家庭有二三个女儿时则比较麻烦,因为一个家庭很难为每个女儿都备下足够分量的银饰,必须采取一些变通的办法来维护自家的面子。当大女儿戴着银饰举办婚礼后便把银饰还回给父母,二女儿、三女儿会戴着同样的银饰举办婚礼,这样三个女儿都可以戴着足够分量的银饰举行体面的婚礼了,等三个女儿都出嫁后父母才将银饰平分给她们成为她们新家庭的财产。

　　村民通过口粮、侗衣、银饰等展示自己家庭殷实的同时,在某些方面他们又不在意暴露自己在经济上的窘迫,典型的是他们对待债务的态度。村民拖欠公私债务成为一种普遍现象,对家庭欠债抱持一种无所谓的态度。20世纪90年代中期,村里开始出现私人设立的杂货店,这些早期开设的杂货店都因村民的赊欠而关门大吉。现在村里的五六家杂货店每家都有五六十个赊欠顾客,店主们不得不采取了限制赊欠的经营策略,一个家庭如果在自己店里的赊欠超过一百或两百元他们便拒绝再向其售货。2010年,村里的一家屠户辛苦经营一年最后落下一万多元的债权无法收回,2011年初只好收摊出去打工了。一个寨子里的人大家都是乡里乡亲,又大多沾亲带故,债主们很难拉下脸面去催讨,欠债者又久拖不还,许多私人债务最后不了了之。村民甚至以同样的态度对待他们的银行贷款。截至2010年,桃源村在信用社有94户共计200万的贷款本息未还,其中部分贷款在20世纪80年代就已发生,因为贷款户的拖欠,信用社只好将拖欠的本息转换成新的贷款,以致滚贷到现在的规模。对大多数欠贷户来说,他们已根本无力清偿贷款。据说信用社近几年已停止了一切向桃源村的贷款。

三、经济收入

桃源村绝大部分土地是林地,总计约有五六千亩,本村的森林覆盖率达到74%,所以几乎所有非耕地的山坡都为林木所覆盖。这些林木中,少部分是天然林,大部分是人工林,且得到了很好的维护,长势良好,保障了本地的自然生态平衡。高森林覆盖率得益于两方面因素的促成,一是侗族人民的植树造林传统,二是林地权属的明确推动了农民造林积极性。

生活在大山之中的每一个侗寨都是一个自给自足的封闭体系,大山是他们的衣食之源,正所谓"靠山吃山"。茂盛的森林不仅提供人们建房的木材、燃料、生产生活用具及野果野兽等食物,更重要的是能够防止水土流失,涵养水源。侗家的村寨和水田都分布在陡峭的山坡上,如果没有良好的植被来控制水土流失,暴雨产生的洪水和塌方会时时威胁到住宅、农田、道路的安全。喀斯特地貌的特点是山高水低,地表水渗漏快,所以通过地表湖塘蓄水或从江河湖泊机械引水都不现实,最理想的方式是通过植树造林涵养水源,形成持续不断的山泉提供人畜饮水和灌溉用水,所以在这些大山之中有山泉水的山坡才能建造村寨和梯田。侗族的植树造林传统其实是他们在大山之中生存的基本策略。

过去因为大山阻隔,木材无法外运,所以农户造林只是供自己用材,多余的林地都被放火烧山,用来长草养牛。到了 20 世纪 80 年代,进村的公路被打通,政策上从实施"谁造谁有"到林地承包到户,农户的造林积极性由此迅速高涨,森林覆盖率大大提高。大片的森林是一笔重要的财富,2010 年就有老板从桃源一次买走上万棵杉树,价值十多万元。最早响应政府"谁造谁有"号召,率先造林的少数农户如今已获得巨大收益,时任村主任和村会计每人种植了好几千株杉树,现已成林,市场价值 10 万元以上;对大多数农户来说,种植数量不过数百株,基本上只能满足自己建房用材。也就是说,林业的规模虽然看起来较大,但分摊到近 300 个农户的规模就很小了,如果再分摊到一个 20 年的生长期,对农户收入的贡献就更小。本来有限的利益最终能否获得还要靠运气,一场山火便会使森林毁于一旦。在笔者调研期间便发生了一次森林火灾,烧毁林木近千亩。再如果一把大火烧毁了村寨,则全村的森林可能还不够重建一座寨子。

水田是最重要的生存资源,受气候条件所限,桃源村的水田每年只能种植一季水稻,在冬春季节因为冰冻期长,所有耕地只能撂荒。在大山中种植水稻的难度是外人难以想象的,村民出门就爬坡,不仅用不上机械,畜力的使用仅限于用牛耙田,其他农活全靠人力完成。侗族历史上形成的高度聚居模式又加剧了这种耕作的艰巨性。对桃源人来说,种田虽然是他们的最主要的一项工作,但仅仅是为了获得口粮,其中的现金收益只有靠买稻草,一个农户一年可能得到三五百块钱。家畜养殖也不会给农户带来现金收入,因为农户散养的家畜数量有限,还不够村寨内部的自我消耗,每年要从外面购进大量的肉类。因为从种田中获得现金收入十分微薄,近十年来随着交通和通讯条件的改善,桃源人开始试图从规模化的种养殖业和打工获取收入。先后有一二十家农户尝试过养猪、养鸭、养羊、养牛、果树种植等项目,基本都以失败草草收场,甚至为此背上了债务。到 2011 年时,村里仅存一家规模化种养殖户,养羊约五六十只。现在桃源村民提到规模化种植养殖就摇头，完全没了信心。

　　真正改善桃源村经济状况并因而引发社会生活各方面变迁的是近十年来开始的打工潮。本村总计有 200 多名村民常年在外打工，在家种田的村民农闲时也会四处寻找打临工的机会。大规模的打工潮不仅结束了祖祖辈辈一直困扰的吃饭问题，还使他们的生活水平有了实质性的提高。打工收入如今是绝大多数农户的主要现金来源，他们用打工赚来的钱建了新房子，购置了家用电器、拖拉机、摩托车甚至汽车，当然也可以供小孩子读更多的书。打工也改变了许多人的人生轨迹，他们学会了流利的普通话，有的娶了外地的老婆，有的嫁到了外地，有的把老人小孩都接到城里一起生活。年轻人的大量流出也让寨子变得冷清下来，以往人声鼎沸的山寨现在很难再听到歌声，"吃相思"的客人年年都在减少，传统的节日和娱乐活动不再具有往日的魅力。

　　从总体上看，桃源村的经济发展水平刚越过温饱线，"吃饭靠种田，穿衣靠织布，建房靠植树，花钱靠打工"，准确地表达了目前的经济现状。虽然现代的工业品和市场机制早已渗入村寨生活的每个角落，但自给自足的自然经济模式仍然占据主导地位。

四、生活方式

　　桃源村民的日常生活方式非常有特点，虽然离县城不远，侗族的传统文化特征保留得相当完好，这些可从村民饮食、娱乐、子女教育等方面体现出来。

（一）饮食

　　村民的作息时间完全没有规律，按他们的话讲是"饿了就吃，困了就睡"，有时一天两餐，有时三餐。通常在上午十点左右吃早餐，有时拖到中午十二点也称是在吃早饭；他们似乎没有午饭的概念，反正上午蒸的米饭管吃一天，饿了时就去抓一把冷饭吃；下午四五点到第二天凌晨都可能是晚餐时间，在晚上十点钟左右吃晚饭的时候居多。这种生活习惯的形成可能与他们的农作特点有关。因为住宅与农田的距离太远，他们不可能到了点就回家吃饭而把大量的时间浪费在往返的路途上，所以村民上山干活时都随身带着饭团，饿了就吃，农活少就早回，农活多就晚回。当天到哪块地里做农活，做什么农活决定了当天该何时吃饭何时睡觉。农忙时就干脆带上锅灶大米在山上的窝棚住几天。

侗家饮食的另一个特点是吃糯米饭和生食。糯谷的产量通常不到杂交稻的三分之二，但桃源大部分稻田里还是种的糯谷。侗家传统上喜食糯米与他们的生存环境有很大关系。糯米饭不易变质和不易消化的特点正好适宜作为侗家的食物。村民在大山中劳作，出门就爬山，体力消耗非常大，需要吃经饿的食物；而且下地干活路途遥远，通常早出晚归其至会在山上待上一两晚，所以只要上山干活就必须带上够吃的饭团，糯米饭放上两三天也不会变质的特点正好适宜带着下地干活。

侗家的生食习惯说来让人生畏。他们喜欢将新鲜的猪肉或牛羊肉及内脏切碎后拌上食盐和辣椒生吃，新鲜的猪血和牛血也是撒上盐粒后直接吃下去。最为侗家所喜欢的一种食物是"牛羊瘪"。所谓牛羊瘪就是从牛羊胃里的食物残渣中挤出的汁液和小肠溶液。牛羊被宰杀之后，肠胃里有大量的草料残渣，人们用手将残渣中的大部分汁液挤出来，挤干后的残渣被扔掉。牛羊瘪通常与牛羊苦胆混合拌匀，这样的牛羊瘪盛在碗里，作为佐料蘸菜吃，或者直接用瘪拌菜或作为煮菜的汤料。村民在买牛肉时没有牛瘪就不会买肉，牛瘪不用花钱买，卖肉人将牛瘪盛在桶里，买肉的人想要多少就自己从桶里舀走。村民把牛羊瘪说成是"百草液"，好比是现成的熬好的草药，吃了对身体有好处。有村民解释他们的生食习惯时说，这种习惯的形成是在农村集体化时期，当时村民吃不饱肚子，有人就在山上将集体的牛偷偷地杀掉，因为怕生火被人发现，所以只能蘸点盐巴生吃下去了。这样的解释显然不合理，生食习惯应该在更早的年代就产生了。

侗家人似乎无所不吃，比如水田里的青苔、螺蚌、水蟆、蝗虫、蛇鼠猫雀（燕子除外）、蜥蜴。他们的食物制作通常非常简单，或者是生吃，或者是水煮或烧烤，菜蔬蘸上食盐和辣椒吃下。绝大多数家庭没有植物油，因此很少有炒菜。他们的炊具非常简陋，没有专门的厨房，火塘上放个三脚架便成了厨房。直接用手抓食和使用筷子是两种并行的用餐方式。

骇人的生食

（餐桌上是一盆生牛血、两碗生牛肉、一碗熟牛肉、一碗
牛瘪、一碗煮青菜）

他们一年四季都是喝生水。火塘是每个家庭必不可少的设备，解决食物制作和取暖的需要。在严寒季节，人们也只穿非常单薄的裤子，着传统侗装的妇女连膝盖也露了出来，这样的穿着习惯使他们终日离不开火塘。

侗家人的饮食习惯给人一种简单原始、饮毛茹血的印象，这或许是他们过去生存资源短缺、生活物资贫乏的生存状态留下的印记。

（二）闲暇娱乐

村民的日常娱乐形式最普遍的是看电视、聊天、喝酒和赌博。老人、妇女和儿童是看电视的主体人群，他们每天看的都是那些没完没了的连续剧，看连续剧的好处是不懂汉语光看影像也能基本上猜出剧情。聊天是所有人的嗜好，没干农活时，人们总是聚在一起没完没了地闲聊。聊天的人群通常根据年龄和性别的分别聚在一起。聊天的地点也有所分别，中年男人和老年男人通常聚在公路旁的几个农户家里，妇女则很少聚在公路边聊天，一般相对固定在离公路有一些距离的某个农户家里。聊天的时间也不固定，没做事时村民很少单独呆在家里，总是要找人闲聊。晚上是村民最空闲的时间，村民习惯聚在公路边或某个农户家里聊上两三个小时，若聊得兴起，可能会聊到凌晨二三点。

闲聊的妇女

　　喝酒是男人的普遍嗜好。女人通常不喝酒，只在节日或有客人时才会喝酒。在某些聚会场合，十来岁的小女孩也会与朋友们一起喝酒，父母并不干预。最好酒的当然是男人，每天村里都能碰到几个醉醺醺的或是醉倒的男人，男人们有事没事都爱聚在一起闹酒。侗家人都很好客，只要别人到自己家里来，主人必然会热情挽留吃饭，菜寡不重要，关键是要陪客人喝酒，主人不惜自己喝醉也要陪好客人。这里的农户家家酿酒，男人们的酒量大，每年因此要消耗掉相当一部分的本不充足的粮食。

　　赌博也是很多村民的日常娱乐方式。赌博的形式有摇骰子、麻将、纸牌、地下六合彩等，逢年过节也会通过斗牛和斗鸟的方式赌博。村民从小就开始学习赌博的技术，在村里会经常看到一群不到十岁的小女孩手握着一把零钞在一两个中青年妇女的带领下神情专注地玩摇骰子。年轻人通常聚在一家小卖部打牌，因为这家小卖部是一个未婚的年轻女孩在经营，每局的赌注通常只有一两块钱。年纪更大些的男人又聚在另外一家小卖部打牌，每局的赌注一般不超过十块钱。结婚后的妇女极少参与打牌一类的赌博。"地下六合彩"近几年传入本村，是村民普遍热衷的赌博方式。村民们每日聊天的一项重要内容就是六合彩，每到开码的晚上，码庄家里总是挤满了买码的人群。目前村里有六家码庄，可见这个市场之兴旺。赌码的人自然是亏多赚少，少则一户亏三五千，多则上万，大量的现金白白流走。有的农户用贷款赌博，完全不计后果。那些热衷喝酒赌博的,相当部分村民实际上都有欠债,但是他们依然把大把的时间和精力消耗在喝酒和赌博上。村里许多人也评价他们自己挣钱的欲望不强,出去打工怕吃苦,呆在家里又懒得做事。他们举例说,只要吃得苦,在家里也能挣钱,不比打工差,比如上山挖树兜砍柴火卖也很赚钱,但这些活路都很辛苦没人愿意做。

(三) 子女教育

在大规模的打工潮出现之前,唱大歌是这一带侗族人民十分热爱的一种娱乐形式,得到很好的传承。儿童在十岁左右开始跟寨子里的师傅学习唱歌,因为大歌有数百首,因此通常几年的时间也学不完。学习唱歌是小孩子晚上必修的功课。在大规模的年轻人出去打工之前,也就是十年前,年轻人学歌唱歌的热情都非常高,男青年们晚上"走姑娘"时,必然要和女青年们对歌;每当过节时,年轻人会聚在鼓楼唱上几天几夜。现在年轻人很少待在村里,过节时也难以凑齐一个歌班。再者,因为电视的普及及年轻人的日常的娱乐方式开始变得丰富多样,年轻人逐渐失去了学歌的热情。现在村里的小女孩仍在坚持学歌,而小男孩们已不再学歌,25岁以下的男青年都不会唱歌了。在节日时,这些仍在上学的女孩只能和比她们大十多岁的男人们对歌。大歌在桃源已不再是人们日常的娱乐形式。

未婚男女的主要的娱乐活动是"行歌坐夜",村里人称"走姑娘"。男青年们到了晚上通常三五成群到某个女孩家去玩,多数时候他们是到某个相对固定的女孩家里玩,其他女孩则聚到这个女孩家来。每当有男青年到来,女孩的家人会很快主动避开,要么关上房门睡觉,要么到邻居家聊天。以前男女青年"走姑娘"时,主要的娱乐是唱歌,现在已经很少唱歌了,他们在一起通常是聊天、打牌、吃零食,有时也会喝酒。玩得高兴时会大声吵闹一整晚,不管他们在夜深人静时如何吵闹,那些父母和邻居都不会出面干预和责怪。通过集体走姑娘的形式,男女青年得到相互了解,当某一对男女青年相互产生好感后,男青年就会单独一人晚上到姑娘家里找这个女孩玩耍,进一步培养感情。

在这里,家长对小孩完全是一种放养的态度,只管他们吃饱穿暖,极少约束他们的行为。男女孩到了十二三岁便开始参与行歌坐夜等频繁的集体活动,早恋成为一种普遍现象。早恋早婚是社会认可的行为,通常会得到父母的鼓励。

　　大山区少数民族落后的学校教育令人忧心。当地实施强制性的九年义务教育才是近两年的事情。村小学的围墙上写着醒目的标语:"初中不毕业,打工不合格",或许寓示了村民对学校教育的态度。而在三五年前,能读完初中的学生寥寥无几,虽然村里有一所完全小学,但部分女童连小学也不能毕业,全村只有一个女孩高中毕业。上寨近百户人家,30 岁以上的男子竟只有 2 人初中毕业。到 2011 年止,村里只出过一个统招的大学生。村里文盲、半文盲的比例自然很高,这些多是文盲、半文盲的父母对子女的学校教育漠不关心,放任自流。他们更倾向鼓励女孩学习大歌、制衣刺绣,鼓励男孩下得苦力干活,因为这些素质有利于他们将来在寨子里找到一个理想的配偶。

　　上述桃源人生活方式的一些侧面我们可将之归入"贫困文化"的范畴,它们是社会经济发展落后的表现,也是社会经济发展的文化障碍。

第二节 │ 家庭、社会网络与社会互助

　　上文笔者介绍了侗族社会因为自然资源条件所限,不足以供养相对过密的人口,所以粮食短缺一直是困扰当地人民的突出问题。现阶段因为大规模的外出打工,口粮出现了剩余,人们通过囤积粮食可以说完全解决了饥荒威胁,这是社会的一大进步。但是随着社会的发展,吃饱肚子之后还面临着诸多的生活难题,比如生老病死、建房起屋、天灾人祸等,而打工收入是有限的且各个家庭从中所得差异很大,仅靠打工收入还不足以让多数家庭获得有保障的、体面的生活。举个简单的例子,近两年桃源不少农户建了新房,如果没有村民之间的劳力互助机制而采取雇工的方式,则建房成本会增加一倍以上,绝大多数农户包括那些常年在外打工的农户则无力建房。通常来说,经济发展水平越低,传统的社会网络和初级社

会关系越发达，形成一套"安全阀"机制。侗族社会十分有特点的家庭制度和社会网络正是适应他们经济发展较快但整体水平还较低的经济状况的一套社会"安全阀"。

一、家庭模式

家庭是社会的基本单元，是对社会结构考察的"规定项目"。根据社会学的进化理论和功能理论的观点，家庭制度与社会的经济发展水平紧密相关。在经济发展水平低下时，人们倾向于建构大家庭，因为它对降低生活成本、发展家庭经济和聚集财富有利；在经济发达的社会，因为生产方式和生产能力的提高，小家庭的生存能力增强，因而出现了小家庭取代大家庭的趋势。在当代，小家庭有更小化的趋势，比如父母与已成家的子女分开单过，重归核心家庭，还有越来越多的单亲家庭、单身家庭。这是家庭规模的变化趋势，用社会学的术语说就是核心家庭取代联合家庭、主干家庭，相应的分家模式也从"一次性分家"向"系列分家"[①]转变。

传统的大家庭理想在侗族村寨还大有市场。笔者在桃源和周边一些村寨都看到不少长房子，这些长房子有的长达五六十米，相当于一般住房二栋或三栋相连的长度。长房子上下两层楼的廊厅相连一体，数兄弟住在一起，来往完全没有障碍，如同一家人。有的几兄弟都已结婚，甚至孩子都已成人，还挤住在一栋木楼里，一个锅里吃饭。这样的大家庭还不少见。

桃源村的家庭模式整体上也出现了核心家庭取代联合家庭的趋势，在这种变化趋势下家庭模式显得非常复杂，以致笔者无法套用核心家庭、联合家庭、"一次性分家"、"系列分家"这些概念。下面是桃源村的几种主要家庭模式。

---

① 传统的分家一般要等到家庭中所有儿子都结婚后才进行，笔者称之"一次性分家"。"系列分家"借用 Myron Cohen 的概念，指儿子们各自结婚之后便分家单过，发生几次分家的现象。参见阎云翔著，龚小夏译：《私人生活的变革：一个中国村庄里的爱情、家庭与亲密关系：1949—1999》，上海书店出版社 2006 年版，第 165 页。

（一）不可分裂的主干家庭

尽管存在"一次性分家"向"系列分家"转变的趋势，分家时间也逐渐提前，但是不论采取何种分家模式都不会出现父母单过的情形，也就是主干家庭的模式是不可动摇的。"在寨子里，老人有儿子而单独居住的情况是没有的"。[①] 笔者在文中几个地方都提到侗族社会维持着良好的孝道传统，在他们看来已婚的儿子让父母单过无疑是抛弃父母，是不可思议的大逆不道的行为。桃源村没有一例父母单过的家庭。这种孝道和家庭模式给了老年人一个基本的生存保障，对大山区的老人来说显得尤为必要。在农业条件较好的农村，可能只需较少的体力付出就能获得基本的生活资料，老年人一般也能自给，但这里的环境条件决定了农活都是异常艰辛的苦力活，老年人会相对较早地退出种地、打柴这样的农活，成为被供养的对象。这种孝道和家庭模式让人们对自己的老年生活充满信心，因为等他们老了爬不上山的时候，"儿子有饭吃总要分我一口"，因此也坚定了他们一定要生一个儿子的决心。

在桃源人的观念中，晚辈不仅要赡养父母与之一同生活，对其他长辈也存在这类义务。如果夫妻没有儿子，那么他们年老之后就由侄子负责赡养，与侄子一同生活，这是侄子必尽的义务。桃源村1930年订立的村规民约——《万古章程》碑上有："本乡人民无论贫富，无子结（接）后，立规章仍结本房侄子到家管理"。这一制度在现在仍然通行，比如现任支书的大哥就是过继给伯父做的养子，实际上也是规定的侄子养老义务。如今村支书只生得两个女儿，村民说，支书夫妇老了后肯定是由他大哥的两个儿子一人养一个。侄子对未结过婚的叔伯姑姨自然有赡养义务，而且出嫁后又离婚的姑姨仍可回来由侄子养老，这样的案例在桃源都存在。女婿也可以承担养老重担，比如寨老贾康文的岳父母无子，岳父死后岳母已随他生活多年，村民评价说"比自己的亲妈还亲"。[②] 当然，女婿养老，特

[①] 参见张泽忠、吴鹏毅、胡宝华等：《变迁与再地方化——广西三江独峒侗族"团寨"文化模式解析》，民族出版社2008年版，第47页。

[②] 在上一章笔者对寨老们实际上有颇多负面评价，但寨老们在勤俭持家、尊老爱幼等方面都堪称楷模。

别是与岳父母一同生活的案例较少发生,社会规范不特别强调女婿的养老义务(后文我们将谈到女婿的主要义务是送终)。在桃源村,只有既无儿子又无侄子的老人才会单过。这种侄子养老制度无疑解决了大部分鳏寡孤独者的基本养老问题,也成为一种制度化的主干家庭模式。

(二) 有限分家与半联合家庭

"有限分家"和"半联合家庭"是笔者提出的新概念,在解释这两个概念前,笔者要先做一些现象描述。当笔者询问村民他们的分家时间时,有的说是所有儿子都结婚后才分家,有的说是结一个分一个,也就是说既有说一次性分家的,又有说是系列分家。为什么会出现矛盾的说法呢? 其实这里没有对错之分,只是双方表述得都不够准确,准确的说法应该是,结一个分一个,但只分给有限的财产,只有等所有儿子结婚后才把所有家产平均给各个儿子们。如果有几个儿子,先结婚的儿子分家时只分得一些水田,也就是口粮分开,主要的耕牛农具等不分;如果这个家里只有一栋房子,则房子不分,仍和父母一起生活,如果有两栋房子,则已结婚的儿子可以单过;林地不分,因为还要为后结婚的儿子建房;先结婚不管是否分家都有同样的义务与父母一起为后结婚的兄弟结婚、建房出力;只有等所有的兄弟都结婚并有了专属的房子后,兄弟才可以平分林地,获得完全的独立。在此,笔者将桃源村的这种分家模式称作"有限分家"。因为要等所有兄弟都结婚并拥有专属的住房后才彻底分家,结婚、建房都非易事,所以已婚兄弟有时要等二三十年才实现彻底的分家。在这之前已婚的兄弟与父母通常一起生活,拥有一定的经济独立性,又不是我们传统意义上的联合家庭。在这里笔者将这种一个已婚的儿子与其他已婚或未婚的儿子同父母共同生活,其中已婚儿子拥有一定经济独立性的家庭称作"半联合家庭"。

半联合家庭在桃源村占了相当的比例。这里笔者举两个典型案例描述他们的生活情形。

案例1:潘氏兄弟(2011 年)

父母年近80 岁

哥:45 岁　男孩 24 岁(未婚)　女孩 20 岁(未婚)

弟:40 岁　男孩 16 岁　男孩 12 岁

三年前分田,之前一起种,一起吃饭,只有打临工的钱归己;林地未分。

口粮分开,但在同一个火塘一个锅里蒸饭。蒸饭时,饭甑中间用纱布隔开,一层一家的饭。两个饭盆摆在一块,各吃各的饭,菜一起吃。两个老人一人负担一个的口粮,谁盆里有饭吃谁的;两个盆里都有饭时,两个老人则分别相对固定在一个盆里吃饭。

房子不分。楼上隔出了 7 个卧室,谁想住哪间就住哪间。楼下的空间完全是公共的,共同使用畜圈、客厅、厨房。火塘、饭桌、锅碗瓢盆都是共用的。一台电视机是兄弟一起买的,弟出了 1 千,哥出了 5 百;打米机一台,600 元,弟买的;沙发一套,150 元,弟买的。

农具谁有钱谁置备,共同使用。共用一个电表,谁有钱、谁碰上交电费的时候谁交,从来没有意见。

共同拿米酿酒,一起喝,喝多喝少不计。

养过猪,各养各的,卖了后归己;养牛各养各的,割草耙田相互帮助,卖了归己。

将来再建新房,两兄弟一起建,谁钱多谁多出点,建好后一人一栋。"财产分割随便,我们也没打算怎么分"。

在潘氏兄弟的案例中,兄弟未分耕地前,虽已结婚多年,但各自的经济独立性有限,只有打工收入归己支配,这时的家庭模式更接近传统的联合家庭;现在的家庭模式则是笔者所说的"半联合家庭"。一张饭桌上吃饭,兄弟同吃一桌菜却各吃各的饭,是这种半联合家庭模式的最好的写照。因为现金收入非常有限,已婚兄弟之间的独立性很大程度体现在口粮的独立上,所谓"亲兄弟明算账"在这里主要明确的是口粮账。

案例 2:王家(2011 年)

父亲 77 岁　母亲 76 岁

大儿子:1969 年生　1988 年结婚　男孩 18 岁　女孩 16 岁

二儿子:1971 年生　2001 年结婚　女孩 9 岁　男孩 2 岁

三儿子:1973 年生　1998 年结婚　女孩 10 岁　男孩 4 岁

三个儿子共住一栋房子,房子未分。二儿子夫妇多年在外打工,没有提出分田分房要求,所以全家的耕地三儿子种一部分,剩下归大儿子和父母种,没有明确划分到各个儿子的名下;2009 年大儿子与三儿子分开种田,2010 年上半年开始分灶吃饭;耕牛未分。在这个大家庭的历程中,2001 年前,它是一个典型的联合家庭;随着二儿子结婚又常年在外打工,经济上基本独立,联合家庭变成了半联合家庭;半联合家庭到2009 年基本解体,因为这时三个儿子经济上都基本上独立了并开始了分灶吃饭;今后三个儿子共同出资(或某个有能力者单独出资)扩建了住房,划分了房产、林地、耕地,半联合家庭则变成了典型的核心家庭或主干家庭。

从半联合家庭的现象我们可以总结桃源人的一些家庭观念:

半联合家庭的存在反映了桃源人宽容的个性特点,兄弟、父子、妯娌、婆媳等和谐相处的能力让人叹为观止。

半联合家庭的存在主要有两方面的原因:一是强调已婚儿子的口粮(水田)独立性,反映了口粮在侗族生活中的地位,这应该是一个传统的因素。二是已婚儿子对打工收入拥有支配权,这是一个近十多年来出现的现代性因素。

半联合家庭反映的是传统大家庭理想,因此它要实现大家庭的目标:降低生活成本,聚集家庭经济力量,帮助每个儿子成家立业,也就是说半联合家庭是桃源人适应较低经济发展水平的一种生存策略。在他们看来,系列分家的模式是不可接受的,被看作是已婚的兄弟抛弃未婚的兄弟;已婚的兄弟有义务和父母一起为未婚的兄弟娶妻建房。

半联合家庭为单身汉提供了长期的基本生活保障,这点在当今显得尤为重要。后面的章节我们将谈到桃源村的出生性别比异常高,存在一大批大龄单身汉,也有些终身未婚者,他们则长期或终身和已婚的兄弟一起生活。

(三) 核心家庭

在桃源村,核心家庭约占半数。因为上述有限分家和半联合家庭模式的影响,核心家庭的建立时间无疑会较迟,最早要等到小孩满周岁,迟的则要等一二十年,比如上文所说的潘氏兄弟至今还没有建立一个完全的核心家庭。年轻人结婚也不会提出建新房的要求，说明他们没有建立核心家庭的迫切愿望。

总之，桃源村的家庭制度是为最大化地为每个家庭成员提供生活保障而设的，老人、年轻人、鳏寡孤独者都最大可能地得到了亲属的照顾。

二、社会网络

家庭可说是桃源村民的最基本的生活保障单位，但是家庭的保障能力是有限的，多半仅限于保障吃饭穿衣的基本需要，对于婚丧嫁娶、生老病死、建房起屋等诸多重大家庭事业则显得能力不足，必须寻求社会的帮助。正因为如此，每个家庭都力图在村寨内部建构一个有力的社会支持网络。侗族村寨内部在家庭之上还有三重制度化的社会组织（即房族、姻族和歌班）满足了家庭的这种需求。对于地理上十分封闭、经济上较为贫困的侗族村寨来说，一个家庭能否说得起话、办得起事，能否过上较为体面的生活关键看它所建构的社会网络是否有力。

（一）房族

在前面有关"移民与社会结构"的章节中，我们对桃源村的房族结构作了一些介绍。在桃源村，"房族"也称作"结拜兄弟"，房族成员以"兄弟"相称，是一种拟制的血缘家庭群体。房族通常由 10—50 个家庭组成，在桃源村，每一个家庭都归属于一个房族，最小的房族有 12 户，最大的房族有 30 多户。房族一般包括一个大姓和数个小姓，大姓通常是房族中最早落寨的姓氏，小姓则是后落寨的姓氏。在桃源村，不同房族的同姓之间通常没有血缘关系，可以相互通婚；同一房族中的大姓通常也会有几个祖籍和落寨时间不同的支系，因此一般意义上的同宗同源的血缘房族（家族）规模都很小。桃源村的 10 多个房族中只有两个是单姓房族，它们内部也各有几个不同血缘的支系。桃源村的房族结构充分说明了它是一个移民村落和杂姓村落，并具有区域的代表性。

问题是，移民村落和杂姓村落在各地并不鲜见，为什么唯独这里的移民要建立普遍的结拜兄弟关系？这里应该有三个方面的原因。一是互助的需要，这是最根本的原因。结拜兄弟的现实功能就是它是一个制度化的互助团体，这些落荒而来的移民必须依靠团体的力量才能在大山之中生存下来。二是地缘关系不发达。在散居村落地缘关系（邻里关系）通常会较为突出，一个小的自然村落（在许多地方相当于一个行政上的村民小组）自然形成一个互助和人情往来团体。在侗族村寨，高度聚居消灭了内部的地缘界限，地缘关系被高度聚居模式消解；以自然寨或村作为互助团体又都显得过于庞大，因此人们只有在自然寨之下建立若干个大小适宜的互助团体。三是姻亲团体的互助力量有限。因为是移民村落，真正的血缘家族的规模都非常小，单姓独户亦不少见，虽然人们都倾向村内通婚，但对于众多的小姓或新到来的移民来说，他们的姻亲群体可能只有两户或数户，不足以到达结拜兄弟的规模水平，因此仅靠姻缘来建立自己的互助团体是不够的。

结拜兄弟关系一旦达成，便世代相袭，轻易不会分裂。房族的规模是根据互助的需要来设计的，最基本的标准是红白喜事所需的人手。在桃源村，红白喜事中的人力互助是结拜兄弟的专属义务，各个家庭出一两个人帮助主家；其他亲朋好友都是客人，客人自然不需动手出力。一个房族的人口发展到较大规模，比如超过 50 户，超过了一般红白喜事所需帮忙人手的数量，相反会加重主家的招待负担，同时也会加重房族兄弟之间的人情送礼负担，这个时候房族便有了分裂的必要。房族兄弟间出现严重矛盾或人缘极差者也可能导致兄弟关系的解除，但这种情况极少发生，因为兄弟反目会遭到极大的舆论压力，一旦脱离了原房族也很难得到本村寨其他房族的接收，这意味着脱离者将迁离他乡。上寨的廖姓原有同宗三兄弟，六七代前三兄弟闹矛盾，一家迁到下寨，一家迁到外村。上寨潘某在上世纪七八十年代做了二十来年的村支书，得罪过不少人，他的房族兄弟"都很后悔结了这个兄弟"。前文中提到的原村会计下寨的潘某因为屡次"害了"本房族的兄弟和其他村民，又贪污了村里的公款，他的房族兄弟们现在正犹豫着是否把他"开除"本房族。这两个潘姓人家都是建国前不久才迁入桃源，到目前仍是单家独户，又遭到房族兄弟的嫌弃，所以他们成了村落中最孤立的农户。

（二）姻族

虽然有大量的年轻人在外打工，桃源人与外界通婚的逐渐增多，但是整体上他们仍然强烈地倾向在村内通婚，村内通婚的比例在 80％以上，在十年前会达到 90％以上。村内通婚在本地成为一种普遍现象，后面的章节笔者将具体分析桃源人的婚姻选择观念。在桃源人看来，只有那些没有本事的家庭才选择与外面通婚，也就是那些村落中或贫穷、或名声差的人在村内很难找到结婚对象才与外面通婚。村内通婚的观念显然由来已久，清末和民国时期本村的贾姓和石姓地主都是当时本村唯一的地主，这些地主家庭都是在本村通婚而没有与外村同等级经济水平的地主家庭通婚。

影响村内通婚观念的有三方面因素，一是便于亲戚之间的往来互助，二是聚居模式提供了婚姻选择空间，三是彼此知根知底不会跨越婚姻层级。在这三个因素中，最关键的是聚居模式。一个寨子数百户人家足够回避内部通婚的血缘障碍，也消除了村民之间的地理障碍，因此村民不必翻山越岭与外村通婚。如果是一种散居格局，则无以形成"内部"的观念，村民可以向所有邻近村寨寻找结婚对象。

村内通婚无疑会影响与外界的社会联系，造成村寨之间封闭关系，好在侗族村寨之间有"吃相思"的互访习俗一定程度上弥补了这方面的不足。除此之外，村内通婚可以说是一种十分合理的选择，因为村民可以最大化地利用自己的姻亲资源。

桃源人的亲戚范畴非常复杂。村民流行的一句口头禅就是"全村人不是兄弟就是亲戚"，所谓"兄弟"就是指上文所介绍的结拜兄弟，它的数量是有限的，也就是 10—30 多户的规模，那么还剩下的 200 多户应该就是一个家庭的亲戚数量了。其实，"全村人不是兄弟就是亲戚"是一种夸张的说法，不过是想表示他们亲戚多的现象，实际的数量并没有那么多，我们可以简单地以村民的人情礼单为证。一般人家的人情礼单记录的送礼者约 160 户，包括了族亲和姻亲及朋友。在这约 160 户中属于近亲的一般在 50 户左右，近亲的数量很容易统计，因为近亲每户都会用一个陶坛装米送到主家（称作"坛子礼"），点过坛子数便知近亲数。近亲包括了部分姻亲和所有族亲，通常是丈夫和妻子的兄弟姊妹、堂兄弟姊妹，以及丈夫的结拜兄弟（族亲和姻亲经常会有部分重叠）。近亲是一个家庭核心的人情范畴。近亲之外则是远亲，远亲都属于姻亲和表亲的范畴，数量可在百户以上。也就是说，亲戚中近亲数量在二十户左右，大致相当一个结拜兄弟群体的规模。

这里有意思的是，桃源人为什么要维持一个上百户的远亲规模，可谓一表千里了。这可能有两方面的原因，一是与笔者在"村与村的关系"一章中提到的社会关系炫耀性展示的社会心理有关，目的在于表明一个家庭在村里良好的人缘。比如远亲中就包括了妻子房族、出嫁姊妹的房族和女婿房族的所有结拜兄弟，这种把兄弟的亲戚当作自己的亲戚的现象是一种典型的为出嫁的女儿争面子、壮声势的心理的反映，这样一来，全村人大半会挂在同一张亲戚网上。二是大家都住在一个村落，抬头不见低头见，谁都抹不开面子丢掉老亲戚、远房亲戚。

（三）歌班

侗族大歌是侗族社会又一个独具特色的民族文化事项，它能被列入世界非物质文化遗产保护名录，不仅在于它天籁般的歌声，更在于它独特的演唱形式。大歌是一种合唱形式，男女两个歌班集体对唱，歌声抑扬顿挫，属复调式音乐类型。侗族大歌最初在相邻的高黄村"被发现"，打破了西方人认为中国传统音乐没有复调式音乐的成见，从此受到各界的热捧，迅速走向世界。从民族学的角度来说，侗族大歌不仅仅是一种音乐艺术，它还是侗族社会结构、婚恋关系、文化传承和精神生活的重要组成部分。[1]

要习唱大歌首先要加入一个歌班组织。歌班有自己的组建规则，主要标准是年龄、地缘和性别。大歌是男女集体对唱的情歌，歌词多是一问一答，因此歌班分男歌班和女歌班。歌班也是一个年龄组织，歌班成员的年龄差别通常是 2—3 岁，所有小孩在 10 岁左右开始学歌，一同学歌的一

---

[1] 参加申茂平：《侗族大歌赖以产生的生态环境及其嬗变与保护》，《贵州民族研究》，2006 年第 4 期。

批年龄相仿的男孩或女孩便组成了一个歌班,因此一个村寨就按年龄段组成了有多个歌班的梯队。歌班组建的第三个原则是地缘,也就是同一自然寨的同龄人组成一个歌班。为什么以自然寨为单位组建歌班呢？这里可能存在两方面的考虑。一是自然寨是一个大小适宜的单位。一个自然寨中同一年龄段的男孩或女孩大约 10 到 20 人,适宜组建一个歌班;如果以村为单位组建歌班则可能出现歌班成员过多组织困难的麻烦;以房族为单位组建则会出现同一歌班成员过少的问题。二是大歌的歌词性质决定了不能以村为单位组建歌班。侗族大歌是男女谈情说爱的媒介,歌词主要是情哥和情妹的对话,如果以村为单位组建歌班,那么本村的男女歌班便没有对歌的机会,因为无论是哪两个年龄段的男女歌班对歌都出现一家人同时出场的问题。同一自然寨的男女歌班不能对歌的规则也是为了避免这种伦理上的尴尬。相邻的高鱼村和银里村都只有一个自然寨,因此他们的歌班只能与外村的歌班对歌。

跟着歌师习唱侗族大歌的少女歌班　　　　歌班姐妹挖田时的午宴

　　侗族社会有"饭养生,歌养心"之说,所有侗家人从小就开始习唱侗族大歌。侗族所有传统社会规范、社会伦理都包含在海量的大歌歌词中,因此学会了大歌也就懂得了做人的道理。由此我们也可说侗族大歌是侗族传统教育的主要载体,是青少年社会化的一种主要形式。会唱歌、积极参加歌班活动的人无疑会得到社会的赞誉,更容易融入村落的主流群体;相反,不会唱歌,不愿参加歌班活动的人则会被群体边缘化。侗族大歌是吃相思、行歌坐夜时的核心活动项目,会唱歌的人会受到异性群体的欢迎,得到更多相处的机会,不会唱歌者则"不好意思"参加这些集体活动,对青年人来说,结果是会唱歌的容易找到中意的结婚对象,不会唱歌的"只能捡别人挑剩下的"。

桃源人把同一歌班的伙伴称作"朋友",是相对于兄弟、亲戚来说的第三类社会关系。以"朋友"相称说明歌班是一个充满友谊的团体,这种友谊开始于从小在一起的相处,一直持续到他(她)们年老。歌班不仅有助于成员寻找爱情和友谊,其他生产生活上的互助也十分普遍,而且习惯于以一个独立的群体活动,具有强烈的群体意识。比如某个成员家有喜事,歌班会在办酒之后单独约个日子到主家祝贺。因为歌班成员在长期的相处中形成了的强烈群体意识,因此它也是一个成员非常稳定的群体,那些不会唱歌的或不合群的同龄人很快就会发现自己被排斥在群体之外。事实上,桃源成人完全不会唱歌或不参加歌班活动的只占极少数,其后果不仅是声誉和友谊的损失,也是人际资源的严重缺失。

近十年来,侗族大歌的传承正面临严峻的挑战,打工、教育、电视、手机的普及逐渐在转移年轻人的注意力。在桃源村,女歌班基本上仍能维持完整的年龄段序列,但是男歌班已经断代,25 岁以下的男青年基本上不会唱大歌,传统的"朋友"关系正被同学关系代替。

(四) 网络内的互助

上面我们简单介绍了桃源村社会结构中的房族、亲戚和歌班,这三重网络基本上占据了村民的绝大部分社会关系。桃源村的经济目前仅处在维持温饱的水平,经济上的困顿决定了家庭对社会网络的依赖。对大多数桃源家庭来说,如果没有社会网络的支持,他们是没有能力顺利体面地处理家庭事务的。我们可以人力、物力互助来说明这种社会网络对一个家庭的价值。

桃源人常说,他们结婚很容易,有了两三头猪几千块钱就可以娶一个老婆,其实这种说法是非常偏颇的,他只计算了主家的直接开支,没有将亲友的帮助考虑在内。婚礼时男方送给女方家的聘礼通常有 60 担实物,全部是吃喝用品,用于女方招待客人所需。这 60 担的聘礼自然价值不菲,市场价值估计近 2 万元,这些礼物全部是男方的亲友凑起来的。没有亲友的支持估计桃源村没有几个家庭能送上 60 担的聘礼。在这 60 担的聘礼中约有 40 担是大米，总计估计 3000 斤，再加上男方家宴客的大米消耗量，无疑超出了多数家庭的口粮储量。

建房也是需要互助的事项。目前在桃源村新建一座木楼约需 2 万元，但若是采取雇工形式建房造价会高出一倍以上，远超出绝大多数家庭的负担能力。近年所建的大量新房中只有两栋是雇工所建。即使乡邻帮工也存在一个突出问题，因为建一栋新房需要 500 个工日以上的帮工，再加上落成庆典又需要招待数百人，由此意味着会消耗掉一个家庭一两年的口粮，建房户会在以后的几年里缺粮。上文笔者也说到，粮食在桃源是非卖品，为了弥补建房户粮食消耗过多的问题，他的亲友们会在建房期间及房屋落成庆典时送来数千斤的稻谷作为礼物，帮助建房户解决难题。相邻的高黄村以另一种形式给予建房户帮助，那就是建房户只管新房开工第一天的伙食，以后则由他的房族兄弟每天轮流招待帮工的乡邻。

送聘礼的队伍

作为嫁妆的鞋子

本章小结

粮食短缺一直是困扰村民生活的一大生存危机，对刚摆脱口粮困扰的农民来说，粮食不仅是最基本的生存资源，也是一种文化载体。囤积口粮反映的是农民的饥荒意识，也是财富象征，因此粮食成为人情赠礼的主要物品。粮食短缺体现了经济的不发达程度，决定了个体对家庭和社会网络的依赖。在桃源村，传统大家庭的理想依然存在，主干家庭是一个不可再分的单位，为老年人提供了生活保障；有限分家和半联合家庭的存在则是为未婚兄弟成家立业提供支持。村寨内部存在三种主要的社会关系网络，即房族、亲戚和歌班。这个网络不仅提供日常的互助和情感归依，更是举办家庭大事不可或缺的支持力量。由此我们可以理解桃源人为什么倾向于在村内建立庞大的社会网络，为什么他们能有强烈的村落共同体意识，一个重要的原因就在于家庭经济能力有限，必须依赖集体生存。依赖集体力量生存或许是人类社会在短缺经济下的普遍生存法则，只是侗族采取的具体策略独具特点而已。

第七章

生存与生育

在复杂社会里,生育不仅是一种自然生理行为,更是人们一种有意识的社会选择行为。由于文化的异域性和异质性,使得人们在对生育的看法上形成差异,并积淀形成特定的文化传统,进而成为人们生活的规制。[①] 目前我国的出生性别比偏高受到普遍的诟病,这个问题在有些区域和族群身上尤为突出,黔东南州侗族出生性别比堪称"全国之最"。笔者认为,这种畸高的出生性别比在最低的层面体现了侗族的生存危机意识,也就是说,在一个没有安全感的环境里,不管能否获得他人的帮助,起码"我"要通过个人的努力生育男孩获得一份保障,这是个人意志所能控制的选择,也是最牢靠的选择。

第一节 │ 失衡的出生性别比

刚进桃源村不久笔者就注意到这里的出生性别比畸高,尽管村民试图遮掩这方面的信息,但是摆在眼前的事实不容置疑:计生干部频繁的出入村寨,村里有大把的光棍汉,村小学里的男学生差不多比女学生多一倍。在村落研究中,对于这种显著的"社会事实"毫无疑问应该作为"问

---

① 参见刘宗碧:《从江高鱼侗族生育习俗的文化价值理念及其与汉族的比较》,《贵州民族研究》,2006 年第 1 期。

题"探讨。

一、黔东南与桃源村的出生性别比概况

黔东南苗族侗族自治州汇聚了苗、侗、汉、布依、土家、水、瑶等 30 多个民族，少数民族人口占全州人口的 81％，其中苗族、侗族人口占全州总人口的 61.5％，由于诸多因素的影响，该州出生性别比失调现象与全国和所在的贵州省相比，表现出长期性、重度性、整体性等特征，是民族自治地区出生性别比失调的典型区域。[①] 该州 1981 年就开始失衡，1990 年达到 123.10，"五普"时为 125.53，2005 年 1‰抽样调查时再升至 134.06，在西南五省区市地市一级排名中列第二位。[②] 黔东南州有侗族人口 120 万，是侗族最大的聚居区，而侗族又是一个高出生性别比的民族。2000 年，全国侗族出生性别比 126.72，是当年全国所有出生人口在百人以上的民族中出生性别比最高的一个民族。[③] 从江县在黔东南州 16 个县市中一直高居出生性别比的榜首，1990 年达到惊人的 181。[④]

具体到桃源村，同样存在严重偏高的出生性别比，尤其是近年来随着生育孩次的减少，出生性别比陡升。全村男女人数分别是 686 人和 561 人，男女性别比为 122.28。根据村医务室的出生登记，本村 2002—2010 年 9 年间共出生 104 人，其中男孩 66 人，女孩 38 人，出生性别比 173.68，如此高的出生性别比显然不是自然生育规律的产物，而是人为干预的结果。

在现在的计生政策下，近年来桃源村的孩次性别模式非常稳定：如果第一孩子是男孩，那么第二个孩子可能是男孩或女孩；如果第一个孩子是

---

① 参见杨军昌、王希隆：《黔东南州苗族侗族自治州出生性别比失调问题研究》，《妇女研究论丛》，2008 年第 4 期。

② 参见杨军昌：《西南民族地区出生人口性别比问题论析》，《中央民族大学学报》，2010 年第 1 期。

③ 参见国家统计局人口和社会科技统计司、国家民族事务委员会经济发展司编：《2000 年人口普查·中国民族人口资料》，民族出版社 2003 年版，第 386—387 页．

④ 参见杨军昌、王希隆：《黔东南州苗族侗族自治州出生性别比失调问题研究》，《妇女研究论丛》，2008 年第 4 期。

女孩,第二个小孩十有八九是男孩,如果第二个小孩仍是女孩,那么第三个小孩绝对是男孩(到目前为止还没有一个三女户)。在他们看来为了一个女孩承受巨额的超生罚款是很不划算的事情,即使他们能够承受第三个小孩的罚款,也不能保证第四个小孩是男孩,而且第四个小孩的罚款对他们来说无疑是个天文数字。所以,为了生男孩,在第二胎或第三胎时就必须果断采取人为干预措施。另有对黔东南州的调查表明:多年的调查证实,第一胎是男孩,第二胎是女孩,女孩基本能保住;第一胎是女孩,第二胎仍是女孩,女孩基本保不住;超生多育的,95％以上是男孩……而弃婴现象近乎百分之百的是女婴。[①] 由此,我们可以说桃源村的生育模式具有区域的代表性。

二、出生性别控制方式

(一) 溺女婴

自然生育规律并不能保证每对父母都能在前两胎或前三胎生得儿子,而高度紧张的人地矛盾也养不起太多的孩子,既要得到儿子又养不起太多的孩子,在现代的生育控制技术普及之前,解决矛盾的方式只有杀死女婴,所以侗族一直存在"溺女婴"的习俗。[②] 现在的经济条件有了极大的改善,人们也不再完全依赖有限的土地获得生活来源,大多数农户已有能力养活多个孩子,但是这时又面临着政府二胎生育的限制,多生就要接受巨额的罚款,既要生儿子又不能多生,解决的办法只有沿用溺女婴的方式了。

放弃"多余"的女孩这类事情是村庄必须严守的秘密,作为一个外来的调查者很难了解到具体的细节信息,2010 年夏天的初次调查只有个别

---

① 参见黔东南州人口计生委:《强化综合治理出生人口性别比,推进社会主义和谐社会建设》,2006 年。

② 本地的溺婴方法并不是将婴儿置于水中淹溺,而是将酒滴入婴儿的口里,让其慢慢地醉死,认为这样死去的婴儿便会回到他们的祖先那里,参见敖曼:《计划生育"天下第一村"——探析高鱼侗寨数百年人口、社会与环境和谐发展的原因》,中央民族大学硕士学位论文,2007 年,第34 页;另有研究者在邻近的黎平县调研时也了解到当地侗族目前还有溺女婴的行为,参见刘锋、龙耀宏主编:《侗族:贵州黎平县九龙村调查》,云南大学出版社 2004 年版,第 263 页。

访谈对象提到"侗家传统上有'溺女婴'的习俗"，"绝对没有三个女孩的情况"，只不过村里的男孩子明显比女孩多的现象是无法掩饰的事实，翻开村里的户籍名册，很容易发现上述的生育性别规律。另外一种现象也显示了村里人为干预出生性别的事实。为了保证母婴健康，政府早些年就出台了鼓励产妇到医院分娩的政策，在县医院分娩不仅不收任何费用，每胎还补贴产妇 80 元交通费或免费派车接送产妇，即使如此，我们从历年的生育统计中看到，到医院分娩的比例并没有明显的增加，多数产妇还是坚持在家里生产。笔者统计了村医务室从 2002—2008 年的出生登记，7 年间本村共生育 84 个小孩，其中在县或乡医院生产的有 16 个，在家里生产的有 58 个，在外地生产的（可视为在医院生产）有 10 个。

父母在第一胎时还是愿意到医院去分娩的，但是如果第一胎是女孩，那么第二胎时绝对不会再去医院分娩了。当然，如果第二胎仍是女孩，她的父母又不忍心放弃她，那么在生第三胎时自然也不会去医院分娩。其中的原因自然是要人为选择婴儿性别。因为在家里生产比在医院生产更方便处理掉不想要的女婴。为了阻止这种溺杀女婴的行为，政府每年都会将《从江县人民政府关于综合治理出生人口性别比偏高、严厉打击非医学需要的胎儿性别鉴定和选择性终止妊娠行为的通告》①下发到每个农户，通告中对溺、弃婴行为、非法送养、收养婴儿行为、谎报婴儿死亡和出生婴儿性别的行为、瞒报婴儿出生的行为、非医学需要对胎儿进行性别鉴定和非法终止妊娠的行为等，制定了严厉的制裁措施，对举报人给予高额的金钱奖励。然而政府的高压政策并没有压制住村民生儿子的强烈愿望。从邻县——黎平县嫁过来的一个小媳妇明确告诉笔者，在她老家那一带都是通过做 B 超选择胎儿性别。在桃源村，都是等到婴儿出生之后溺死不想要的女孩，方式也是喂酒将婴儿醉死。有一对夫妇接连溺死五个女婴才得到男孩，还有些夫妇年过四十还在为生二胎而努力。

为了遏制溺婴行为，政府又出台了强制产妇到医院生产的政策，规定

---

① 《通告》上载明："溺婴属于故意杀人行为，将追究当事人刑事责任"，"举报溺婴、弃婴行为的，每例奖励 10000 元"等。为了不给调研对象和笔者自己惹上麻烦，调研时笔者没有实名实姓问询具体案例。

从 2011 年 5 月 1 日起,凡在家生产的婴儿将不给开《出生证明》。对此政策前景,村医"估计行不通"。

(二) 女孩的夭折

费孝通说,若是杀婴不便故意,疏忽也可以提高婴儿的死亡率。[①] 桃源村 2009、2010 年发生四起 0—7 岁儿童死亡,夭折的都是女童。第一例、第二例村医务室有登记:

第一例　出生日期:09.4.8　出生地点:县医院　死亡时间:09.5.4 死亡诊断:不明原因　死亡地点:家里　诊断级别:未诊

第二例　出生日期:09.5.2　出生地点:家里　死亡时间:09.5.4 死亡诊断:肺炎　死亡地点:家里　诊断级别:村(医务室)

第三例、第四例发生在 10 年。2010 年底,贾某女儿出生二十多天后去世。村医说小孩可能死于高烧,当时他与小孩的父亲在一起打麻将,小孩的母亲来叫父亲回家,约半小时后小孩就去世了,小孩的父母没有请他去进行过医治和最后的抢救。同年,一个四岁的女孩发烧三天未就医,直到高烧抽搐才被父母送到医务室,这时村医已无力回天了,因为他连氧气也没有,女孩很快就去世了。

可以肯定的是,2010 年去世的两个女孩只要他们的父母愿意或及时带到医务室就医(也就是几分钟的路程,花费也就几十元钱),断不至于送了性命。可以说,她们是被自己的父母故意杀死的。

近年来还有两个女孩"意外"死亡。一个十岁的女孩被疯狗咬伤,同时被咬的有四五个人,其他被咬者都喝了一个村民配制的免费草药偏方而安然无恙,唯独这个女孩既没有讨要草药,也没去打疫苗,很快就狂犬病发作死了。还有一个女孩十二、三岁,她的母亲用农药给她洗头灭虱子,中毒而死。

这样的案例肯定还不少,笔者已无意再去追问。笔者相信,下一个夭折的孩子还会是女孩。

[①] 参见费孝通:《乡土中国/生育制度》,北京大学出版社 1998 年版,第 108 页。

三、男孩偏好的社会基础

每到一个农户家里，他们好像都会问到笔者有几个小孩，是男孩还是女孩，当笔者告诉他们自己只有一个女儿，且不会再生孩子了，否则笔者两口子将丢掉工作，听了笔者的回答，他们总是一副可怜笔者的样子。因为笔者没有儿子，在他们看来，笔者在城里生活的那点优越感已经变成了劣势。当与一位年轻的母亲聊到孩子的时候，笔者意识到村民的男孩生育偏好根深蒂固，并在年轻一代得到了完全的继承。这位母亲 24 岁，小学毕业，出去打过几年工，已有一个 5 岁的女儿，她明确告诉笔者，她还想生个儿子，因为儿子能养老。笔者照例又给她讲了一番自己的经历，说在笔者的农村老家很多都是独女户，比如笔者的亲哥哥就只一个女儿，政策允许生也不生了，还说了些儿子养老不一定靠得住之类的话。[①] 显然，她对笔者的说道不以为意，对我们之间的观点分歧，她最后用一句让笔者印象深刻的话作了了结："如果你在这个环境也会（像我）这样考虑了"。

"环境"是一个内涵丰富的词汇，在这里笔者把男孩偏好的环境分解为三个层面：一是自然——经济的环境，在这个环境里，作为个体（家庭）的人，需要儿子为老年的父母提供物质生活保障；二是社会——结构的环境，在这个环境里，作为"社会"的人，有儿子才能在村落的公共生活中占有一席之地，否则会被"社会"边缘化；三是舆论——信仰的环境，在这个环境里，没有儿子的原因通常被解释为缺德事做多了遭到的报应，是对个人一生事业的否定，精神压力不言而喻。至于这三个层面哪一个方面是核心和主导，则是无法理清的事情。村民的生育观念总是迎合着他们生活世界的需要，与他们生活世界的种种要素结合在一起，巧妙搭配、相互影响、相互加强，成为具有完全生命力和巨大影响的文化力量。[②] 因而，

---

① 贺雪峰对笔者老家——湖北荆门农民的生育观念是这样描述的：人们已经摆脱了传统文化的影响，想通了，看穿了，生一个养一个尽一尽做人的义务，生男生女都一样，就很少有超生多育的事情发生。见贺雪峰：《新乡土中国——转型期乡村社会调查笔记》，广西师范大学出版社 2003 年版，第 145 页。

② 参见陈俊杰：《农民生育观念：浙东越村考察》，载于王铭铭、潘忠党主编：《象征与社会——中国民间文化的探讨》，天津人民出版社 1997 年版，第 298—299 页。

我们只有进入桃源村这个特定的"环境"或"生活世界"才能理解村民的生育观念,包括一些看似非理性的"疯狂"行为。

(一) 养儿防老与良好的孝道

"没有儿子,等我们老了上不了坡的时候,谁给我们饭吃?"这是桃源人常说的一句话。诚然,对于向大山讨生活的农民来说,每一点生活物质的获得都意味着巨大的体力付出,因而相对自然条件较优越的农村来说,他们更为需要儿子来养老。[①] 那么为什么不通过入赘婚姻获得男性劳力呢? 恰恰本村又没有入赘的传统,到目前为止还没有一例入赘婚。[②] 因为都是村内通婚,出嫁的女儿也都能频繁地回娘家帮助自己的父母,但毕竟女儿有了自己的家庭,没法与儿子的养老功能相比,所谓"三女不抵一男",所以那些已经生了三个或四个女儿的夫妇还要为生个儿子而努力。这里不是说生女儿没价值,女孩也是要的,因为侗族的习俗是,人死之后尸体要由女婿抬上山,没有女婿送终似乎来世的路途就不好走,这也是让他们担忧的地方。他们追求的是男养老,女送终,儿女双全才是"双保险",但男孩优先,也就是首先要保证老有所养。

没有儿子可能意味着一个十分恐怖的晚年。十年前,下寨一个孤老头的去世足以震撼所有人。这个老头 70 多岁,老伴已先他而去,在他生命的最后时期,卧床不起导致皮肤溃疡,恶臭不已,村民都传他得了麻风病,寨老们决定(应该也征得了老头的同意)按处理麻风病人的传统方式将他扔到偏僻的高山上,让其自生自灭。他们安排村民将老头抬到山上,在山上挖了一个坑,给老头留下一些食物和一把柴刀(便于自杀)后离开。如果老人有儿子,断不至于落得如此结局。这样的案例足以让那些没有

---

① 李银河从经济学的角度分析在经济落后的农村,农民把生育子女作为老年生活保险的方式,原因在于村落经济基本上仍属于非货币经济的范畴,以货币储蓄形式作为养老手段的可能性非常之小。见李银河:《生育与村落文化》,中国社会科学出版社 1994 年版,第 91—95 页。

② 不仅本村没有入赘婚,整个侗族传统上都是排斥入赘婚的,这里就有一个非常值得探讨的矛盾:侗族村寨是由不断迁徙的移民组合而成的,它不是血缘宗族村落,对迁入者没有血缘排斥,村寨本身也是一个封闭的通婚团体,那又为何不能接受入赘婚呢? 如果将其解释为家族观念的影响是缺少说服力的,这种解释参见张泽忠、吴鹏毅、胡宝华等:《变迁与再地方化——广西三江独峒侗族"团寨"文化模式解析》,民族出版社 2008 年版,第 47 页。

儿子的中年男人对自己的未来感到恐惧,他们和别人一起喝酒时提到孩子就会哭泣。

为了得到儿子,父母们不惜花费他们毕生的精力。段鬼师生了四女一子,在他生第四个女儿时接受了一次罚款,17年后,在他48岁时终于生得一子,自然又接受了一次罚款。两次罚款让他两次倾家荡产,家里的几口皮箱和鸟枪都卖了。段鬼师是幸运的,因为他还有时间东山再起,如今儿子已近成年,家里又新买了两杆鸟枪。相比较而下,潘的岳父母的行为简直不可理喻。潘某已有两个儿子,小儿子已小学毕业。他岳父母唯一的儿子2005年还未结婚就因病去世,在岳父母的要求下,潘某夫妇2009年又生了一个男孩,这个男孩交给岳父母抚养,将来给老人养老送终,实际上就是外孙过继给外祖父母做养子。超生的罚款也是老人承担的,家徒四壁的老两口为了凑齐上万元的罚款,家里的两头牛也让乡计生站牵走了。他们得到的仅是一个象征性的"儿子",因为他们已经有60多岁了,可能"儿子"还未成年,老两口早已不在人世。①

生不出儿子也可能给当事夫妇带来婚姻危机。某村民第一胎生了个女儿,之后又接连生了五胎都是女儿(都被溺弃),在长达十多年的不停生育期间,丈夫已经逐渐对婚姻失去了耐心,就在他准备换个老婆碰碰运气的时候,总算生了个儿子,这场婚姻危机才随之解除。

桃源人的男孩生育偏好如此强烈是基于养儿防老的可靠预期。在我们这个快速转型的时代,老人在社会和家庭生活中的弱势和孝道的衰微受到普遍的诟病,②但在桃源村尊老敬老的风气简直让人无

---

① 在这两个案例中,段鬼师的四个女儿及潘的岳父母的三个女儿都嫁在本村,但他们还是义无反顾地要获得一个儿子,也充分反映了"三女不抵一男",儿子才是养老的重托所在。

② 贺雪峰、陈柏峰等在江汉平原的调查发现当地农村老年人自杀非常普遍,阎云祥在东北的调查也描述了当地孝道的衰落与养老危机,李银河在山西和浙江调查后觉得农村老人"在用自己的一生作赌注……所期待的收获是孩子的良心……"参见贺雪峰:《农村老年人为什么选择自杀——湖北京山农村调查随笔之二》,三农中国网,http://www.snzg.cn;陈柏峰:《代际关系变动与老年人自杀:对湖北京山农村的实证研究》,《社会学研究》,2009年第4期;阎云祥:《私人生活的变革:一个中国村庄里的爱情、家庭与亲密关系(1949—1999)》,上海书店出版社2006年版,第181—207页;李银河:《生育与村落文化》,中国社会科学出版社1994年版,第45页。

可挑剔,[①]村落社会保持着一种结构性的力量:尊老敬老行为得到鼓励,反之则受到谴责,不尊老的人受到孤立。在这种结构性的压力下,笔者甚至觉得年轻一代对老人过于盲从和"溺爱",就如上文所述潘某夫妇顺从长辈的意愿超生一个男孩。村民从他们的生活经验出发,他们自信"将来儿子有饭吃总要分我一口",而对笔者提出"儿子养老是否可靠"的质疑不可理喻。

(二) 生育与社会地位

没有儿子的家庭在村落公共生活中受到明显的歧视。2011 年初,上寨集体集资买斗牛,经过鼓楼群众大会,他们定下了集资的规则。全寨102 户,其中 97 户交钱,每户 200 元,另 5 户免除集资。这 5 户中,有 2 个是单身汉(一个 80 多岁,一个 78 岁);一个是单身妇女,70 多岁,出嫁后又离婚,回来与兄弟同住;第四户,夫妇 60 多岁,无男孩,有一女儿嫁本村;第五户只有一个男子,70 多岁,丧偶,没有男孩,三个女儿嫁在本村。

一个多月后,上寨又有一笔卖青山的款项分配。青山是 1988 年全寨集体造的林,20 多年后全寨的户数自然发生了不小的变化,是按现有户数分还是按造林时的户数分就是个问题,村民们在鼓楼争吵几个晚上,最后决定按现有户数分配。有 6 户每户分 200 元,其他户每户分得 900 多元。分得 200 元的 6 户除上述没有出买牛款的 5 户外,另一户是绝户或空户(老两口已去世,仅有一个女儿嫁在下寨,所以给了这个女儿 200元)。给这 6 户只分 200 元的理由是,他们没有儿子,买牛集资没有要他们出钱,今后寨子里集资搞公益都不要他们出钱,而且其他寨子来"吃相思"也不要他们招待客人。[②] 如果从一个长时段算计,很难说这 6 户在经济上会吃亏。这里我们关注的不是经济上谁吃亏讨好的问题,而是这样的分配规则明确将无儿户排斥在村落的公共生活之外,反映了村落特有

---

① 笔者在有关"寨老与社会控制"一章已做过一些介绍。在整个侗族社会都保持着良好的敬老传统,有兴趣的读者还可参阅廖君湘:《侗族传统社会过程与社会生活》,民族出版社 2009 年版,第 142—152 页。

② 款项分下去后,这 6 户不服,当天上寨的组长在广播里一次又一次催促村民到鼓楼开会,鼓楼的大鼓也被敲得"咚咚"响,但是没有一个村民出来开会,与分款前几晚鼓楼人头攒动的场景形成巨大的反差,也表明了这 6 户在寨子里的地位。最后他们向寨老申诉,寨老答应他们让各家各户把钱匀出来,给他们与其他农户同等的款额。

的意识形态。

与上寨的案例相似,下寨的案例从反面表明了有儿子的农户在村落公共生活中被高抬一等。2011 年春,下寨也搞了集资买斗牛。要集资就要先确定农户数,在农村,户的标准往往是模糊的,要根据具体的情势做选择。在这种情况下,显然不能按一个户口本算一户计算,因为有的兄弟分家多年还共有一个户口本,而有的兄弟孩子都已成人还没有分家。通过几次的鼓楼群众会议最终决定儿子只要结婚就算一户,比如一对夫妇有三个儿子,老大老二都结了婚算三户,只有老大结了婚算两户,不管兄弟是否分家或共户口本。问题是,在这个规则中把举行了婚礼就算结婚,当作一户,而根据侗家"不落夫家"的习俗,举行婚礼后,新娘可能在三年或五年后才到夫家居住,在这期间他们分手的几率很大(比如 09 年底举行婚礼的四对不到半年分了三对),所以在这里举行婚礼的真正意义相当于订婚,只有等新娘到夫家居住并生了孩子,才算得真正结婚;而且有些男青年举行婚礼时还相当年轻,在这种情况下,举行婚礼到兄弟分家还有很长一段路要走,其中还有很多不确定因素,没准他们不久又会回到单身汉的行列。这样,把举行婚礼作为分户的尺度也不尽合理,但村民认为举行婚礼大致就算成了家(虽然还未与兄弟真正意义上的分家),正如一位寨老所说"儿子总是要当家立业的"。婚礼的举行标志着当家立业的开始,意味着那些目前仍在联合家庭中生活,离他们真正分家立业还有很长一段路要走的儿子,已经提前被当做独立的家庭单元纳入村落的社会结构,承担相应的公共责任和义务。按照这种分户标准,下寨的户数从最初的 160 户增加到 176 户,每户出资 385 元。

(三) 绝户与因果报应

没有儿子的夫妇还要承受村落舆论的压力。在村落中,没有儿子的家庭被称作"绝户",对绝户的解释通常是当事人缺德事做多了遭到了报应。[①] 因果报应的解释逻辑在村民中十分流行,报应的方式通常有遭受

---

① 李银河在山西的调查也注意到当地农民将生儿子与德行联系起来的现象。见李银河:《生育与村落文化》,中国社会科学出版社 1994 年版,第 118—119 页。

重大疾病、意外死亡、绝户等人生不幸,而可能遭到报应的行为则是五花八门模糊不清的。被指责遭受报应的人通常在村落中具有或曾经具有较大的影响力,比如寨老、现任或离任的村组干部等,因为他们的行为可能与其他村民的利益相抵触,这些公共人物的生育行为在受到村落舆论的影响时也成为其他村民的行为标榜。建国后被定为富农、恶霸的王某,在村里名声极差,没有儿子;从"文革"开始一直到 80 年代末当了二十年村支书的潘某,在任时得罪很多村民,是村里非议最大的人,他的一个儿子成年后意外死亡,另一个儿子被游医治瘫,他本人瞎眼十多年了,他悲惨的后半生被村民解释是遭了报应。前任村支书吴某年富力强,但因为一直生不出儿子,就有舆论说是因为他当干部(做多了坏事)遭了报应,坚决辞掉了干部职务。村落中还有很多这一类案例,他们将没有男嗣这一自然现象与当事人的社会行为联系起来,在这种村落意识形态中,有没男嗣成为当事人政治正确性的一个检验标准。

第二节 ｜ 政策博弈与婚姻挤压

桃源人顽固的男孩生育偏好造成了畸高的出生性别比,绝大多数家庭都获得了至少一个男孩,他们为此付出的代价也是难以估算的。一次又一次的怀孕、溺婴消耗了他们的身体和时间,巨额的计生罚款又消耗了有限的家庭财富,他们得到的可能是一个一辈子打光棍的儿子,也就是说,村民在获得儿子这样一份生存保障的同时,也使自身陷入了一系列的危机之中。在笔者看来,生育模式已经成为村落整体性的灾难,不仅阻碍了当前的发展,也透支了将来的发展机会。

一、压力与抗争:计生干部与村民的博弈

在接受计划生育行政处罚时,村民没有质疑国家和政府的政策和行

为，但也没有怀疑自己生育行为的对与错，①政府和村民各按自己的逻辑自行其是，冲突在所难免。

（一）计生工作现场

2010 年 7 月，当笔者初到村调研时，就注意到乡里的计生干部隔三差五到村里来，每次来约 7、8 人（后来笔者了解到乡计生办和计生站共 9 名工作人员），笔者就意识到村里的计生问题肯定较突出。笔者本很想了解计生干部们是如何开展工作的，但是村民对计生干部的"敌意"评价和计生干部们对笔者这个外来者怀疑审慎的目光，让笔者一次次望而却步。在几次的目光礼交流之后，笔者开始偶尔和他们套上两句客套话，交流一两支香烟，计生干部们应该早已从其他渠道确认了笔者的"侗族传统文化研究"的动机，当笔者感觉到他们对自己的态度有所亲和的时候，决定找个机会跟他们入户观察。一天笔者"无意间"进入他们的工作现场——一个超生户家里，与户主和计生干部打过招呼之后，笔者找个位置坐下来，但是因为笔者的"突然闯入"，现场气氛好像顿时变得尴尬起来。他们偶尔讲两句笔者听不懂的侗话，然后就是长时间的沉默。笔者知道乡干部能说侗话的人不多，他们在村里基本都是讲汉话，他们是在用侗话和沉默表达对笔者这个不速之客的排斥，笔者只好知趣地退了出来。但笔者确实想听听他们的谈话内容，因此笔者想是否可以站在房子的外面"偷听"，因为这里的房子十分拥挤且木楼又不隔音，笔者完全可以在房外的小巷里坐下来边玩弄自己的手机或相机什么的边听他们的谈话。出来之后，笔者立马打消了"偷听"的念头，因为笔者发现户主的房子周围还站着两个计生干部，甚至不远处的村街上也坐着一个计生干部，实际上笔者所有举动都会处在计生干部的监控之下。当然，计生干部对他们工作现场的监控并不是有意针对笔者的。

从超生户家里出来后，笔者很快从其他村民那里了解到这家农户超生的缘由，即前文讲到的案例，潘某的岳父母要求他的妻子超生一子，把

---

① 参见张泽忠、吴鹏毅、胡宝华等：《变迁与再地方化——广西三江独峒侗族"团寨"文化模式解析》，民族出版社 2008 年版，第 49 页。

这个超生的男孩过继给了岳父母做"养子"。潘某不愿交罚款（社会抚养费），推脱说是岳父母要超生的，要计生干部去找孩子的外公外婆要罚款。据说已经交了 7000 多元（应交 10700 元），显然，计生干部已不是第一次来催收罚款了。不久，计生干部们又来到潘某的岳父母家，因为潘某与岳父母的家相隔不过百米且都临近村街，又与笔者的房东家相邻，所以笔者决定再去潘的岳父母家走一遭。在潘的岳父母家里，同样尴尬的场景再次出现，但笔者早已有了心理准备，逗摇篮里的那个超生的孩子一小会（之前笔者也常逗这个幼儿玩耍，只是不知道他怪异的身世），笔者再次知趣地离开。到了约下午两点，村民提醒笔者："快看，他们把老人的两头牛牵走了。"顺着村民指的方向，只见计生干部赶着两头牛已走远了。想想几个干部把两头牛赶到乡政府驻地，得在夏日的柏油路走两个小时以上；再想想潘的岳父母年过花甲和一贫如洗的家，在这场生与罚的博弈中，政府与超生户都是输家。

（二）以暴制暴

与计生干部的最初遭遇让笔者感到很是沮丧：明明应该是一种光明正大地执行国家政策的行政行为为何却要遮遮掩掩不愿示人？为什么每次入村的计生工作都要动用大批的公务人员？对这样的问题必须放在具体的村落处境中思考。

对前一个问题我们较容易理解，因为在桃源村超生和计划外生育仍是一个突出的问题（乡计生干部也承认了这一点），在目前的地方政府工作考核压力下，违规生育的真实信息自然越保密越好。其实，笔者从村民的户籍名册上已得到足够的信息。20 世纪 80 年代及 90 年代，三孩、四孩非常普遍，到 2000 年以来，三孩占了部分，四孩基本杜绝，计生的突出问题由超生逐渐转向计划外生育和性别比失衡。笔者粗略统计了第一、二村民组的超生数，一组超生 14 人，13 男 1 女；二组超生 27 人，19 男 8 女。村民估计自 20 世纪 80 年代以来全村的超生数在 100 人以上。

至于为什么每次入村计生工作都要动用七八个工作人员的原因，显然不是要这么多人手去说服、牵牛或扒粮，而是要给计生户和其他村民一种人多势众的压力，这种压力一方面迫使计生对象尽快落实国家的计生政策,另一方面威慑村民不敢贸然对计生干部做出攻击性行为,保护计生干部自身的人身安全。整体上,国家的计生政策与村民的生育观念之间还存在着巨大的张力,这种张力最终会演化成计生干部与村民的身体对抗。

村民把计生干部比作"鬼子",计生干部在村里没人搭理,没人给水喝,没人给饭吃,每次在村里都是喝矿泉水,吃方便面和饼干;有意思的是,也不见村干部和他们打招呼,更没有一起去开展工作。事实上,村干部们在计生工作方面根本没有发言权,他们本人或直系亲属就是计生政策的违背者,如现任村长(48 岁)就超生两胎。在他们看来,参与让别人"断子绝孙"的计生工作会极严重地破坏他们与村民和亲戚朋友之间的关系,让自己在村里处于孤立的位置,他们对此唯恐避之不及。2010 年 7月,村里一位外出打工的男青年带着已怀孕的女朋友回来,两人都未满20 岁,在他们回来的第二天或是第三天乡里的计生干部就得到消息到这家做工作。对此,村长很是不解地对笔者讲:"真奇怪,那个年轻人刚回来,计生站怎么这么快就得到消息?"笔者说:"你们干部不上报,乡里哪里会知道。"村长赶忙解释:"我们不管这事老百姓都在说闲话,哪里还敢往上报?"

在村民和计生干部这种漠然和敌意的关系中显露出暴力的阴影。容易引发暴力冲突的两个方面是征收超生罚款和强制结扎。超生罚款的政策村民是接受的,征收双方的冲突发生在征收方式上,超生户通常希望少缴、缓缴,或是无期限地拖赖;计生部门则希望尽快将罚款征收到位,否则罚款的惩戒作用将大打折扣,为此他们不惜采取拆房、①牵牛这类极端手段。同样,村民在生第二胎之后总是迟迟不愿做结扎手术,他们担心一旦结扎,孩子夭折后就不能再生了;计生部门则要求第二胎后马上结扎,虽在政策上没有依据,但也是无奈之举,否则夜长梦多,难保不立马又怀上第三胎,因为村里就有不少孩次的生育间隔不到一年。村民对计生部门这种"不近人情"的做法非常愤怒,2006 年的一天,当计生干部在生产的第二天(村民说是"第二天",实际上可能是在产后几天或婴儿满月之后)

① 20 世纪 80 年代后期,本村曾有两户超生户房子被强拆。

上门要带产妇去结扎时,与下寨村民发生冲突。那晚村民将村里的电闸拉掉,把四五个计生干部困在寨子里殴打,最后县里派来武警中队才得以解救。由此,我们就不难理解为什么计生干部每次下村都是七八个人了。笔者观察了他们基本都是按 4 人在户主家里、2 人在房子外、2 人在村街上的面包车(计生工作用车)附近的模式安排人员位置,这样安排的好处在于户内户外能首尾观望,监控户主周边及村街上的动静,及时发现村民中可能出现的攻击性举动,保护他们的人身和车辆安全。同样,也可理解计生干部在中午的烈日下牵走潘某岳父母的牛是出于安全的考虑,因为中午男人们都在家里或山上,如是早晨或傍晚牵牛,这时村街上总是聚集着很多人,难保他们不会起哄阻拦。

二、性别失衡与婚姻挤压

(一) 娶妻难

桃源村严重偏高的出生性别比已经产生了明显的社会后果,即女性在婚姻市场严重短缺形成的婚姻挤压,而且挤压的强度在迅速增加,可以肯定的是,短期内没有缓和的可能。在传统中国人的观念中,结婚生子是毋庸置疑的人生目标之一,但这个目标现在对部分桃源人来说似乎是一个遥遥无期的梦想。据不完全统计,全村现在至少有 30 个年满 30 岁的男子还没有结过一次婚,有至少四个老年男子终生未婚。2009、2010 年全村有 8 个男子举行了婚礼,其中有 3 个在婚礼后不到半年即与新娘分手;另外这两年期间,至少有两对夫妇的婚姻因为妻子外出打工有了外遇(跟了外地人)而名存实亡。全村 20 岁以上的未婚男子约 100 人,而两年间才有 5 个男子成功结婚,这样的结婚比例实在太低了。娶妻难已成为一个突出的社会问题,形成了村落整体性的婚配危机意识,进而影响到村落生活的多个方面。

娶妻难题是村民日常的话题之一。有好事者做过这样的统计,全村所有未婚男女(包括婴儿)数量中,男子比女子多出 70 多人,他们自我调侃地说,要从外面拉两个大卧铺车的女孩才能保证每个男人都娶到老婆。

娶妻难并不是一个传统的社会问题,在实施计划生育政策之前,虽然也存在男孩生育偏好,但没有生育数量限制,村民通过多生育获得男孩的同时,男女出生性别比是基本平衡的。随着计划生育政策执行的越来越严格,生育数量锐减,出生性别比才骤然升高,婚配因而变得越来越困难。下寨不同年龄段男子的婚配情况明显反映了这种趋势。下寨 59—62 岁的 17 个男人都已结婚生育;48—57 岁年龄段男子有 22 人,只有一人未婚(这个男人在 48 岁时去世)。四十岁以上的未婚男子仅是个别现象,四十岁以下大龄未婚就成了群体现象。笔者确知的下寨中,有两个年龄在 38—40 岁的男子目前仍未婚,32 岁的未婚男子有 4 人,33 岁的未婚男子有 2 人,27 岁的男青年共有 5 人,其中 3 人未婚。其他年龄段的婚配情况没有确切统计。

(二) 单身汉的生活

面对可望不可及的婚姻,没有家庭责任压力的单身汉们成了村落中的一个消极生活群体。2011 年 4 月底笔者离开桃源时,村里仅有一个未婚女青年没出去打工(中小学生除外),而留在村里的未婚男青年还有二三十个没出去打工。他们一般在二十四五岁以上,有过几年的外出打工经历,产生了对打工的厌倦情绪,认为在外面太辛苦,没有挣钱养家糊口的经济压力。他们在外面打上一年半载的工,手上攒了一点钱就回到村里呆上一年半载,钱花完后再出去打一段时间工,再回来。他们待在村里的日子过得很轻松,因为家里的农活主要是年老的父母做,本地的一些临工因为都是重体力活他们又不耻去做。偶尔有某个伙伴家里有建房之类的事他们集体去帮忙,大多数时候显得无所事事,每天睡到中午才起床,然后几个人聚在一起打牌闲聊,或一起帮某个伙伴家里干点活,或一起上山下河找点野味,到了晚上总是喝酒闲聊到半夜。他们自我解嘲地说,在村里攒钱没用,因为有钱也娶不到老婆,算命先生说他们是笼中之鸟,关在笼子里怎么结婚,要等笼子破了才能结婚。

这些蠢蠢欲动的单身汉不会放过任何与女孩子交往的机会,问题是未婚的成年女孩太少,且很少有时间呆在村里。那些不多的二十多岁的未婚女孩在家里的时候,给单身汉们相处的机会也不多,因为这个年龄的女孩情感上已比较成熟，"眼光比较高，不好哄"，因而他们将目光投向那些村里尚且年幼的中小学女生。寒暑假期间，那些留在村里的单身汉每晚都要往女学生们家里蹿，名曰"走姑娘"。走姑娘是侗族传统的男女青年交往形式，本无可厚非，问题是，现在走姑娘的男女双方年龄差距悬殊。留在村里的单身汉年龄一般在二十五岁以上，他们所"走"的姑娘年龄一般在 13—17 岁，年龄相差在十岁左右，这些大龄男青年挤占了小男生们与同龄异性的交往机会。2010 年夏桃源村过新米节期间，邻村高鱼村到下寨来"吃相思"的女孩近 30 人，其中一半是小学高年级生，一半是初中生，而下寨接待他们的男子年龄多在二十八岁左右，其中不乏年过三十的单身汉，这些大龄单身汉与小学生们通宵喝酒谈笑的场景给笔者留下极深的印象，在他们看来很自然的事情，在笔者看来近乎荒唐。

（三）早婚早育

"婚姻市场"的紧张也导致早婚早育的增多，村里的中老年男人们告诉笔者，现在早婚早育明显比他们年轻时多了。在农村来说，年龄越大选择配偶的机会越少，年龄大的男子很难找到年龄相仿的女子结婚，年龄小的女子又不愿嫁给大自己太多的男子；年龄大的女子通常只能找比自己更大的男子结婚，而大龄未婚的男子通常是条件不好的结婚对象。在"婚姻市场"紧张的情况下，尽早结婚才能占有主动权。所以村里每年都有女孩初中还没毕业，在十六七岁时就已嫁人，小夫妻结婚后（没办结婚证）就要抓紧生孩子，因为生了孩子他们的婚姻才算稳定，村民不惜被罚款也要早育，是当地计生部门非常头疼的问题。2009、2010 年全村有 8 对结婚，其中 4 个新娘属早婚。2010 年夏，村里一个在凯里打工的男孩带回他的外地女朋友，两人都不到二十岁。他的女朋友已有孕在身，他们在交了一万的罚款后生了小孩。2009 年底结婚的两个女孩都不满 18 周岁，婚礼之后随即与男方分手；2010 年底结婚的一个女孩是当年夏天的初中毕业生，她的这次婚姻能否成功还是一个未知数。虽然早婚夫妇分手的风险很大，分手会让男方损失掉一笔不菲的婚礼费用，但在激烈的竞争中，父母们愿意一次次给儿子举办婚礼，笔者听说有人办了四次婚礼到现在仍然是单身。① 以前桃源村规定女孩18岁（满17周岁）才能结婚，二十岁以上才出嫁的不多，男女双方年龄差不多，大部分是同一级歌班的青年。现在男子结婚年龄推迟了，多在二十四五岁以上，但女孩的结婚年龄提前了，不少十六七岁就出嫁，男女双方年龄差距拉大了。

在女孩短缺的情况下，未婚女孩自然有明显的选择优势。在她们十六七岁时就不断有人来提亲，这也给她们带来不小的烦恼。现在的女孩并不急于把自己嫁出去，所以她们一出校门就立马出去打工，否则在家里"没有安宁的日子"。有未婚女孩的家庭会被村民高看一眼，给足面子。一位四十岁的父亲给笔者讲了他家的故事。他的女儿今年刚初中毕业就有人上门提亲，令笔者吃惊的是这两家目前在村里的经济社会地位严重不对等：提亲的家庭是村里最有钱有势的一家，男孩的爷爷和父亲是村里仅有的两个国家公务员，在城里有房有车，而女孩家是村里单家独户的小姓，她母亲外出打工多年未归，父亲在村里的人缘也很一般，家庭经济状况也是一塌糊涂。这两家多年来又有很深的积怨，尤其是女孩的父亲与男孩的爷爷形同仇人，觉得男孩的爷爷作为本村最有权势的人物处处欺负他这个小姓人家。男孩的父亲以女儿还小为由拒绝了这门全村人求之不得的婚事。在这个父亲看来，现在的女孩根本不愁找不到婆家，他打比方说，如果他女儿（或其他任何一个未婚女孩）告诉上寨的任何一个成年男子，说她父亲明天杀猪，她想请上寨的所有18岁到30岁的男人或所有上寨的成年男人帮她家打柴，那么第二天她所请的上寨男人只要在村的会一个不落地来帮忙。即使家里目前没有娶妻需求的男子也会来帮忙，因为他肯定有亲戚朋友的家里等着娶妻，又不知道这个女孩到底喜欢谁将来会嫁到谁家，要是不去帮忙很可能就得罪了这个女孩，影响到这个女孩的选择意向。这个父亲也直截了当地说，结了婚的女人自然就没有这样的面子请人帮忙干活。

---

① 那些年轻的女孩在情感上还很不成熟的时候，就被父母裹挟进了这些婚礼，这时她们通常还不到二十岁，她们还会等上二三年才到男方家居住，所谓"不落夫家"。在不落夫家期间，通过与男方家庭的交往或外出打工等原因，她们对自己的婚姻会有进一步的认识和抉择，一旦她们反悔，父母也很难阻拦。

本章小结

　　桃源村的调查表明，计划生育政策虽已实施三十多年，村民的生活水平也有了实质性的提高，但是人们"多生、生男孩"的观念依然强烈，尤其是男孩偏好没有丝毫松动的表现，为得到男孩，村民不惜承担高额的罚款而多生，不惜一次又一次溺弃"多余"的女孩。男孩生育偏好背后是其特有的自然社会生态：农业自然经济模式对男性劳动力的需求及对入赘婚的排斥，良好孝道的保持和养儿防老的可靠预期，社会结构中对男性地位的强调以及普遍存在的对无儿户道德质疑的舆论氛围。在村落生活中，没有男嗣意味着三重严重后果：一是晚景的凄凉（直接的物质生活危机），二是在村庄生活中被边缘化，三是对人生意义的否定（绝后通常被认为是一个人坏事做多了所遭的报应）。在家庭养老、社会结构和国家计生政策的三重压力下，出生性别比严重失衡。桃源人的生育偏好也使他们陷入了另一个生存困境，年轻时为生得儿子耗掉了有限的精力和家庭财富，年老时又发现根本找不到媳妇。

第八章

婚姻选择与夫妻关系

在桃源村,年轻人自由恋爱,性关系较为开放,但是最终的婚姻选择却体现强烈的包办婚姻的色彩,这对矛盾体现了侗族社会的分层观念,也影响到婚姻过程和夫妻关系。

第一节 | 层级内婚与婚姻选择

每个社会都有自己的分层标准,而社会的分层又会影响到婚姻的选择,因为常识告诉我们,婚姻的缔结通常发生在相同或相近的社会层级间。在本文的第四章,笔者介绍了桃源村社会分层的三个维度,即经济贫富、落寨先后和鬼蛊有无,近似于韦伯提出的财富、权力、声誉三位一体的分层模式。村落的主要层级类型:①富有的——先落寨的——无鬼的;②贫穷的——先落寨的——无鬼的;③贫穷的——后落寨的——有鬼的。贫富和落寨先后是一种连续性的分布,鬼蛊的有无是二元分布,由此作出的类型划分实际是一种简单化的"理想型"。经济的贫富和落寨的先后是分层的核心,鬼蛊的有无不过是虚构的表象,弱势群体往往被贴上"鬼蛊"的标签。三个主要的社会层级各为一个通婚圈,它有助于我们理解村民的婚姻选择标准。在调研中,笔者大致了解了村民的社会分层观和婚姻观,注意到二者之间的高度关联性。即使现在村落的开放程度有了很大提高,传统的社会分层观和婚姻观仍占据主导地位。在"门当户对"的婚配原则下实行的层级内婚,是维持社会分层模式的文化策略。包办婚姻、村内通婚、姑表婚和房族外婚等都是围绕层级内婚而设置的一套社会规范。

一、自由恋爱与父母包办

侗族有较为自由的恋爱形式,但恋爱的自由并不等于婚姻选择的自由。[①] 桃源村的婚姻缔结表现出两个明显的特点:自由恋爱和父母包办。[②] 这是两个相互矛盾的方面,一方面男女青年从小在一起自由交往,"男女授受不亲"的观念较弱,这种交往甚至得到父母的鼓励和支持;另一方面侗族有着较为严格的层级婚,父母会从小告知孩子自家所属的通婚圈层,引导孩子与相应圈层的异性伙伴建立更亲密的关系,为了避免不适当的婚姻追求引起社会关系的紧张,父母顽固地控制了孩子的最终婚姻选择权。

(一) 自由恋爱

传统儒家的"男女授受不亲"的行为规则在侗家人中主要表现在夫妻间的相处上,而非夫妻关系的异性交往是相当开放的,这种开放是有一定底线的,要求是集体活动且不能发生性关系。下面是几种笔者所经历的异性交往场景。

调研期间,如果笔者去一个农户家里,不管是白天还是夜晚,只要这个家里有未婚的姑娘,那么她的家人在和笔者打过招呼后即离开,将笔者和这个姑娘单独留在一屋。这个姑娘有时会是一个十三四岁的小学生,显然和笔者没有多少共同的话题,多数时间她只能看电视、玩手机,只要笔者不走,她就要一直陪笔者坐着。

每到晚上九十点钟,村里的男青年便三五成群去"走姑娘"(也称作

---

① 参见曹端波:《侗族传统婚姻选择与社会控制》,《贵州大学学报》,2008 年第 3 期。

② 云南的哈尼族也是如此,参见王清华、史军超:《云海中的奇婚女性》,云南教育出版社 1995 年版,第 11 页;丁桂芳、黄彩文:《哈尼族奕车人离婚现象的人类学分析》,《民族研究》,2010 年第 4 期。

"行歌坐夜"),他们来到一个未婚女孩的家里,女孩的家人同样会回避。这段时间通常还会有其他几个女孩参与进来。这群青年们在一起唱歌、打牌、吃东西、闲聊,如果玩得高兴可能会通宵达旦,甚至搞来一些酒菜,大呼小叫地喝酒,根本不用顾及是否打扰了左邻右舍的休息。绝对不会有人指责那些疯狂的吵闹,因为这是所有人接受的行为方式,在女孩家看来这种吵闹是自家人气旺的一种表现,也表明了自家女儿受欢迎的程度,是一种荣耀。男青年们如果没兴趣在这家玩了,他们就会离开蹿到其他姑娘家或是回家睡觉。

行歌坐夜　　　　　　　　男女青年相邀去打柴

生产互助也是一种十分普遍的男女青年交往方式。一帮男女青年邀约在一起今天帮你家打柴、摘禾,明天又一起帮另一家干活,他们认为"男女搭配干活不累"。其实帮忙干农活主要是一个借口,大家在一起好玩才是真正的目的,他们白天干活,晚上喝酒唱歌,大多数日子年轻人过着这种集体生活。虽然家长们并不需要这么多人手来帮忙,但他们还是要支持自己的孩子参与这些活动。比如潘校长让他二十岁的儿子请上寨的一帮姑娘来帮忙摘禾,同时也请了下寨的几个男性朋友参加(算作陪客)。虽然潘校长对年轻人干的活路不屑一顾,但却要花不少的时间和金钱去好吃好喝地招待他们。丰盛的晚宴后,男青年们将姑娘们一一送回家,同时还要送上几把稻子和一些饼干作礼物。到了冬季,这些女孩又要请潘老师的儿子和他的朋友到上寨喝酒,意思是送她们的谷子已酿出了酒,现在请男孩们来一起喝酒,这时潘老师的儿子便会邀上他的朋友带上一些吃食去赴约。农闲时,青年男女们会隔三差五相约去山上烤鱼吃。春节时,上下两寨的男女青年集体相互邀请做客,狂欢三天。这种交往不限于本村,每逢各村寨节日或有斗牛等娱乐活动,男女青年们或接待外村的客人或到外村做客,也是坚持异性之间的集体相处原则,每次也是持续三五天的对歌和饮酒狂欢。

下寨的姑娘们受上寨男青年
邀请到上寨去做客

上寨的姑娘们受下寨男青年
邀请到下寨去做客

侗家未婚男女交往较少社会伦理的羁绊,是日常生活的一大特点。这种交往主要是集体进行的,在集体的交往中一对男女产生了爱情便开始一对一的来往;同时这种交往必须在他人的视野范围内进行,要么在寨子内,要么是一群人出寨子活动,即使是恋人也不能孤男寡女在寨子外活动(出了寨子就是大山和森林),否则会遭到流言蜚语。问题是,在这种缺少约束的环境中,集体交往原则对其所想限制的行为形同虚设,村民的"14岁以上没有处女"的断言可能过于夸张,但至少反映了部分青年较早就有了与异性间的性关系。另一方面,在这种环境里年轻人很容易陷入多角恋爱的情感纠葛之中,这对他们以后的婚姻稳定和夫妻关系会造成潜在的影响。最后,在这种环境中,最容易受到伤害的是女孩,因为她们可能未婚先孕,所以当地有"女大不中留,留来留去留成愁"的说法,父母愿意让自己的女儿尽早嫁出去,十五六岁出嫁者屡见不鲜。

(二) 父母包办

年轻人有自由恋爱的权力和环境，并不一定得到自由恋爱的结果，只要是在村内通婚，最终与谁结婚得由父母来决定。[①] 父母包办的理由在于侗族社会存在较严格的层级内婚，跨越层级的通婚势必引发社会关系的紧张。通婚的层级表面上是以鬼蛊的有无来划分的，实际上与经济的贫富、落寨的先后有着极强的关联，形成了三位一体的社会分层模式，前文已作介绍。有的地方层级婚传统已消失，而在南部侗族的原生态文化区仍然是人们婚姻选择的核心影响因素。当地侗族顽固的坚持村内通婚就是因为这样知根知底，不会跨越层级。

父母的抉择权毋庸置疑。当了几届村长的老廖有三个女儿，前两个女儿嫁在本村，第三个女儿在外打工时与一个外地的男孩相好，老廖为阻止女儿嫁往外地绝食三天，最后女儿妥协留在了村里。部分父母在行使这种抉择权时甚至根本不与子女商量。一个 27 岁的男青年告诉笔者，在他外出打工时，父母在家擅自给他定了亲，然后直接通知他回来举行婚礼。另一个例子简直匪夷所思。24 岁的滚家二媳妇说她的婚姻纯属"偶然"，她说自己的丈夫原本是要和本寨的另一个女孩结婚的，寨子里都是腊月二十六举行婚礼，结果那个女孩家在腊月二十五悔婚，她家与丈夫家是邻居，关系也好，因此两家在腊月二十五紧急磋商后决定让她嫁过去。当时她还不到 18 岁什么也不懂，就觉得结婚好玩，没有任何准备就在腊月二十六日凌晨随结亲的人到了男方家。她十分肯定地说，如果不是春节后与丈夫在一个工厂打工，他们的结合是不可能成功的。

挑战父母的抉择权会导致严重的后果。王某告诉笔者，她姐姐与姐夫的婚事遭到父母的反对，姐姐擅自到姐夫家居住被拉回来后，母亲形影不离对她实行了长达一年的软禁，在姐姐表示放弃的意愿后母亲放松了警惕，结果她很快又跑到姐夫家去了。他们既没办婚礼，也没办孩子的满月酒，姐姐在婚后几年不与村民往来，近十年后才开始敢回娘家。直到现

---

① 参见姚丽娟、石开忠：《侗族地区的社会变迁》，中央民族大学出版社 2005 年版，第 96 页。

在已过去十五六年了,父母仍没去过姐夫家,虽然两家相距不过一两百米的距离。不同的长辈之间意见也可能不统一。银花父亲和爷爷都是村里数一数二的有头有脸的人物,父亲要银花嫁到贾家,爷爷不同意,父亲和爷爷发生过激烈的争吵。银花最后嫁到了贾家,现在儿子已两岁,爷爷奶奶至今还没到她婆家来过,两家相距不过几十米的距离。违背父母的意愿一意孤行最严重的后果是被赶出村寨或自寻短见。在村民的记忆中,村里发生过两起这类自杀事件,一起发生在建国前,本村六对男女集体在坡上自杀;一起发生在上世纪 80 年代初,一对恋人遭到家长的反对后在坡上自缢身亡。

二、层级内婚的三种表现形式

侗家层级内婚的逻辑至少可以部分地解释他们在婚姻选择上的其他一些特点,比如村内通婚、姑表婚、房族外婚等。

(一) 知根知底的村内通婚

侗族传统的通婚范围基本以本村寨为主,兼及临近的几个村寨,[①]桃源村也是如此,村内通婚占到 80％以上,通婚半径不过二三百米。自古以来坚持"男不外娶,女不外嫁"的原则,男人到外村讨老婆被看作是没本事的表现,会被别人看不起;而外嫁女多属在本村嫁不出去的女子,如寡妇、离婚的妇女、不能生育的妇女、家庭背景("根骨")不好的妇女、或不守妇道名声不好的妇女。在一组的媳妇中,本村人与外村人的比例是 47:8,二组的这一比例是 48:6。在年轻人大规模出去打工前,比例更高,总体上看,现在嫁出去的与娶进来的基本持平,大部分年轻人还是偏向在村内通婚,认为这样会对今后的生活更有利。

年轻人开始将眼光投向村外时,中老年人仍然顽固地坚持村内通婚的传统,他们会极力阻止年轻人与外界通婚。两年前,下寨的一个年轻人从外面带回来一个河南女朋友,父母坚决不接受这个女孩,两人只好又出

———————————————

① 参见杨筑慧:《当代侗族择偶习俗的变迁》,《中央民族大学学报》,2005 年第 1 期。

去打工,等这个女孩怀孕后回来,父母才无奈地接受既成事实。当了多年村长的老廖有三个女儿一个儿子,前两个女儿都嫁在本寨上,第三个女儿出去打工时与一个江西男孩相好,老廖怕女儿一去不返,极力阻止她再出去打工,他绝食三天后女儿妥协留在了家里。如今他的这个女儿已经29岁了,留在村里已三年多,仍未出嫁,2011年4月笔者离开村里时她是留在村里的唯一一个未婚女孩(学生除外)。另一个50多岁的妇女一再向笔者说她命苦,因为她没能阻止两个女儿嫁到外地,她担心他们两口子死后没人抬他们上坡(本地的习俗是由女婿抬棺)。

与外地人通婚也就是近十年来的新情况(本村第一个嫁到外地的案例也就出现不到十年),出于对外地人的陌生和交通的阻隔而排斥与外地人的婚姻是可以理解的,不可理解的是,村民同样排斥与周边村寨的通婚。据村民的一一统计,与桃源村相邻的五个村中,娶进来或嫁出去的目前仍在世的女人都不超过3个,与其中一个村甚至没有过通婚的案例,这个村还是与桃源村关系最友好的村。因为侗家有"吃相思"的习俗,相邻村寨相互来往不断,并不缺少接触机会,特别是异性之间因为对唱侗族大歌,他们从小就认识,并建立了深厚的感情,这种往来和感情可能会保持到他们年老,[1]但也不会产生婚姻的结果。一个未婚的男青年便直截了当地告诉笔者他们与外村女孩之间的关系底线,他说:"别看我们和她们玩得这么亲热,但绝对不会和她们结婚,只要一提到谈婚论嫁,立马闪人。"

高度的村内通婚使每个农户在村里都建立了庞大的亲戚网络,便于

---

[1] 2010年夏桃源村过新米节时,相邻的高鱼村的一个妈妈级的歌班带着她们的女儿们到桃源村来吃相思,妈妈们在桃源呆了3天,女儿们呆了5天。根据异性接待的原则,桃源村就要以男歌班接待她们。在这个妈妈歌班(10人)离开的前一天晚上,下寨的一个男歌班(9人)邀她们在鼓楼对歌。两个歌班的年龄相仿,都在40岁左右。对唱从夜里12点开始一直唱到第二天上午10点,期间基本上只有笔者一个观众。男人们告诉笔者,他们从十二三岁的时候就开始和这些妈妈们一起唱歌,到对方的寨子去做客,只是现在小孩都大了,难得有机会聚在一起了。在唱歌的间歇,他们放肆地讲着成人间的玩笑话;唱到动情的地方,笔者看到有的妈妈在抹眼泪。凌晨的时候,男人们给妈妈们买来了罐装的可乐和饼干,而他们自己都是用水瓢在水桶里舀水喝。第二天中午的告别宴上,这些男人们买了一条大狗作招待,妈妈们不断地给男人们敬酒,最后所有的男人都醉倒在地上。从他们暧昧的行为和半遮半掩的话语中,透露出这些男人和这些妈妈们之间的深厚感情。如果说这些中年男女相处还有些自制的话,那些未婚男女在一起就极为放肆,但他们只是在享受男女相处的愉悦,而不是恋人之间的爱慕。

网络内的农户生产生活互助,同时,因为村内通婚彼此知根知底,不会跨越层级。为什么至今没有与相邻的高鱼村通婚的案例? 因为高鱼村是这一带出了名的"鬼气"重的村寨,是个极富神秘色彩的地方,与这个村通婚显然是不明智的。虽然没有人会给笔者明说,但笔者也似乎搞明白了为什么本不多的与村外通婚的案例却集中在少数的家庭,有的家庭竟然会有几代人或几个人与村外通婚,应该是与家庭背景或"根骨"有关。

(二) 亲上加亲的姑表婚

十年前,姑表婚在桃源村十分盛行,现在已经没有了,但村民们告诉笔者,如果现在有人结姑表婚也是可以接受的,因为传统的姑表婚并不见有什么明显的生育缺陷。由此看来,姑表婚的外在形式已不存在,意识层面的认可仍在。这种表里不一的现象可能出于多方面的原因,比如《中华人民共和国婚姻法》(以下简称《婚姻法》)的推行,使婚姻结合由以前只需得到社区认同转向现在偏重国家的认同,传统的姑表婚违背了《婚姻法》,在目前更为开放的社会空间中得不到足够的认可;另一个间接的影响因素在于,近十年多来学校教育的普及(尤其是妇女教育的普及)和人口流动的陡增,年轻一代的婚姻自主选择意识增强和选择范围扩大,传统的附着在姑表婚上的"门当户对""亲上加亲"的观念在淡化。

姑表婚在形式上被抛弃观念上仍认可的现象对目前姻亲关系中的权利义务的安排有着一定的影响力。在村民讲到他们的姻亲关系时多会提到"娘亲舅大"这个词,而实际上它只是一种习惯上的表述,或是一种传统记忆。现在做舅舅的优势更多是基于对血缘近亲的尊重以及在仪式性场合多敬几杯酒而已,他们不仅得不到外甥女作媳妇,而且在"娘亲舅大"的虚名之下,还要对自己姊妹的家庭承担更大的义务(比如姊妹的嫁妆很大部分来自他们的贡献),传统的舅权已发生了实质性的逆转。当然,这也并不是说做舅舅的义务多过权利,因为每一个有姊妹和娶媳妇的男人,他既是舅子也是姑爷,在多重的姻亲网络中实现了权利义务的平衡。由此我们可以看出,传统的姑表婚强调的主要不是娘亲舅大,而是亲上加亲的社会关系,在以层级内婚作为婚姻选择的前提下,它可靠地保证了通婚圈的纯洁性，[①]与坚持村内通婚是同样的道理。

（三）阻止攀附的房族外婚

桃源村的另一条通婚规则是房族外婚。房族外婚本不稀奇，只是这里"房族"与我们通常意义的理解有不小的差异，也称"结拜兄弟"，是一个拟制的血缘家庭群体。多数群体在缔结之初就有世代不婚的誓约，但有一个群体据说在结盟时定了"既做兄弟，也可做亲戚"的规矩，所以目前只有这个群体内部的不同姓氏的家庭可以通婚，其他群体内部的家庭是绝对不能通婚的，虽然他们并没有血缘联系。"结拜兄弟"是一种拟制血缘关系，"兄弟"间通婚无异于乱伦，会招致可怕的社会压力，所以尤其是一些大的结拜兄弟群体会从小告知他们的子弟哪些家庭是自家兄弟，是不能通婚的。

结拜兄弟群体是先落寨者与后落寨者的组合，在群体中，一般包括一个大姓和几个小姓，先落寨者是大姓，人多势众，占主导地位，后落寨者是小姓，家户少，处从属地位。前面文章已介绍了先落寨者享有较高的社会地位，因而房族外婚的规则阻止了群体中小姓向大姓、后落寨者向先落寨者的婚姻攀附，使后落寨者永远处于从属地位。同时，在群体间的通婚中，先落寨者相互之间和后落寨者相互之间的通婚明显占了主流，形成两个较明显的婚姻联盟，维护了先落寨者在村落中的整体优势地位。

第二节 ｜ 不落夫家与夫妻关系

南部侗族分布于黔、桂、湘三省交界区域，因为大山的阻隔，受汉文化影响较少，经济落后，原生态的侗文化保留得比较完整，使得我们能有幸窥见不同文化间的差异。具体到婚姻两性方面，南部侗族的两性交往较

---

① 参见刘锋、龙耀宏主编：《侗族：贵州黎平县九龙村调查》，云南大学出版社 2004 年版，第178—183 页。

为自由开放,但在婚姻的缔结上表现出很强的包办色彩;他们将婚礼与从夫居分开,中间设置了一段"不落夫家"的过程;他们排斥夫妻间公开的亲密行为,却容许各自独立的社交空间。上述现象在我国南方诸多少数民族地区都曾有不同程度的存在,如壮、侗、苗、瑶、黎、仫佬、毛南、仡佬、水、布依、哈尼等,总体的特点是性与婚姻、恋爱与婚姻在某种程度上的分离,广泛流行的说法叫"恋爱有自由,婚姻无自主"。[1] 对于这样一些与传统儒家观念和现代西化观念都有较大差异的社会现象,学术界主要存在两种解释取向,一种持传播论的观点,认为是外来文化的影响造成的矛盾,如"儒与非儒的文化冲突",[2]另一种持进化论的观点,认为是人类社会早期阶段"群婚""母系社会"等的原始残留。两种解释取向都有着明显的弱点:按照"儒与非儒的文化冲突"的思路无法解释为何包办婚姻、从夫居得以接受却保持比较开放的两性关系;至于进化论的观点,批评已太多,无需赘述。李亦园认为苗瑶语族、壮侗语族是"不落夫家"的起源地,是这些民族的特征之一,但"不落夫家"不是母系社会的遗存,很可能是基于其他各种复杂的经济和社会的原因。[3] 基于此,本文拟依据现时现地的社会生态,从本土内生的角度来理解上述现象。文章探讨的是南部侗族社会,也可以供更广泛区域的民族婚恋文化研究作参考。

一、婚礼与不落夫家

从一般意义上讲,婚礼和第一个孩子的满月酒是两个独立的仪式,有着不同的社会意义:婚礼过后,一对新人便获得了"合法"同居的权利,夫妻关系得到社会的认可;满月酒庆祝孩子的诞生。但桃源人对婚礼和满月酒意义的理解与我们有着明显的差异,他们反复向笔者强调,他们的婚礼只相当于"订婚",而第一个孩子的满月酒才代表婚姻的正式

---

① 参见潘洪钢:《历史上南方少数民族的性选择自由》,《华中师范大学学报》,2003 年第 6 期。
② 参见宫哲兵、宫步坦:《中国南方女性的奇风异俗及其成因新探》,《湖南大学学报》,2008 年第 4 期。
③ 参见李亦园:《汉化、土著化或社会演化》,收录于《李亦园自选集》,上海教育出版社 2002 年版,第 367—368 页。

成立。① 究其原因在于,婚礼之后新娘通常在三到五年后才开始从夫居,在"不落夫家"期间,虽有夫妻之名,但只是偶尔同居或根本不同居,期间分手的几率很大。2009 年底,全村 4 对办婚礼,不到半年 3 对分手;全村 62 年生的男人共 17 个,16 个结过婚,其中 12 个有过 2 次及以上婚姻;极端的是,一个不到 30 岁的男人已办了 4 次婚礼,最终还是没有得到一个老婆,村民笑他的婚礼是"浪费感情"。离婚多半发生在不落夫家期间,而不落夫家这一习俗与我们上述讲到的自由恋爱和包办婚姻之间的张力有着很强的关联。

(一) 婚礼和满月酒

从婚礼和满月酒的一些规则上我们可理解两者之间"合二为一"的仪式意义。准备婚礼时,男方通常不会刻意装修新房,也不会为此添置新的家庭设备,村民说他们结个婚很简单,有两三千块钱两三头猪就行了(实际的成本是相当大的)。男方的彩礼是一头猪和亲戚朋友凑集的数千斤糯米、大量的烟酒和糕点,足够女方待客之用,但没有现金,因为给现金女方会说他们的女儿不是用钱能买的。婚礼时,新娘的嫁妆并不多,全部是新娘家亲戚朋友送的衣服、鞋子、床上用品这一类东西,相当部分是村里人自制的物品。嫁妆的大头在满月酒时才送,这时才展现其价值,包括了电视机、洗衣机、电冰箱、沙发、衣柜、摩托车、碾米机等大件商品,最具价值的是新娘家世代积累的一身银饰(有的重达十多斤)这时正式传给新娘,成了夫家的财产。

还有一种现象反映了满月酒对婚姻的意义,那就是在满月酒时才确定姻亲的范围。婚礼之后,姻亲的范围是模糊的,还不能确定将来会与哪些娘家的亲戚建立稳定的人情往来。到满月酒的那天中午,娘家的所有亲戚朋友会到丈夫家去送礼,下午时母亲带着婴儿回娘家,与娘家关系较近的亲戚朋友又会来给婴儿送礼,这时送的都是一饭盒米和一只鸡或鸭。晚饭过后,娘家派人把娘俩和别人送的大米、鸡鸭送回丈夫家。这时部分

---

① 费孝通调查的广西花蓝瑶也是如此,参见费孝通:《乡土中国/生育制度》,北京大学出版社 1998 年版,第 160 页。

娘家人已送了两次礼,但谁会与丈夫家当亲戚走仍不确定。第二天中午,丈夫家会请娘家前一天那些送坛子礼的客人①来吃饭。下午,丈夫家族的几个未婚男青年会给娘家的一些关系较近的亲戚回礼,送给这些亲戚一家一只鸭子,并在亲戚门前放一通鞭炮,这个回礼的意义在于表明丈夫家有意与这些娘家亲戚结成姻亲往来。回礼的范围相对会比较大,有些家庭收到鸭子不久,就由一个女人又把鸭子抱还给丈夫家,并对丈夫家的人说:"我家受不起你家的鸭子,不要浪费你们的火药了。"还回鸭子表明这个家庭不会与丈夫家结成姻亲,接受鸭子则表明这个家庭愿意与丈夫家结成姻亲,这家会在近几天里将收到的那只鸭子杀了,请丈夫家族送鸭子的年轻人们来喝酒,从此以后就要常来常往了。所以说,直到满月酒后,姻亲的范围才明确下来,新婚夫妇得到了亲友的完全接纳,有了小家庭专属的亲戚圈子。

与此对应是婚礼虽说热闹排场,但这对新人是否会修成正果谁心里都没底。前面我们已经讲到,在没有生小孩之前,婚姻处在一种不稳定的状态,分手的比例相当高,所以相当部分的婚礼是空欢喜一场。婚礼前后的一些现象表明了这个时间段婚姻的不确定性。村里的婚礼集中在腊月二十六举行,②到腊月二十五的时候,笔者问村里的人明天有几对结婚,他们都说不知道。他们的回答让笔者很是懊恼:在这么小而拥挤的一个村落中信息是完全开放的,但不至于不知道谁家明天办婚礼。再后来笔者才明白村民说的"不知道"意思是,他们不能确定明天哪几家的婚礼会如期举行,因为临时悔婚的情况时有发生,就像我们上文提到的滚家老二娶亲时的情况,如果不是及时找到替补的结婚对象,第二天的婚礼自然就要取消了。婚礼程序的安排也考虑到这种临时变卦的问题。在笔者的经验中,婚礼的日子选定后,要提前很多日告知亲朋,等到婚礼前一两天通知是对客人的不敬,而桃源村的做法恰好反过来。在腊月二十六的凌晨,男方家派出本家族一位男性长者到女方家接新娘,若天亮前接回了新娘,早晨新郎家开始杀猪杀牛,并派人分头邀请亲朋好友中午赴宴。若是天

---

① 送礼时,用一个坛子装米送到主家,表明送礼者是关系较近的人。

② 如果这天不办就只能在来年农历二月份办了,二月办婚礼的只是个别现象。

亮前接不回新娘，表明女方已悔婚，婚礼自然取消。所以，新郎家要等到新娘过门后，才发出婚礼邀请，新娘家同样要等女儿到了新郎家才请客。①

婚礼的当天新娘是不能在新郎家留宿的，她必须返回娘家，以后她什么时候去与新郎同房则要看她自己的意愿了。婚礼后的第二或第三天晚上，新郎的朋友们会去给新人送礼喝酒，相当于我们常说的"闹洞房"，因为新娘在娘家，所以晚宴的关键是要把新娘请过来。笔者参加了两次这样的晚宴，一次请来了新娘，酒宴气氛热烈，最后一对新人被推入洞房，朋友们用一把大锁锁了房门才散去。另一家则没请到新娘，据说新娘躲起来了，新郎的朋友没找到她，因而晚上的酒宴草草收场。

在笔者看来，侗家的婚礼实在过于草率，既然是把它看作"订婚"，就没有必要作为婚礼仪式来办。只要双方父母点头，就立马"结婚"，年轻人可能还没有真正的恋爱。父母这么做的理由可能在于，给子女一个"夫妻"的名分他们今后相处便合情合理，移情别恋至少会有所顾忌，至于这种强扭的婚姻能否"结瓜"，"结出的瓜甜不甜"，那是后话。

(二) 不落夫家

新娘结婚要三到五年(一般是三年)后才长住夫家，多数是在分居期间有了身孕才到夫家居住。不落夫家期间，逢年过节和农忙，丈夫会请妻子过来吃饭干农活，留宿一两晚。感情不好的就不会留宿，所以不落夫家期间，有些也不会怀孕。到夫家居住可在婚后一年、三年或五年过去，不会在第二年或第四年过去。说是一年、三年、五年，实际不到那么长时间。寨子里都是腊月二十六结婚，几天后就是第二年，比如 2009 年腊月 26 日举行婚礼，2011 年元月到夫家居住就算作三年时间，因为已经跨过了两个年头到了结婚的第三年，实际不落夫家的时间不到一年半。如果 2011 年元月、二月份不到夫家居住，就要等到 2013 年元月或二月到夫家，算作结婚后五年到夫家。大多数在婚后三年到夫家居住，等到五年的极少，因

---

① 新娘过门后才发出婚礼邀请也可能是为了预防另外一种意外发生——抢亲，新娘在出了娘家门后被自己相好的男人"抢走"。村民给笔者讲"过去"有抢亲的情况，但笔者没有询问具体的案例。

为如果等到五年后女方反悔婚事时对男方很不利,他白白耗费了几年时间,再重新找对象时已错过了最佳时机,所以三年后女方还不愿到男方家居住,男方通常会提出解除婚约。

对于不落夫家的缘由,村民给出这样的解释:女方过早到男方家居住,表明女方爱男方多,女方没面子;去的越迟,表明女方架子越大,男方有求于女方的多,到夫家居住后会得到更多的尊重,所以去的过早会遭人取笑。这样的解释表明不落夫家是新娘争取婚后较高家庭地位的一种策略。另外,从婚姻过程的角度考虑,有它合理的一面和不足的一面。合理的方面有两点:一是婚姻多是父母包办,男女双方缺乏了解,尤其是女孩早婚的多,情感上还不成熟,需要一个新生活的过渡适应期;[1]二是担心如果婚后不能生育,在男方家居住久了,适应了男方家的生活环境后再离婚压力大,不能怀孕便不到夫家居住,最后分手的压力小。[2] 也就是说婚姻直接以生育为目的,能怀孕生育的便到夫家居住,婚姻进入稳定期;不能怀孕的便不用到夫家生活,便于婚姻好合好散。这里,他们把婚姻与生育等同起来,没有生育的婚姻是没有把握的、靠不住的、或是不完全的。[3]

"不落夫家"不足的一面是增加了婚姻的不可预期性,离婚率高,特别是增加了男方的精神和经济压力。有的女孩在结婚前就有了自己相好的男孩,她们迫于长辈的压力答应了其他男孩的提亲,"不落夫家"的习俗给了她们回旋的时间,婚后她们可以迟迟不到男方家居住,直到男方等得失去耐心主动提出分手,这样女孩既应付了长辈的压力,也不用补偿男方的损失。部分女孩在男方来提亲时还是懵懵懂懂,婚礼后双方仍在自己家里居住,沿着原有的方式生活,男的照样可以去走姑娘,女的照样和其他

---

① 有学者分析布依族"不落夫家"习俗时表达了此观点,参见李君怡:《布依族"不落夫家"婚俗试析》,《贵州民族研究》,2010 第 3 期。这样的观点只能是现代人对"不落夫家"的后果的理解,而不能将之作为原因,因为传统上汉族人十四五岁结婚很正常,还有"童养媳"的现象,但却没有"不落夫家"。

② 在这里有一个习俗,夫妻同居三年不怀孕或总是流产或夭折,那么离婚就是顺理成章的事。如果感情较好,也可以采取一个变通的措施,妻子回娘家与丈夫分居半年以上,之后再测良辰吉日"复婚"。在他们看来,不孕或流产等不幸与婚日有联系,可以换个日子再结一次婚碰碰运气。这里流行的"二次葬"也是这个道理。

③ 费孝通调查的广西花蓝瑶也是如此,参见费孝通:《乡土中国/生育制度》,北京大学出版社1998 年版,第 160 页。

男孩行歌坐夜,不能干涉对方,否则会被认为做人太小气。女孩可能又会有了自己的相好,这时她也会迟迟不与丈夫同居。下寨玉龙的一次婚姻就是一个典型的案例。

双方父母商定了两人的婚事后,玉龙在结婚前特意问女孩是否愿意,女孩表示愿意和他结婚。2009 年腊月举行婚礼后没有同居,春节过后玉龙想和新娘一起去温州打工,新娘说还要留在村里唱侗戏,等段时间再出去。玉龙一直等了 20 天,原工作的鞋厂催着上班,只好独自去了温州。半个月后,女孩也到了温州,但和玉龙不在同一家工厂打工。玉龙每天下班后坐 4 元的公交去找女孩玩。到了"五一"放假,玉龙约女孩一起出去玩,女孩说她要去看母亲(也在温州),结果玉龙发现女孩和下寨的另一个男孩在一起。女孩表示忘不了前男友,要玉龙再等两年,直到自己忘了前男友。玉龙觉得再等已无意义提出分手,退还了女方结婚时的陪嫁物品(一些被子、鞋袜、侗衣、水瓶等生活用品)。在这个案例中,女方对待婚姻的态度是模糊不清的,因为不必和新婚丈夫同居让她在婚后具有了行动自由,也几乎不用为自己"脚踏两只船"的行为承担任何责任。

上面我们只讲到女孩因为在婚前或婚后另有相好而迟迟不与丈夫同居,反过来也是成立的,只不过出于可理解的原因,以男方主动提出分手的为多。从这层意义上讲,不落夫家可以看作是子女与父母争夺婚姻抉择权的一个策略:当年轻人对父母作出的选择不甚满意时,他们便迟迟不同居,[①]直到一方失去耐心主动提出分手。拖延和等待是一种博弈的策略,因为先提出分手的一方要承担经济和道义的双重损失。当然,无限期拖延也要承担压力,会被指责"不听话""不懂事",导致与双方家庭关系的紧张,顶不住这种压力者只有选择同居。在不落夫家期间,如果女孩有了身孕,她就必须开始从夫居,在丈夫家生产。最麻烦的是,如果女孩有了身孕而她的丈夫又不承认孩子是自己的从而不接受孕妇,按照当地的习

① 广西某些地区的壮族妇女采取的应对策略更为合理,因为她们懂得了安全期避孕的知识,在"不落夫家"期间能做到同居但不怀孕,避免了与夫家关系的紧张,参见潘艳勤:《布岱人的"弄桥"仪式与"不落夫家"——以中越边境的其逐屯为例》,《广西民族学院学报》,2004 第 6 期。另外,笔者参加过一个位于黔桂交界处的壮族寨子里的婚礼,一个上过大学在县人民医院工作的年轻人娶了本寨一个 16 岁的姑娘,由此笔者猜测那里的壮族与本文所谈的侗族在习俗上有相近之处。

俗,女儿是不能在父母家生产的,因此只能在寨子外搭个棚子,让女孩在棚子里生产并度过月子,生下的孩子被溺死。这种情况在 20 世纪 90 年代发生过数起,因为当时还没有避孕和流产措施。这当然是最糟糕的事情,因此,父母大张旗鼓地给子女举办"订婚"意义的婚礼,给他们一个"夫妻"的名分,确实能够把不落夫家期间的性行为约束在夫妻之间,一旦怀孕,父母包办的目的也就达到了。讲到这里,我们也就理解了村民看似草率的婚礼,实则是达成父母包办目的有效策略。

二、夫妻关系

阎云翔在批评西方学者看不到中国农村的爱情和浪漫时,把原因归咎于他们把情感的表达方式定义的太窄,[①]比如说中国人不会当众拥抱接吻或说"我爱你",但中国人的日常细微行动同样能传达"我爱你"的信息。他的分析揭示了不同文化背景的人在理解"他者"的情感时存在的障碍,同时提醒我们要通过对宽泛的行为观察来理解"他者"的爱情和浪漫,但是他通过东北的观察来肯定"中国农村"的爱情和浪漫值得商榷。笔者不否认人性中对爱情和浪漫的追求,但其实现的程度却要视具体的社会环境而定。在笔者所观察的侗族村落,因为自由恋爱和父母包办的双重存在,爱情和浪漫与婚姻之间有着一条结构性的鸿沟。

(一)"貌合神离"的夫妻关系

桃源人至今过着男耕女织的生活,妻子承担绝大部分家务,丈夫承担主要的农业生产和集体公益劳动。具体讲,妇女的工作主要是照料一家人的生活起居,包括种植棉花、蓝靛和蔬菜,纺织染布、制衣刺绣、脱粒舂米、担水做饭、照顾小孩、饲养猪鸡鸭,水稻种植期间也参与挖田、插秧、薅草、摘禾。丈夫的主要工作在户外,包括种田植树、养牛养鸟、打柴打猎、修路建房。夫妻分工明确,男主外,女主内,很少有交叉的地方。虽然近

---

① 参见阎云翔:《私人生活的变革:一个中国村庄的爱情、家庭与亲密关系(1949—1999)》,上海书店出版社 2006 年版,第 94 页。

些年一些丈夫出去找钱，妻子们开始承担耙田、养牛、打柴等传统的男人活计，但所占的比例很小，持续的时间也不会长。这些明确的性别分工以男女的生理条件做基础，男人从事体力重的活，劳动时间相对较短，女人从事体力轻的活但劳动时间长，因而男人有不少休息闲聊的时间，女人却总有忙不完的活，给人一种"男逸女劳"的印象。这种劳动分工固化为两性的行为模式后，使纯粹的劳动具有了文化的内涵，成为社会性别意识的反映，会让人误以为此也符合"分工的用处并不只视为经济上的利益，而时常用以表示社会的尊卑"。① 虽然在生育观念上桃源人并不隐讳说自己"重男轻女"，但不能由此简单推论说他们的社会结构里就是男尊女卑，男人做好男人的活计，女人做好女人的活计，他们都能得到自己的尊严。如果男人做了女人的活（比如洗衣带小孩），男人不会得到勤快顾家的赞誉，而会被别人取笑和轻视；如果女人做了男人的活，女人会得到赞誉，男人遭到舆论的谴责。这样的夫妻分工没有多少的分别，主要是勤懒的问题，勤快者多做一些分内的工作，但不鼓励分担配偶的那一部分。

夫妻间的独立意识不仅体现在劳动分工上，在日常生活互动中也处处体现了相敬如宾、男女有别、授受不亲的行为规范。在日常的生活中，极少有夫妻间正面的冲突，更不会出现妻子将丈夫从牌桌上、酒桌上拉回来的事发生。吃饭的时候随到随吃，不会有丈夫喊妻子或妻子喊丈夫回家吃饭的情形。家里有男客时，女人一般不会和客人同桌吃饭，反过来也是，也就是夫妻不会同时陪客人。他们没有我们所谓的家庭聚会，即使是到最亲近的亲戚朋友家赴宴，也不会夫妻同行，要么是丈夫去，要么是妻子（或带孩子）去。夫妻间一般不苟言笑，尤其有外人在场时，他们的话语交流极少，更不会有亲密的举动。他们在寨子里不会同进同出，下地干活时，丈夫走前面，妻子跟后面，至少会相距几十米的距离。② 当他们有了第一个孙辈时，即使他们只有四五十岁，也要表现出结束性生活的姿态，一般是分房睡，若是不分房，至少要在房间里摆上两张床做做样子。

最为特别的是，夫妻都有各自的社交圈子，配偶不会参与到对方的圈

---

① 参见费孝通：《乡土中国/生育制度》，北京大学出版社 1998 年版，第 122 页。
② 现在因为有的家庭有了摩托车、拖拉机，所以有了夫妻乘同一辆交通工具出行的现象。

子里活动,我们日常看到的情形总是男人聚一堆,女人聚一堆。侗家人的朋友圈子主要是他们从小一起唱侗族大歌的同性伙伴,这种朋友关系通常会维系一生。当妻子或丈夫与他们的一班朋友在一起活动时,他们的配偶会回避。比如妻子请她的朋友们帮忙挖田时,她家里的其他人是不会一起去干活的。当她们聚在某一个伙伴家里唱歌吃饭时,家里的男人这时也会不知所终。在村民的生活世界里,夫妻貌似是两个独立行动的个体,他们在形式上排斥二者间的亲密举动和共同行动,出双人对,如影相随会遭到他人的取笑。[①]

(二)制度化的与非制度化的婚外亲密关系

怪异的是,桃源人把夫妻之间搞得授受不亲的同时,夫妻之外的异性相处又显得过于放肆和暧昧。前面我们介绍过未婚男女的行歌坐夜和集体劳动,及举行婚礼后的不落夫家期间照样可以行歌坐夜,不仅如此,有了孩子的夫妇照样与异性来往。一个初中女生就告诉笔者,小时候每次和母亲回外婆家都会有一些男人找她母亲玩,她记得有一个男人很喜欢她妈妈,还要她妈妈嫁给他。在他们的习俗里,男人与有夫之妇交往是被允许的,但不能到女人的夫家去,只能在女人回娘家时去娘家找她玩。村民常给笔者讲这样的笑话:有的男人"好色",晚上走姑娘时会和儿子"撞车"(去了同一个姑娘家)。当然,有了孩子的夫妇在寨子里行歌坐夜还是有所顾忌的,虽然可行,也不宜过多。他们在与外村寨的异性相处时的言行举止相比本村寨要放肆得多。侗家"吃相思"习俗规定了异性接待的原则:如果客人是一班妇女,主寨则以一班年龄相仿的男人接待;反过来也是如此。笔者经历了多次男女歌班相处的过程,从十多岁到四十多岁各个年龄段的歌班都是一个行为模式,表现得极为亲密。在几天的时间里,配偶和孩子暂时从他(她)们的生活里消失,他(她)们唱歌、喝酒、聊天、再唱歌,[②]困了的时候他(她)们会躺在异性的身上打个盹。难怪侗家人喜

---

① 类似于费孝通的描述,参见费孝通:《乡土中国/生育制度》,北京大学出版社 1998 年版,第 146—148 页。

② 侗族大歌本应是未婚男女对唱的情歌,歌词所表达的恩爱缠绵比现代的流行歌曲有过之而无不及,但已婚的歌班照样唱着这些恩恩爱爱的情歌。

欢四处吃相思，他们解释说可以有机会会会朋友，原来他们所说的"朋友"主要是指异性朋友，"吃相思"这一习俗为他（她）们名正言顺地提供了一次次与异性狂欢的机会。

行歌坐夜、"吃相思"因为主要是集体性的异性相处，所以不便突破男女关系的底线，但是其他场合的一些隐秘的婚外性行为常成为男人们的谈资。一个三十出头的父亲告诉笔者，不久前他们约一帮女孩子在山上玩时，就有人和她们发生了性关系，他拿出了手机拍的照片向笔者证明。另一个四十岁的父亲向笔者讲述了他的风流故事。去年冬天他和一个朋友在山上挖了一段时间的树兜，寨子里两个妇女每天随他们捡松香，也就是他们挖出树兜后，散落在地上的树兜残片被她们捡回来烧柴时做引火用（因为在地下埋藏多年的树兜含有高浓度的油脂很容易燃烧）。每天两个男人挖树兜，两个女人就坐在一旁陪他们聊天。女人要去方便时，男人也说要去方便，"一男一女在老林子里半天才出来，谁知道他们干些什么"。更离奇的故事是，20世纪90年代做了近十年村支书的老贾对笔者说，他当政时做的最多的工作竟是处理众多"乱搞的事"。因为当时没有避孕措施，一旦妇女未婚怀孕她就要站出来指认"肇事"的男人为此负责，隐秘的性行为就变成了公然的秘密，通常会闹得鸡飞狗跳。老支书说他每年都要处理两三起这样的事，最后抱着手指一一数过后，他确认有十来起，其中有几起涉及已婚男人。至于那些没有导致怀孕的婚外性关系只有天知地知了。显然，在这样一个封闭的山村里，人们对"乱搞的事"比笔者预想的要宽容得多，所以当再有村民告诉笔者说某某结了三四次婚时笔者已不觉得好奇了。

从上面的描述我们可以看出桃源村的夫妻关系模式是相当清晰的：劳动分工明确；夫妻之间相敬如宾，忌讳公开的亲密行为；夫妻有各自的社交圈子，这个圈子是在配偶和家庭之外的一个独立空间。当笔者就这种貌合神离，"身在曹营心在汉"的现象请教村里的寨老时，他们的解释又回到了前文所讲的自由恋爱与父母包办的矛盾上，他们说，传统上他们的婚姻都是父母包办，很多人在没结婚前就陷入多角恋爱，他们喜欢的人通常不是自己的配偶，夫妻关系自然很淡漠。而当地独特的社会和自然环境为那些不满足包办婚姻的人们提供了重续旧好和另觅新欢的便利。

(三) 夫妻权力分配

夫妻是基于男女两性性别差异的结合,不同的社会对性别的差异有着不同的看法,塑造了不同的夫妻关系模式。桃源人的夫妻关系模式有着自己的鲜明特点,用"男尊女卑"或是"男女平等"这样的权力话语作概括似乎都不妥当。

在家庭权利的分配方面,可以说夫妻各有所长。丈夫是一个家庭在村落公共生活中的代表,村落的集体祭祀、鼓楼议事、对外的联款和战争都是男人的专利,村里所有有声望的职业都是男人把持,如寨老、村干、巫师、医生、教师等(歌师因为特有的专业要求是男女都有)。男人有优先受教育的机会,女孩的教育被忽视。但另一些方面显示了妇女的社会地位。村寨最神圣的公共设施——社堂(又称"祖母坛"),供奉的侗族始祖"萨岁"是女性,她是村寨的最高保护神。① 妻子死后也同样葬入祖坟,享受子孙的祭祀,寨子边一座相当气派的石墓就是民国初年为一位二十一岁的母亲所建。女孩同样享有家庭财产的继承权,侗家习俗是"儿子传田土和房子,女儿传银子",作为女儿嫁妆的银饰通常占了一个家庭动产的大头。

在相当部分家庭,妻子享有家庭经济的控制权。现任村长是一个极有魄力和威信的人物,去年他与人商定了换种一块水田,回到家后遭到妻子的断然否决,妻子说,地是村长换的,到时她会照样去自家的那块地里干活,村长只得去与人毁约。村民对此解释说,村长老在外面跑(生意),地里的活计主要是他老婆干,种哪块不种哪块当然主要要听老婆的意见。村长尚且如此,其他人更不敢耍大男人的威风。村里一个中年男人对笔者说,别看那些男人整天在村街上牛皮哄哄的,口袋里一分钱都没有,买包烟还要找老婆要钱。这种说法得到了不少男人和女人的认可,他们说这是因为男人大多好赌和好酒,好赌就会输钱,酒喝多了,"一高兴,钱又不知花到哪些女人身上去了",所以这些男人身上不能有钱。有鉴于此,

---

① "萨"是侗语对祖母的称谓。绝大多数文献都认为侗族的这种祖母崇拜是原始女权社会的遗留,这样的观念不过是一种臆测,目前的科学研究是无法提供支持的。

村民留笔者吃饭的时候，虽然男主人通常会表现得很大度和慷慨，但笔者必须得观察了女主人的脸色再决定去留。

从上面的描述我们可以看出桃源村的夫妻关系模式是相当稳定的：劳动分工明确；夫妻之间相敬如宾，忌讳公开的亲密行为；夫妻有各自的社交圈子，这个圈子是在配偶和家庭之外的一个独立空间；虽然男人享有村落公共生活领域的特权，但不能就此说这是一个男权社会，覆盖女人在家庭生活领域的地位。前两个方面似乎还有些男尊女卑的意识形态在里面，后两个方面则是桃源社会区别于传统儒家伦理规范的独到之处，反映了妇女较高的家庭和社会地位。

本章小结

南部侗族社会男女两性交往较为自由，年轻人开始性生活的时间早并且很容易陷入多角恋爱，为避免未婚先孕的麻烦，父母会让女儿尽早结婚。同时，侗族社会存在较严格的层级内婚的传统，婚姻讲究门当户对、知根知底，为了避免不适当的婚姻追求引起社会关系的紧张，父母牢牢控制着儿女的婚姻抉择权，包办婚姻较为普遍。自由恋爱与包办婚姻之间的张力至少部分解释了侗族不落夫家习俗和夫妻关系模式形成。不落夫家可以看作是子女与父母争夺婚姻抉择权的一个策略：父母首先通过一个有名无实的婚礼给年轻人框上一顶"夫妻"的帽子来约束他们，当年轻人对父母作出的选择不甚满意时则可选择不同居（不怀孕）达到最终分手的目的。普遍的包办婚姻也塑造了一种整体性的"貌合神离"的夫妻关系模式，这种关系模式容许了一定程度的婚外亲密关系，部分消解了包办婚姻与自由恋爱之间的张力。

结　论

一、传统的生存危机

侗族生活在黔、桂、湘三省交界地带,历史上,这一区域的人们面临着严峻的生存挑战。侗族社会的生存危机来自两个方面,一是社会性的危机,二是自然性的危机。社会性的危机主要表现在战乱、匪盗、械斗、苛政等方面,自然性危机主要表现在农业灾害、粮食短缺、瘟疫等方面,其中最突出的问题是粮食短缺。当不断涌来的移民试图在大山里寻找生存机会时,却发现这里已是人满为患,人们不得不从平坝迁往山腰直至山顶,不愿放过一丝的自然空间。尽管移民们可以不畏艰辛在陡峭的山坡上建立村寨,开凿梯田,但是土地是有限的,没有灌溉保障的稻作也相当靠不住;大山又阻碍了与外界的交流,难以从外界获得生存资源,成为社会经济发展的障碍。可以说,大山是人们迫不得已的选择,而远不是一个理想的生存之地。人口与生态的严重对立是我们理解整个侗族历史和文化的背景。

大山阻碍了社会经济的发展,却不能阻隔外界的纷扰,这些貌似桃花源的村落难得一丝安宁。在这个三省交界地带,直到新中国成立前国家政权都没有在此形成有效的社会控制,社会动荡不已。这种动荡既有国家与地方层面的冲突,比如战争与苛政,也有地方社会内部的冲突,比如匪盗和械斗;身处其中的村落既是这种动荡历史的受害者,偶尔也是这种动荡历史的创造者。

生态的不稳定通常与社会的不稳定紧密相关,[①]本文无意探讨生态与社会的关系,而是侧重生态和社会的不稳定对具体社会系统建构的影响,或者说是在不稳定的生存境况下人们该采取怎样的生存策略,更具体地说,研究的是基层社会的适应性策略,而不是"农民为何要造反"的问题。

因为持续的生存危机的存在,可以说侗族是一个没有安全感的族群,安全原则成了社会结构建构的基本准则,侗族文化的诸多特点或社会"反常"现象都由此而生。本文以一个村落为个案,从聚落形态、村与村的关系、村与寨的关系、主体信仰、社会分层、民间权威、家庭结构、社会网络、生育观念、婚姻观念等方面对侗族社会结构进行了剖析,揭示了侗族社会的一整套生存伦理。

无论是社会性危机还是自然性危机都促成了这一区域人口结构的不断变化,不断地迁徙是侗族社会生成的一个显著特点。人口的迁徙是区域社会不稳定的反映,不仅形成了多民族杂居的格局,也使侗族融入了相当程度的外族血统,同时也改变着村落人口和文化结构。侗族是一个侗、苗、汉等多民族融合的族群,她的文化既有自己的个性,也在相当程度上反映这个三省交界地带生活的多个民族的文化共性。

二、应对策略

落荒而来的移民从两个方面构建了自身的生存保障系统,一是个人(家庭)层面的保障,主要应对的自然(物质)性的生存危机;二是村寨(族群)集体层面的保障,主要应对的是社会性的生存危机。当一个社会过于强调某种需求时,它很容易丧失或忽视其他的机会,安全与发展的两难在侗族社会的各个层面都得以体现。

(一) 集体层面的生存策略

当人们面对严峻的生存压力时会自然依赖群体性的力量,侗族人民

---

① 参见裴宜理:《华北的叛乱者与革命者(1845—1945)》,商务印书馆 2007 年版,第 270—271 页。

从三条路径获得这种力量。

首先是建立地域共同体。零散的移民通过高度的聚居构建了一个个规模巨大的村寨,村寨以鼓楼为中心呈团状结构,一座村寨就是一座防御性的堡垒。聚居对社会经济的影响是十分复杂和多层面的。这种在"安全第一"原则下选择的聚落形态严重背离了生态原则,最突出的问题是加重了农耕的负担和严重的火灾威胁。聚居造成了耕作的低效率,也妨碍了家庭副业的发展,一定程度上讲,聚居加重了经济的贫困。为解决耕作半径过大的问题,农民在耕作期间需在田头搭棚暂居。村寨是富人和穷人共同的庇护所,相对来说,富人是更需要保护的对象,少数的富人需要大多数的穷人作为自己的护卫者,而作为大多数的穷人只能建得起便宜的木房,密集的木房极易发生火灾,在火灾威胁面前,富人不能建防火的砖房独善其身,也只能建木房。在这里,公共安全超越了贫富差异,村寨成为一个同生共死的统一体。

其次是建立社会共同体。聚居为社会共同体的建立提供了人口基础,下一步的问题是如何将零散的移民纳入村落社会结构完成社会整合,产生出强大的集体行动能力。村落共同体的建构在两个层面展开。

一是形式上的社会共同体建构,其主体象征是村落(族群)祖先——萨。各方而来的移民通过结拜兄弟形成了一个个拟制血缘的房族,在侗族村寨,单家独姓不能自成一族,后来的移民必须归附于某个先来者的房族;各个不同姓氏的拟制房族通过共同的村落祖先崇拜——萨崇拜构建了一个村落整体的拟制血缘宗族,从精神层面形成了统一的社会认同。在这个拟制的宗族体内,根据落寨(定居)的先后、经济的贫富、鬼蛊的有无建立社会等级秩序,先落寨者通常占有人多势众和经济上的优势,成为村寨的强势群体,而贫穷的、后落寨的移民则可能沦入半人半鬼的境地处于社会底层。村落祖先的祭祀仪式体现了这种社会等级安排。

二是实质性的社会共同体建构,其主体象征是寨老。寨老具有强大的社会动员能力,比如兴建宏伟的鼓楼,举办盛大的娱乐活动,当然也可发动群体性的武力行动。寨老权威的存在维持了村落在行动上的统一性,是维护村落公益必不可少的条件,但是寨老行为也强烈体现了个人意志而可能违背集体利益,其根本的社会基础在于移民谨小慎微的生存策略,他们为获得村落的庇护往往迁就寨老对自己权益的侵占,少数敢于出头的村落精英容易建立对多数人的统治。

由此可以看出,虽然存在不断的迁徙,后来的移民为了获得村落的庇护归附于迁入地的社会体系,村落社会的主体架构依然稳定;由此也可以理解当地各民族村寨比邻而居而文化迥异的"文化孤岛"现象。

最后是村落联盟的建立。当生存的压力足够大时就需要建立超越一村一寨的地域(族群)性的行动单位,村落联盟——款便是这样的行动单位。一个村寨会根据具体的情势需要参加多个(多次)的合款。建国前的合款主要自卫(自治)性的合款,现代的合款主要是娱乐性的合款。案例村的一个斗牛约款便能聚集周边数十寨数万人的参与,表明以合款形式建立村寨关系的传统得到了很好的传承。合款根据事本主义的原则建立村与村的关系,不受村寨关系好恶的影响。除合款之外,侗族村寨之间还存在两种持久性的互动关系:互访和械斗。村寨互访——"吃相思"源于移民与祖寨之间的联系,以情感友谊的原则建立村际世交关系;械斗主要源于资源的争夺,它导致情感友谊的丧失形成世仇。村寨集体层面的世交或世仇关系基本上不影响个人层面的交往。

我们可以为上述集体力量的获得途径绘制一个简单的图示:

(二) 个人(家庭)层面的生存策略

这个层面的生存策略主要是为获得基本的物质生活保障,很大程度上也受到集体生存策略的限制。粮食短缺一直是困扰村民生活的一大生存危机,对刚摆脱口粮困扰的农民来说,粮食不仅是最基本的生存资源,也是一种文化载体。囤积口粮反映的是农民的饥荒意识,也是财富象征,因此粮食成为人情赠礼的主要物品。粮食短缺体现了经济的不发达程度,决定了个人对家庭和社会网络的依赖。在案例村,传统大家庭的理想依然存在,主干家庭是一个不可再分的单位,为老年人提供了生活保障;

有限分家和半联合家庭的存在则是为未婚兄弟成家立业提供支持。村寨内部存在三种主要的社会关系网络，即房族、姻族和歌班，分别代表兄弟、亲戚、朋友三种关系。房族是先定居者与后定居者通过结拜兄弟结合而成的家庭群体，它是一个功能明确的互助单位，这种关系世代延续，群体规模过大则需要分裂；村民都倾向于在本村寨内通婚，以便最大化利用自己的亲戚资源，在他们的观念里还存在亲戚关系扩大化的倾向，兄弟（包括结拜兄弟）的亲戚也是"我"的亲戚，每个家庭都在村内建立了一个上百户的姻族网络；歌班则是按同自然寨、同性别、同年龄段的原则建立的年龄群体，每个村民都自然归属于一个歌班，拥有一个可持续终身的朋友圈子。这三重网络不仅提供日常的互助和情感归依，更是举办家庭大事不可或缺的支持力量。

在案例村，人们"多生、生男孩"的观念依然强烈，尤其是男孩偏好没有丝毫松动，为得到男孩，村民不惜承担高额的罚款而多生，不惜一次又一次溺弃"多余"的女孩。男孩生育偏好背后是其特有的自然社会生态：农业自然经济模式对男性劳动力的需求及对入赘婚的排斥，良好孝道的保持和养儿防老的可靠预期，社会结构中对男性地位的强调以及普遍存在的对无儿户道德质疑的舆论氛围。在家庭养老、社会结构和国家计生政策的三重压力下，出生性别比严重失衡。男孩生育偏好也使他们陷入了另一个生存困境，年轻时为生得儿子耗掉了有限的精力和家庭财富，年老时又发现儿子根本找不到媳妇，上一代对生存的担忧可能导致下一代实实在在的生存危机。

侗族社会男女两性交往较为自由，年轻人开始性生活的时间早并且很容易陷入多角恋爱，为避免未婚先孕的麻烦，父母会让女儿尽早结婚。同时，因为传统的社会等级观念形成了层级内婚的传统，婚姻讲究门当户对、知根知底，为了避免不适当的婚姻追求引起社会关系的紧张，父母牢牢控制着儿女的婚姻抉择权，包办婚姻较为普遍。自由恋爱与包办婚姻之间的张力至少部分解释了侗族不落夫家习俗和夫妻关系模式形成。不落夫家可以看作是子女与父母争夺婚姻抉择权的一个策略：父母首先通过一个有名无实的婚礼给年轻人框上一顶"夫妻"的帽子来约束他们，当年轻人对父母作出的选择不甚满意时则可选择不同居（不怀孕）达到最终分手的目的。普遍的包办婚姻也塑造了一种整体性的"貌合神离"的夫妻关系模式，这种关系模式容许了一定程度的婚外亲密关系，部分消解了包办婚姻与自由恋爱之间的张力。

三、社会变迁与新的危机

新中国成立以来，侗族人民的生存压力已经大为减轻。因为国家控制力量的增强，社会危机得以解除，集体层面的生存压力可以说已经消失。由此我们看到，原本紧密的聚落开始向外围扩散，有钱的村民开始兴建能防火的砖瓦房，如何更好地改善家庭生活已经超出了对集体生存危机的关注；传统的社会等级观念在年轻一代变得淡化，寨老的权威也受到越来越多的质疑，村寨间的合款也仅限于娱乐性的内容。但是，目前来说这些变化都还不足以从根本上动摇村民的社会认同，村寨社会的内聚力依然强大，经常性的民间集体行动为我们展示了这种力量。在新的时代背景下，这种力量既可以增进集体公益，也可能销蚀集体公益，成为阻碍村落发展的力量。在案例村，村落可以通过集体力量筹建村小学、修建道路、开辟防火线，即使个人利益受损的村民也不会过于计较个人得失，村落也很容易动员集体力量与邻村械斗或是对抗不受欢迎的计生干部。这种缺少个性的集体认同又很容易为少数村落权威人物所左右而违背大多数人的利益，比如贱卖青山及将有限的财力投入到华而不实的鼓楼建设和奢侈的娱乐活动。

随着村民大规模的外出打工和国家对农村的一系列扶持性政策的出台，他们开始有机会从村落之外获得物质资源，基本的温饱有了保障，电视、手机、摩托车迅速普及，人们开始追求生活享受。现在的问题是，饥荒的阴影仍然挥之不去，村民试图通过囤积粮食和生育儿子来应对近期和长远的饥荒，这种策略已经产生了严重的后果，不仅限制了他们生活的改善也使大量的男人失去了婚配的机会。

参考文献

1. 夏建中：《文化人类学理论学派：文化研究的历史》，中国人民大学出版社 1997 年版。

2. 谢立中：《西方社会学名著提要》，江西人民出版社 2001 年版。

3. 费孝通：《乡土中国/生育制度》，北京大学出版社 1998 年版。

4. 费孝通：《江村经济——中国农民的生活》，商务印书馆 2001 年版。

5. 费孝通、张之毅：《云南三村》，社会科学文献出版社 2006 年版。

6. 许欣欣：《当代中国社会结构变迁与流动》，社会科学文献出版社 2000 年版。

7. 陆学艺：《内发的村庄》，社会科学文献出版社 2001 年版。

8. 王铭铭：《社会人类学与中国研究》，生活·读书·新知三联书店 1997 年版。

9. 王铭铭：《想象的异邦——社会与文化人类学散论》，上海人民出版社 1998 年版。

10. 王铭铭：《溪村家族——社区史、仪式与地方政治》，贵州人民出版社 2004 年版。

11. 王铭铭、潘忠党：《象征与社会——中国民间文化的探讨》，天津人民出版社 1997 年版。

12. 郑杭生：《社会学概论新修》，中国人民大学出版社 1994 年版。

13. 李培林：《村落的终结——羊城村的故事》，商务印书馆 2004 年版。

14. 梁漱溟：《梁漱溟全集》第二卷，山东人民出版社 1990 年版。

15. 《毛泽东选集》第 3 卷，人民出版社 1991 年版。

16. 曹锦清：《黄河边的中国——一个学者对乡村社会的观察与思考》，上海文艺出版社 2000 年版。

17. 阎云翔著，龚小夏译：《私人生活的变革：一个中国村庄里的爱情、家庭与亲密关系：1949—1999》，上海书店出版社 2006 年版。

18. 阎云翔著，李放春、刘瑜译：《礼物的流动——一个中国村庄中的互惠原则与社会网络》，上海人民出版社 2000 年版。

19. 李银河：《生育与村落文化》，中国社会科学出版社 1994 年版。

20. 李亦园：《李亦园自选集》，上海教育出版社 2002 年版。

21. 段友文：《黄河中下游家族村落民俗与社会现代化》，中华书局 2007 年版。

22. 王铭铭、王斯福：《乡土社会的秩序、公正与权威》，中国政法大学出版社 1997

年版。

23. 李强:《转型时期的中国社会分层结构》,黑龙江人民出版社 2002 年版。

24. 周罗庚、夏禹龙、谢维俭:《市场经济与当代中国社会结构》,上海三联书店 2002 年版。

25. 张军、王晓毅、王峰:《传统村庄的现代跨越》,山西经济出版社 2003 年版。

26. 折晓叶、陈婴婴:《社区的实践——"超级村庄"的发展历程》,浙江人民出版社 2000 年版。

27. 于建嵘:《岳村政治:转型期中国乡村政治结构的变迁》,商务印书馆 2001 年版。

28. 吴毅:《村治变迁中的权威与秩序——20 世纪川东双村的表达》,中国社会科学出版社 2002 年版。

29. 贺雪峰:《新乡土中国——转型期乡村社会调查笔记》,广西师范大学出版社 2003 年版。

30. 贺雪峰:《乡村治理的社会基础——转型期乡村社会性质研究》,中国社会科学出版社 2003 年版。

31. 侯钧生:《西方社会学理论教程》,南开大学出版社 2001 年版。

32. 庄孔韶:《人类学通论》,山西教育出版社 2003 年版。

33. 黄树民著,素兰、纳日碧力戈译:《林村的故事:1949 年后的中国农村变革》,生活·读书·新知三联书店 2002 年版。

34. 杨懋春著,张雄、沈炜、秦美珠译:《一个中国村庄:山东台头》,江苏人民出版社 2001 年版。

35. 金耀基:《中国社会与文化》,牛津大学出版社 1992 年版。

译著:

36. [英]杰西.洛佩兹、[英]约翰.斯科特著,允春喜译:《社会结构》,吉林人民出版社 2007 年版。

37. [英]A.R 拉德克利夫-布朗著,潘蛟等译:《原始社会的结构与功能》,中央民族大学出版社 1999 年版。

38. [英]A.R 拉德克利夫-布朗著,梁粤译:《安达曼岛人》,广西师范大学出版社 2005 年版。

39. [英]A.R 拉德克利夫-布朗著,夏建中译:《社会人类学方法》,华夏出版社 2002 年版。

40. [英]马凌诺斯基著,梁永佳、李绍明译:《西太平洋的航海者》,华夏出版社 2002 年版。

41. [英]马凌诺斯基著,费孝通译:《文化论》,华夏出版社 2002 年版。

42. [英]埃文思-普里查德著,褚建芳、阎昌书、赵旭东译:《努尔人——对尼罗河畔一个人群的生活方式和政治制度的描述》,华夏出版社 2002 年版。

43. [英]埃德蒙.R.利奇著,杨春宇、周歆红译:《缅甸高地诸政治体系——对克钦社会结构的一项研究》,商务印书馆 2010 年版。

44. [英]雷蒙德.弗思著,费孝通译:《人文类型》,华夏出版社 2002 年版。

45. 〔美〕戴维·波普诺著,李强等译:《社会学》(第十版),中国人民大学出版社 1999年版。

46. 〔日〕富永健一著,董兴华译:《社会结构与社会变迁》,云南人民出版社 1988 年版。

47. 〔美〕彼特·布劳著,王春光、谢圣赞译:《不平等和异质性》,中国社会科学出版社1991 年版。

48. 〔德〕马克斯·韦伯著,洪天富译:《儒教与道教》,江苏人民出版社 1997 年版。

49. 〔美〕黄宗智:《华北的小农经济与社会变迁》,中华书局 2000 年版。

50. 〔美〕黄宗智:《长江三角洲小农家庭与乡村发展》,中华书局 2000 年版。

51. 〔美〕罗伯特·F·墨菲著,王卓君、吕迺基译:《文化与社会人类学引论》,商务印书馆 2004 年版。

52. 〔美〕曼瑟尔·奥尔森著,陈郁、郭宇峰、李崇新译:《集体行动的逻辑》,上海三联书店、上海人民出版社 1995 年版。

53. 〔美〕格尔兹著,纳日碧力戈等译:《文化的解释》,上海人民出版社 1999 年版。

54. 〔法〕埃米尔·涂尔干著,渠敬东译:《社会分工论》,生活·读书·新知三联书店2000 年版。

55. 〔美〕詹姆斯·C·斯科特著,程立显、刘建等译:《农民的道义经济学:东南亚的反叛与生存》,译林出版社 2001 年版。

56. 〔美〕詹姆斯·C·斯科特著,郑广怀、张敏、何江穗译:《弱者的武器》,译林出版社2007 年版。

57. 〔美〕裴宜理著,池子华、刘平译:《华北的叛乱者与革命者(1845—1945)》,商务印书馆 2007 年版。

58. 〔英〕莫里斯·弗里德曼著,刘晓春译:《中国东南的宗族组织》,上海人民出版社2000 年版。

59. 〔美〕明恩溥著,午晴、唐军译:《中国乡村生活》,时事出版社 1998 年版。

60. 〔英〕王斯福著,赵旭东译:《帝国的隐喻:中国民间宗教》,江苏人民出版社 2009年版。

61. 〔加〕朱爱岚著,胡玉坤译:《中国北方村落的社会性别与权力》,江苏人民出版社2004 年版。

62. 〔美〕杜赞奇著,王福明译:《文化、权力与国家:1900—1942 年的华北农村》,江苏人民出版社 2003 年版。

63. 〔美〕施坚雅著,史建云、徐秀丽译:《中国农村的市场和社会结构》,中国社会科学出版社 1998 年版。

64. 〔英〕弗兰克·艾利思著,胡景北译:《农民经济学:农民家庭农业和农业发展》(第二版),上海人民出版社 2006 年版。

65. 〔英〕特德.C.卢埃林著,朱论译:《政治人类学导论》,中央民族大学出版社 2009年版。

侗族研究著作:

66. 《侗族简史》编写组、《侗族简史》修订本编写组:《侗族简史》,民族出版社 2008

年版。

67. 蔡凌:《侗族聚居区的传统村落与建筑》,中国建筑工业出版社 2007 年版。

68. 贵州省从江县地方志编纂委员会:《从江县志》,贵州人民出版社 1999 年版。

69. 吴浩:《中国侗族村寨文化》,民族出版社 2004 年版。

70. 姚丽娟、石开忠:《侗族地区的社会变迁》,中央民族大学出版社 2005 年版。

71. 费孝通:《兄弟民族在贵州》,生活·读书·新知三联书店出版社 1951 年版。

72. 吴大旬:《清朝治理侗族地区政策研究》,民族出版社 2008 年版。

73. 梁聪:《清代清水江下游村寨社会的契约规范与秩序——以文斗苗寨契约文书为中心的研究》,人民出版社 2008 年版。

74. 欧潮泉、姜大谦:《侗族文化词典》,华夏文化艺术出版社 2002 年版。

75. 石开忠:《侗族款组织及其变迁》,民族出版社 2009 年版。

76. 刘锋、龙耀宏:《侗族:贵州黎平县九龙村调查》,云南大学出版社 2004 年版。

77. 崔海洋:《人与稻田——贵州黎平黄岗侗族传统生计研究》,云南出版集团公司、云南人民出版社 2009 年版。

78. 杨筑慧:《侗族风俗志》,中央民族大学出版社 2006 年版。

79. 杨筑慧:《中国西南民族生育文化研究》,中央民族大学出版社 2006 年版。

80. 《中国少数民族社会历史调查资料丛刊》修订编辑委员会广西壮族自治区编辑组:《广西侗族社会历史调查》,民族出版社 2009 年版。

81. 吴秋林:《众神之域——贵州当代民族民间信仰文化调查与研究》,民族出版社 2007 年版。

82. 冯祖贻等:《侗族文化研究》,贵州人民出版社 1999 年版。

83. 国家统计局人口和社会科技统计司、国家民族事务委员会经济发展司:《2000 年人口普查·中国民族人口资料》,民族出版社 2003 年版。

84. 敖曼:《计划生育"天下第一村"——探析占里侗寨数百年人口、社会与环境和谐发展的原因》,中央民族大学硕士学位论文,2007 年。

85. 杨国仁、吴定国等:《侗族祖先哪里来》,贵州人民出版社 1981 年版。

86. 杨国仁:《侗族坐夜歌》,贵州人民出版社 1988 年版。

87. 杨权、郑国乔、龙耀宏:《侗族》,民族出版社 1992 年版。

88. 杨通山等:《侗乡风情录》,四川民族出版社 1983 年版

89. 傅安辉、余达忠:《九寨民俗:一个侗族社区的文化变迁》,贵州人民出版社 1997 年版。

90. 张世珊、杨昌嗣:《侗族文化概论》,贵州人民出版社 1992 年版。

91. 刘芝凤:《中国侗族民俗与稻作文化》,人民出版社 1999 年版。

92. 邓敏文、吴浩:《没有国王的王国——侗款研究》,中国社会科学出版社 1995 年版。

93. 罗康隆:《"桃源"深处一侗家》,云南教育出版社 2001 年版。

94. 罗康智、罗康隆:《传统文化中的生计策略——以侗族为案例》,民族出版社 2009 年版。

95. 余未人:《走进鼓楼:侗族南部社区文化口述史》,华夏文化艺术出版社 2002 年版。

96. 余达忠:《走向和谐——岑努村人类学考察》,贵州人民出版社 2001 年版。

97. 廖君湘：《南部侗族传统文化特点研究》，民族出版社 2007 年版。

98. 廖君湘：《侗族传统社会过程与社会生活》，民族出版社 2009 年版。

99. 张泽忠、吴鹏毅、胡宝华等：《变迁与再地方化——广西三江独峒侗族"团寨"文化模式解析》，民族出版社 2008 年版。

100. 中国科学院民族研究所贵州少数民族社会历史调查组、中国科学院贵州分院民族研究所编印：《贵州省从江县丙梅区和平乡占里寨侗族社会经济、榕江县忠诚区车江乡侗族社会经济调查资料》，1964 年 5 月。

外文著作：

101. W. A. Haviland: *Cultural Anthropology, Orando Florida*, Harcourt, 1993.

102. Howard, Michael: *Contemporary Cultural Anthropology,* 4th Edition, Hprper Collins College Publishers, 1993.

103. Kutsche, Paul: *Field Ethnography: A Manual for Doing Cultural Anthropology*, Pretice-Hall, Inc., 1998.

104. Lewellen, Ted C.: *Political Anthropology: An Introduction*, Greenwood Publishing Group, Inc., 1992.

105. Hammersley, Martyn: *Ethnography: Principles in Practice*, London, Routledge, 1995.

期刊论文：

106. 孙立平：《"关系"、社会关系与社会结构》，《社会学研究》，1996 年第 5 期。

107. 刘玉照：《村落共同体、基层市场共同体与基层生产共同体——中国乡村社会结构及其变迁》，《社会科学战线》，2002 年第 5 期。

108. 张一平：《当代中国农村社会结构的演变》，《兰州学刊》，2006 年第 6 期。

109. 贺雪峰、仝志辉：《论村庄社会关联》，《中国社会科学》，2002 年第 3 期。

110. 折晓叶：《村庄边界的多元化——经济边界开放与社会边界封闭的冲突和共生》，《中国社会科学》，1996 年第 4 期。

111. 张佩国：《整体生存伦理与民族志实践》，《广西民族大学学报》，2010 年第 5 期。

112. 石开忠：《新中国成立后五次人口普查侗族人口的发展》，《贵州民族学院学报》，2006 年第 5 期。

113. 吴大旬：《试论清朝经营侗族政策的专制性》，《贵州民族学院学报》，2007 年第 1 期。

114. 周联合：《论保甲法的体制性腐败》，《社会科学研究》，2011 年第 3 期。

115. 张德美：《清代保甲制度的困境》，《政法论坛》，2010 年第 6 期。

116. 徐晓光：《仅隔一日立下的款碑——从从江高增与增冲款碑看侗族联合大款区"定约"活动》，《贵州民族研究》，2011 年第 3 期。

117. 刘小京：《略析当代浙南宗族械斗》，《社会学研究》，1993 年第 5 期。

118. 曹端波：《中国西南少数民族的社会分层与层级婚》，《思想战线》，2008 年第 5 期。

119. 郭宇宽：《大山深处的民间社会——对黔东南侗乡自治传统和寨老制度的田野考

察》,《南风窗》,2004 年 8 月上半期。

120. 申茂平:《侗族大歌赖以产生的生态环境及其嬗变与保护》,《贵州民族研究》,
     2006 年第 4 期。

121. 刘宗碧:《从江占里侗族生育习俗的文化价值理念及其与汉族的比较》,《贵州民
     族研究》,2006 年第 1 期。

122. 杨军昌、王希隆:《黔东南州苗族侗族自治州出生性别比失调问题研究》,《妇女研
     究论丛》,2008 年第 4 期。

123. 杨军昌:《西南民族地区出生人口性别比问题论析》,《中央民族大学学报》,2010
     年第 1 期。

124. 曹端波:《侗族传统婚姻选择与社会控制》,《贵州大学学报》,2008 年第 3 期。

125. 丁桂芳、黄彩文:《哈尼族奕车人离婚现象的人类学分析》,《民族研究》,2010 年
     第 4 期。

126. 杨筑慧:《当代侗族择偶习俗的变迁》,《中央民族大学学报》,2005 年第 1 期。

127. 洪钢:《历史上南方少数民族的性选择自由》,《华中师范大学学报》,2003 年第
     6 期。

128. 宫哲兵、宫步坦:《中国南方女性的奇风异俗及其成因新探》,《湖南大学学报》,
     2008 年第 4 期。

129. 潘艳勤:《布岱人的"弄桥"仪式与"不落夫家"——以中越边境的其逐屯为例》,
     《广西民族学院学报》,2004 第 6 期。

后　记

　　这本书是在我的博士论文基础上修改而成的。尽管这篇博士学位论文质量平平，我仍将之视作一项成就，这种成就感更多来自论文调研和写作过程中的体验。博士论文的学术水准可能存在很大的差异，但每一个博士生从中所获得学术体验并不见得会有多大差异，经历了这样一个学习的过程，体验了其中的甘苦，自己就有了是博士的感觉。

　　2010 年夏天我贸然闯进桃源村，此后的两年这个村落的生活图景完全占据了我的大脑空间。为什么在那样一个地方以那种方式生活着那样一群人？我一直在苦苦寻找答案。虽然调研获得了许多鲜活的经验，但是从整体上把握村落的内在逻辑无疑是一次艰难的探险，这样的探险很容易让人产生畏难情绪，所以在论文写作的前半段我一直在质疑究竟是调研的深度不够还是自己的悟性太差，甚至一度有另起炉灶的冲动，直到撰写结论和论文修改阶段才觉得勉强能够自圆其说，内心才得到一些宽慰。

　　能够完成这篇论文个人的努力只是其中的一小部分，离不开众多他人和机构的贡献。黔东南州民宗局和从江县民宗局的多位领导为我的调研作了周到的安排，他们的热情接待和无私帮助，让我这个素昧平生的一介书生颇有些诚惶诚恐。桃源村的父老乡亲不仅是我的信息提供者，更是我的生活监护人，让我处处感受到亲人般的温暖，这种情感上的满足压倒了生活条件给我的身体痛苦，支撑着我完成了调研。

　　民族学是中南民族大学的特色学科，在这里学习民族学是一种幸运，我在这里学习了六年的民族学，可以说是受益最多的学生。研究生院和民族学与社会学学院为我们提供了最好的学习生活条件和周到的服务，这些机构的工作人员都是值得学生尊敬的教育工作者。中南民族大学有一个强大的民族学博士生培养团队，他们是雷振扬教授、段超研究员、田敏教授、许宪隆教授、李吉和教授、谭必有教授、柏贵喜教授等，能够有幸做他们的学生是一个值得炫耀的资本。特别要感谢柏贵喜教授多年的教诲，若没有他我的人生或许是另一番模样。

博士毕业十多年来，黔东南乡村的生活图景在我脑海里依然清晰可见，现在因为一个相关科研项目的立项，给了我重返那里的契机，我将把这本小书带给那里的朋友。

罗义云

2024 年 7 月 18 日

图书在版编目(CIP)数据

侗族社会结构与生存策略:桃源村的个案研究/罗
义云著.—上海:上海三联书店,2025.6.—ISBN
978-7-5426-8848-4

Ⅰ.K287.2

中国国家版本馆 CIP 数据核字第 20254MY476 号

侗族社会结构与生存策略:桃源村的个案研究

著　　者／罗义云

责任编辑／董毓玭
装帧设计／一本好书
监　　制／姚　军
责任校对／张大伟

出版发行／上海三联书店
　　　　　(200041)中国上海市静安区威海路 755 号 30 楼
邮　　箱／sdxsanlian@sina.com
联系电话／编辑部:021-22895517
　　　　　发行部:021-22895559
印　　刷／上海盛通时代印刷有限公司

版　　次／2025 年 6 月第 1 版
印　　次／2025 年 6 月第 1 次印刷
开　　本／655mm×960mm　1/16
字　　数／240 千字
印　　张／15.75
书　　号／ISBN 978-7-5426-8848-4/K·829
定　　价／78.00 元

敬启读者,如发现本书有印装质量问题,请与印刷厂联系 021-37910000